Chris McNab

Unbezwingbar.

wie ein **SAS Elite-Kämpfer**

Mentales und körperliches Training der Eliteeinheiten

pietsch

Übersetzung aus dem Englischen: Susanne Finke

ISBN 978-3-613-50956-6

1. Auflage 2023

Diese Ausgabe basiert auf: SAS Elite Forces Guide: MENTAL ENDURANCE, HOW TO DEVELOP MENTAL TOUGHNESS FROM THE WORLD'S ELITE FORCES, Amber Books Ltd.

Sie finden uns im Internet unter www.pietsch-verlag.de

Lektorat: Ulrike Ruh
Einbandgestaltung: Kornelia Erlewein
Satz: Jessica Siebert, tebitron gmbh, Gerlingen
Druck und Bindung: Graspo CZ, 76302 Zlín
Printed in Czech Republic

INHALT

1 WAS MAN BRAUCHT

Frauen und Männer, die bei Land-, Luft- und Seestreitkräften oder sogar bei einer Eliteeinheit wie den US Marines Dienst tun wollen, brauchen vor allem eines, um diese Erfahrung zu überleben: Mentale Stärke.

Eine Laufbahn beim Militär ist anders als alle anderen Berufe. Wer sich dafür entscheidet, wird mit hoher Wahrscheinlichkeit die Gewalt und das Chaos eines Kampfeinsatzes eines Tages hautnah miterleben und muss daher von Anfang an mentale Stärke, Selbstdisziplin und Kampfgeist unter Beweis stellen.

»Du hast nicht gelebt, bis du nicht einmal fast gestorben bist. Für diejenigen, die um das Leben kämpfen (ihr eigenes und das der anderen), hat es eine Bedeutung, die die Beschützten niemals ermessen können.«

Dieses berühmte Zitat war ein geflügeltes Wort in der US Studies and Operations Group (SOG) der amerikanischen Spezialeinheiten, die während des Vietnamkrieges weit hinter den feindlichen Linien im Einsatz waren. Es verdeutlicht auf vielfältige Art und Weise den tiefgreifenden Unterschied zwischen dem militärischen und dem zivilen Leben.

Im zivilen Leben entstehen die größten mentalen Herausforderungen durch Geldsorgen oder Probleme bei der Arbeit, mit der Gesundheit oder in der Familie. Gewalt ist hingegen für die meisten Zivilisten ein eher zufälliges und eher aus dem Rahmen fallendes Ereignis und noch dazu eines, dem sie oft schon durch einfachste Vorsichtsmaßnahmen aus dem Weg gehen können. (Ausnahmen bestätigen die Regel: Natürlich gibt es weltweit Problemregionen, wo das bedauerlicherweise anders ist.)

Der Soldat bei der Armee, der Luftwaffe, der Marine oder den US Marines kann auf Gewalt stoßen – oder sie sogar suchen – deren Ausmaß oder Intensität für einen Zivilisten, der nie im Krieg war, unvorstellbar ist. Die Erfahrungen, die während eines Kampfeinsatzes auf den Soldaten einstürmen, bringen Bilder, Geräusche und Sinneswahrnehmungen von beispielloser Gewalt mit sich: Kugeln zerreißen die Luft mit

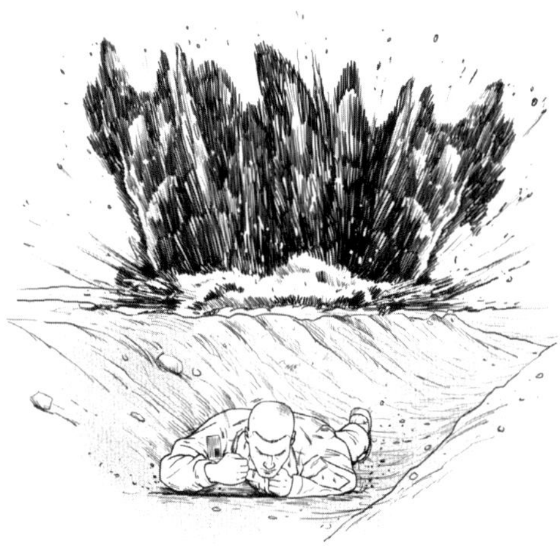

DIE KRIEGER-MENTALITÄT

Bewaffnete Kampfhandlungen sind sowohl in psychischer als auch in physischer Hinsicht eine intensive Erfahrung. Hier überlebt ein Soldat die Druckwelle einer in der Nähe explodierenden Artilleriegranate. Die anhaltende Bombardierung durch Granatfeuer ist historisch betrachtet die Hauptursache für posttraumatische Belastungsstörungen – selbst unter Elitesoldaten.

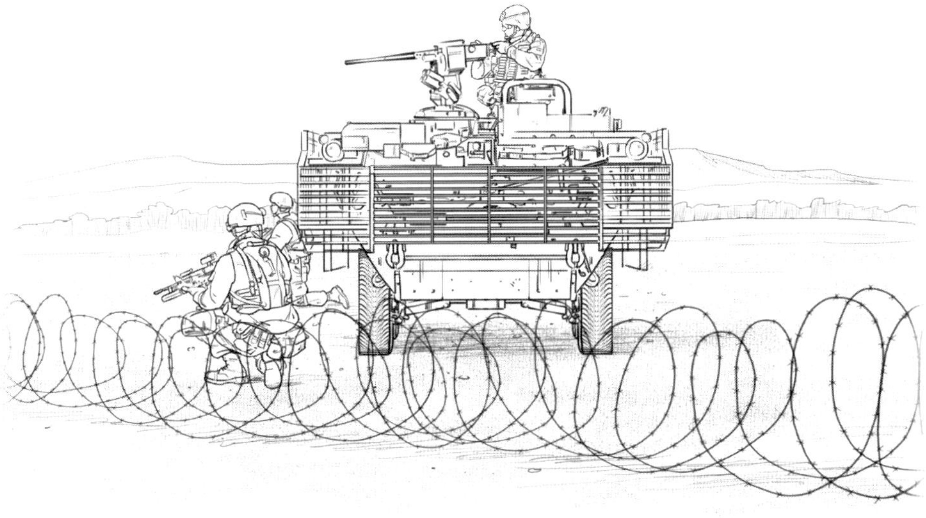

OBJEKTSCHUTZ

Eine US Army Patrouille übernimmt routinemäßig Wach- und Sicherungsaufgaben an einem Kontrollposten im Irak. Es ist für die Männer eine psychologisch anspruchsvolle Aufgabe. Sie müssen in einer anhaltenden Bedrohungslage über einen langen Zeitraum wachsam bleiben, wobei jeder Soldat für einen bestimmten Aspekt oder Abschnitt der Sicherheit der Gruppe Verantwortung übernimmt.

einem Überschallknall; enorme Explosionen zerstören ganze Gebäude auf einen Schlag; verheerende Luftangriffe werden nur per GPS und Funkgerät gesteuert; Menschen erleiden Verstümmelungen, die einer kranken Fantasie entsprungen scheinen; der gewaltsame Tod von Freunden – manchmal von vielen gleichzeitig; die seelische Not, wenn man miterleben muss, wie Zivilisten mit ihren Familien ins Kreuzfeuer geraten; der Schock, wenn man einen Mitmenschen tötet;

Solche Erfahrungen hinterlassen zwingend einen verstörenden Eindruck in der menschlichen Psyche. Aber selbst in Friedenszeiten verlangt der Dienst beim Militär den Soldaten viel ab. Sie müssen harte Trainingsprogramme durchstehen, die selbst professionelle Athleten an ihre Grenzen bringen würden. Sie müssen mit straffer Disziplin, wenig Schlaf und einer oft eintönigen Ernährung umgehen. Sie leben innerhalb einer Organisationskultur, die eine generell intolerante Einstellung gegenüber Schwäche bewusst pflegt. Sie müssen außerdem organisiert und klug sein, Autorität respektieren, klar und deutlich kommunizieren können sowie ihre Pflichten mit Effizienz und Intelligenz erfüllen.

Den Anforderungen gerecht werden

Wir erwarten sehr viel von denen, die eine Uniform tragen. Nicht jeder aber ist für den Militärdienst geeignet. Deshalb liegt die Quote derer, die bei der Grundausbildung in einem normalen Infanterieregiment durchfallen, zwischen 20 % und 30 %. Bei den Soldaten, die in die Eliteeinheiten aufgenommen werden möchten (British Army Special Air Service(SAS), US Navy SEALs, US Marines oder das Kommando Spezialkräfte(KSK) in Deutschland) schnellt die Durchfall-Quote auf 75–90 % nach oben.

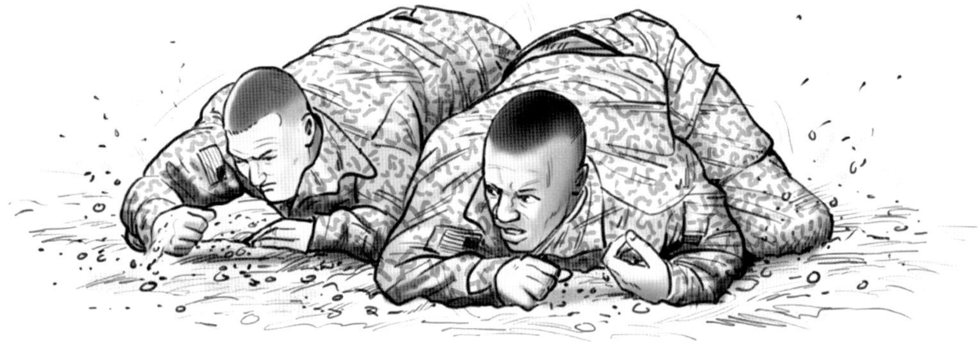

KAMERADSCHAFT

Kameradschaft und das Zusammengehörigkeitsgefühl werden im Militärdienst ganz bewusst gefördert. Gemeinsame Erfahrungen können Einzelne verbinden und den Zusammenhalt unter Feuer stärken.

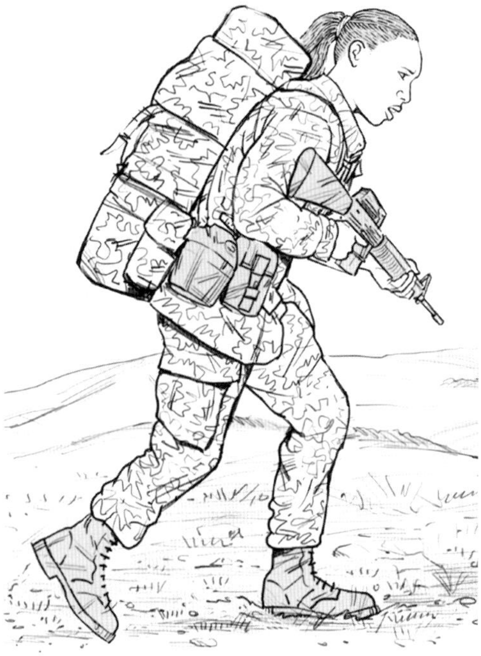

GRUNDAUSBILDUNG

In der Grundausbildung werden Rekruten durch eine Kombination aus physischen und mentalen Leistungstests auf das Leben beim Militär vorbereitet. Bei Leistungsmärschen wie diesem muss der Soldat die Beschwerden durch schwere Lasten mental ausblenden und sich völlig auf den Auftrag konzentrieren.

Häufig ist mangelnde körperliche Leistungsfähigkeit der Grund für das Ausscheiden. Ein bedeutender Anteil der Rekruten wird aber deshalb nach Hause oder zurück zu ihren ursprünglichen Einheiten geschickt, weil ihnen die richtigen mentalen Voraussetzungen fehlen. In den überwiegend aus Wehrpflichtigen rekrutierten Armeen der zwei Weltkriege ebenso wie in vielen Konflikten vor dem 20. Jahrhundert war die psychologische Eignung des individuellen Soldaten kein Kriterium. In einer ernsten nationalen Krise ist jeder, den man an die Front schicken kann, von Nutzen.

In den modernen professionellen Armeen kann im Gegensatz dazu eine sorgfältige Auswahl stattfinden. Wer zum Militär will, muss eine Reihe von Eigenschaften aufweisen – oder spätestens im Laufe des Trainings entwickeln – die man treffend unter dem Begriff »Charakter« zusammenfassen kann. Was damit in diesem Zusammenhang genau gemeint ist, lässt sich in den Schriften und Aussagen vieler Militärtheoretiker finden. So hat Napoleon einmal mit typischem Furor gesagt: »Wahrer Charakter offenbart sich stets in Momenten der Krise … Es gibt Schläfer, deren Erwachen furchterregend ist.« Der große Stratege Carl Philipp Gottlieb von

Clausewitz (1780–1831) drückte es ein wenig nuancierter aus:

> *Wir sagen es also noch einmal: ein starkes Gemüt ist nicht ein solches, welches bloß starker Regungen fähig ist, sondern dasjenige, welches bei den stärksten Regungen im Gleichgewicht bleibt, so dass trotz den Stürmen in der Brust der Einsicht und Überzeugung wie der Nadel des Kompasses auf dem sturmbewegten Schiff das feinste Spiel gestattet ist.*
> Clausewitz, *Vom Kriege*, 1.3

Clausewitz liefert hier eine zweckdienlichere Definition für den Charakter, der ein Individuum auszeichnet, dessen starke Emotionen mit Intelligenz und Urteilsvermögen gepaart sind. Solch ein mentaler Balanceakt ist besonders unerlässlich für moderne Soldaten, die nicht selten in der Lage sein müssen, innerhalb eines einzigen Tages zwischen den Rollen des kämpfenden und des friedenssichernden Soldaten hin- und her zu wechseln. Was also gefragt ist, ist eine moralische Qualität, die der britische Heeresgeneral Sir James Glover in vollendeter Klarheit definierte:

> *Ein Mann mit Charakter im Frieden ist ein Mann mit Mut im Krieg. Charakter ist eine gewohnheitsmäßige Art des Verhaltens, ein Habitus. Es ist die tägliche Wahl zwischen richtig und falsch. Es ist eine moralische Qualität, die in Friedenszeiten langsam wächst und sich nicht plötzlich in Zeiten des Krieges entwickelt. Der Konflikt zwischen Moral und Notwendigkeit ist ein immerwährender. Aber letzten Endes lässt sich das moralische Dilemma des Soldaten nur lösen, wenn er sich selbst treu bleibt.*
> Glover, *A Soldier and His Conscience*, 1983

Die innere Einstellung, Charakter quasi als Angewohnheit zu betrachten, ist besonders wichtig für Soldaten, denn der Begriff schließt Beständigkeit ein – und Beständigkeit wiederum ist mit Zuverlässigkeit gepaart. Ein Soldat, der zuverlässig ist und auf die eigene innere Stärke bauen kann, ist jemand, auf den sich andere im Gefecht verlassen können. Darüber hinaus unterstreicht Glover die Tatsache, dass der Militärdienst ein Beruf ist, der ein hohes Maß an moralischer Stärke voraussetzt. Ein Versagen dieser hohen moralischen Maßstäbe kann zu Gräueltaten, disziplinlosem Verhalten

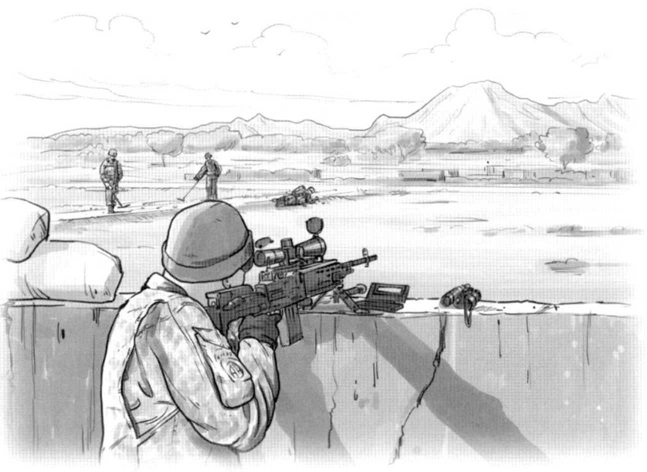

GEGENSEITIGE UNTERSTÜTZUNG IM TEAM

In Krisenzeiten müssen sich die Teammitglieder blind aufeinander verlassen können. Das ist wesentlich für die erfolgreiche Durchführung von Einsätzen. Jedes Teammitglied trägt mit einer Spezialisierung zum Erfolg bei – sei es als Schütze, Ingenieur oder Zugführer. Die Effizienz des Teams hängt davon ab, dass jeder einzelne Soldat sein Metier beherrscht.

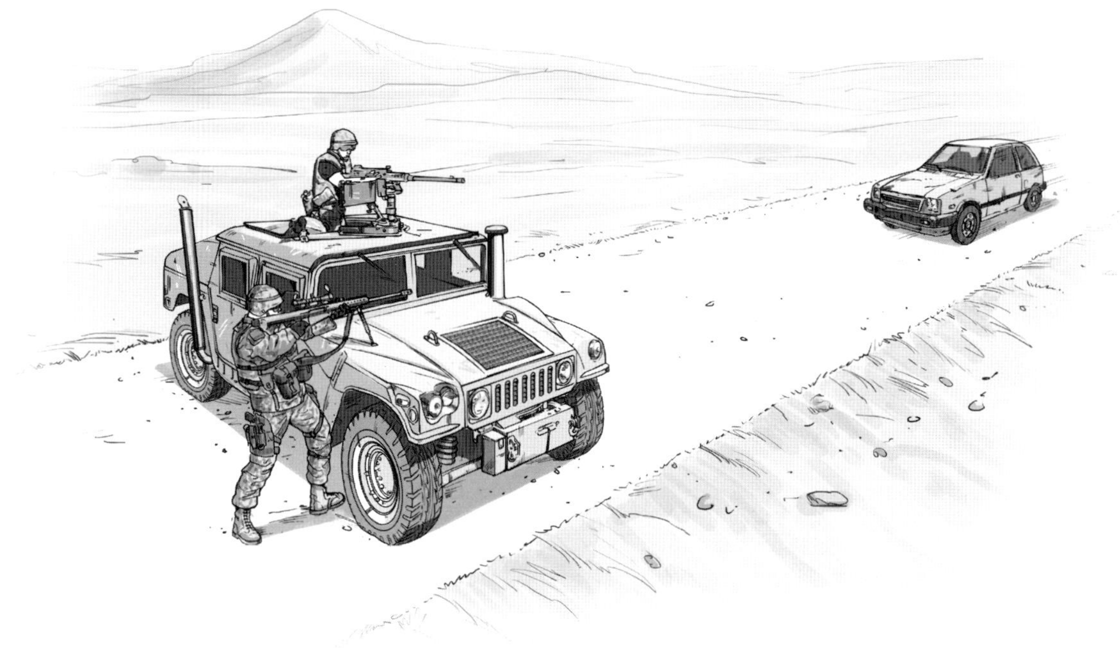

UNTER DRUCK

Diese amerikanischen Soldaten haben nur wenige Sekunden Zeit, um festzustellen, ob eine Situation potenziell lebensbedrohlich ist. Sie müssen auf taktischer und verhaltenspsychologischer Grundlage und unter Beachtung vorgegebener Einsatzregeln entscheiden, ob es gerechtfertigt ist, das Feuer auf das Fahrzeug zu eröffnen.

und häufig sogar Niederlagen im Krieg führen. In diesem Buch geht es um den Charakter des modernen Soldaten. Genauer gesagt geht es um die mentalen Eigenschaften, über die ein Soldat verfügen muss und darum, wie er sie erarbeiten kann, falls er sie nicht schon von sich aus in die Ausbildung mitbringt. Der mentalen Belastbarkeit kommt eine größere Schlüsselrolle zu als der physischen Stärke oder dem Talent für Taktik, denn die Anforderungen, die der Beruf an den Soldaten stellt, sind mental außerordentlich belastend. Sie können zu lebenslangen psychischen Erkrankungen – von Depressionen bis zu posttraumatischen Belastungsstörungen (PTBS) – mit all ihren lähmenden Folgen führen, wenn man damit nicht richtig umgehen kann. Wenn ein Soldat aber seine mentalen Fähigkeiten, seine Intelligenz und seine Gefühle unter Kontrolle hat, ist er im Kampfeinsatz ein sehr ernstzunehmender Gegner. Vor diesem Hintergrund darf ich allerdings auf eines hinweisen: Der Autor ist kein aktiver Soldat, obwohl sein Beruf regelmäßige Kontakte zu Militärangehörigen mit sich bringt. Doch die folgenden Ratschläge und Ansätze stützen sich direkt auf die von Militärpsychologen und aktiven Kommandeuren vertretenen Theorien. Auch Soldaten, die bereits aktiv an Kampfeinsätzen teilgenommen haben, haben inhaltlich viel beigetragen. Sie wissen genau, was einen Soldaten unter Druck zusammenbrechen oder aber ihn über sich selbst hinauswachsen lässt.

Zu guter Letzt sei noch gesagt, dass dieses Buch mit der größten Hochachtung für alle diejenigen geschrieben wurde, die im Rahmen ihres Berufs bereit sind, den ultimativen Preis – ihr Leben – für den Dienst an ihrem Land zu zahlen.

2 ERNÄHRUNG, NÄHRSTOFFE UND RUHEPAUSEN

Es spielt keine Rolle, wie fit ein Soldat sich fühlt – ohne eine bedarfsgerechte Ernährung wird er sowohl mental als auch physisch schnell seine Kräfte einbüßen.

In unserer ernährungsbewussten Zeit wissen viele Menschen, dass die tägliche Kalorienaufnahme für einen männlichen Erwachsenen im Durchschnitt bei etwa 2500 Kalorien (kcal) und für einen weiblichen Erwachsenen bei etwa 1800 bis 2000 Kalorien liegen sollte. Diese Zahl wird von zahlreichen Faktoren wie Alter, Größe und Lebensweise beeinflusst. Bei einer bewegungsarmen Lebensweise zum Beispiel sollten Sie entweder Ihre Kalorienaufnahme reduzieren oder aber mehr Sport treiben. Wenn Sie aber länger als 150 Minuten pro Woche sportlich aktiv sind (die in amerikanischen und deutschen Regierungsrichtlinien empfohlene Dauer), dann sollten Sie die zusätzlich benötigten Kalorien berücksichtigen.

Die Situation für militärisches Personal ist damit in keiner Weise zu vergleichen, denn der Beruf des Soldaten ist schon im Regelfall physisch höchst anspruchsvoll. Abhängig von ihrer Lebensweise, ihrem Körperbau und den aktuellen Umgebungsbedingungen nehmen Militärangehörige daher zum Teil täglich die doppelte oben empfohlene Kalorienmenge zu sich. Während des etwas länger als 40 Wochen dauernden Trainingsprogramms der britischen Royal Marines zum Beispiel ist der Energieverbrauch so hoch, dass die Rekruten im Durchschnitt etwa 4000 Kalorien pro Tag verzehren und trotzdem an Gewicht verlieren. Studien haben gezeigt, dass Soldaten in Kampfeinsätzen etwa 4000 Kalorien pro Tag verbrennen. Für einen Soldaten ist eine ausgewogene Ernährung deshalb entscheidend – und zwar nicht nur für das physische Durchhaltevermögen. Eine unausgewogene Ernährung kann zu einer Reihe von mentalen Problemen beitragen – sie kann Müdigkeit, Verwirrtheit, Stimmungsschwankungen und mangelnde Konzentrationsfähigkeit zur Folge haben. Für Soldaten können all diese Probleme insbesondere im Einsatz schwerwiegende Konsequenzen haben.

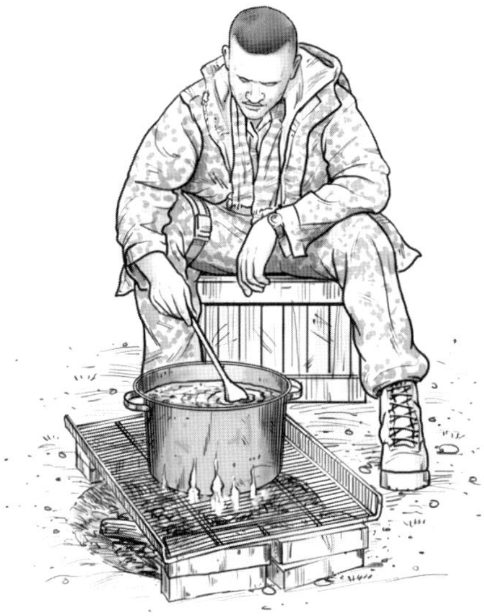

ZUBEREITUNG EINER FELDMAHLZEIT

Auch unter einfachsten Voraussetzungen sollten Soldaten täglich eine richtige Mahlzeit zu sich nehmen. Sie sollte sich aus verschiedenen Nahrungsgruppen zusammensetzen und genug Kalorien enthalten, um den Energiebedarf zu decken.

Abwechslungsreiche Ernährung

Ihre tägliche Kalorienzufuhr sollte aus einer Vielzahl von Lebensmittelgruppen stammen.
Die Nahrungsgrundbausteine sind
Kohlenhydrate,
Proteine,
Fette (zusammen bilden diese die Gruppe der Makronährstoffe),
Vitamine und Mineralien (Mikronährstoffe).

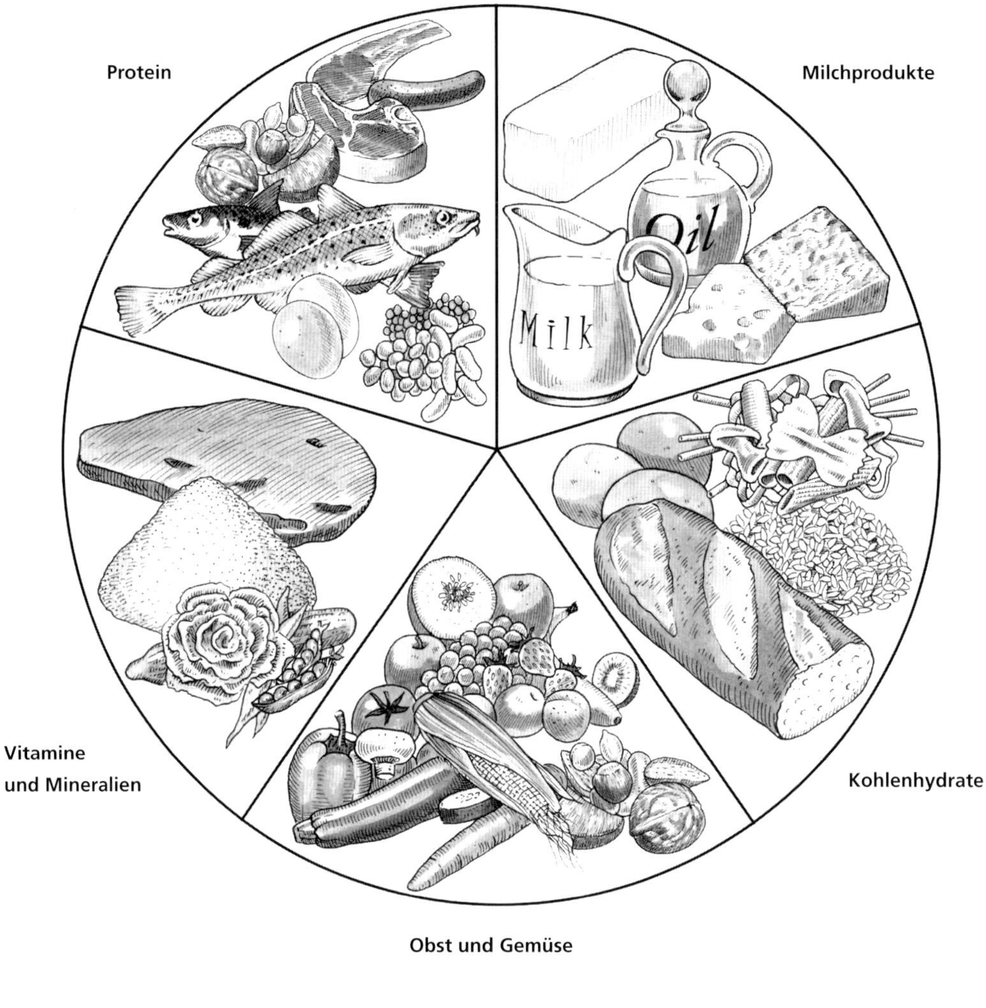

NAHRUNGSMITTELGRUPPEN

Dieses Diagramm zeigt die Nahrungsmittel, die im Laufe des Tages gegessen werden sollten. Dazu gehören Fleisch und Fisch, Milchprodukte, Obst und Gemüse sowie stärkehaltige Lebensmittel wie Reis, Kartoffeln, Brot oder Hülsenfrüchte. Bei körperlichen und mentalen Hochleistungen sollten Sie größere Mengen an Kohlenhydraten zu sich zu nehmen, um Ihren erhöhten Energiebedarf zu decken.

Kohlenhydrate

Kohlenhydrate sind die Hauptenergiequelle für den Körper. Sie sind lebenswichtig für den Soldaten, der Übungen, Kampfeinsätze und andere physisch anspruchsvolle Anforderungen bewältigen muss. Sie bestehen aus vier Hauptgruppen:

Monosaccharide sind die einfachste Art von Kohlenhydraten in Form der Einfachzucker Glucose und Fructose;

Disaccharide bestehen aus zwei Monosacchariden wie zum Beispiel Saccharose (unser handelsüblicher Zucker) oder Lactose;

Oligosaccharide sind aus 2 bis 10 gleichen oder verschiedenen Monosacchariden aufgebaut und finden sich in vielen Gemüsesorten;

Polysaccharide sind die komplexeste Art von Kohlenhydraten, in denen mindestens 11 Monosaccharide verbunden sind. Sie finden sich zum Beispiel in vielen Getreidesorten.

Der größte Anteil des Zuckers in unserer Nahrung wird in Form einfacher Kohlenhydrate zur Verfügung gestellt, während stärkehaltige Lebensmittel wie Brot, Kartoffeln, Nudeln und Getreide sowie Obst und Gemüse komplexe Kohlenhydrate liefern. Einfache Kohlenhydrate oder Zucker wie Glucose werden im Körper unmittelbar in Energie umgewandelt. Aus diesem Grund wird Glucose zum Beispiel in Sportgetränken verwendet.

Eine kohlenhydratarme Ernährung ist zwar nicht unbedingt gefährlich, weil der Körper zur Energiegewinnung auch Proteine und Fette umwandelt. Aber für die aktive Lebensweise, die das Leben beim Militär mit sich bringt, sind Kohlenhydrate sehr wichtig. Ein Kohlenhydrat-Mangel kann zu Müdigkeit und Gewichtsverlust führen. Körpereigene Fettreserven werden abgebaut, wenn keine aus Kohlenhydraten gewonnene Energie zur Verfügung steht. Gewichtsverlust ist die Folge. Die empfohlene tägliche Kohlenhydratzufuhr beträgt etwa 45 bis 65 Prozent der täglichen Kalorienmenge.

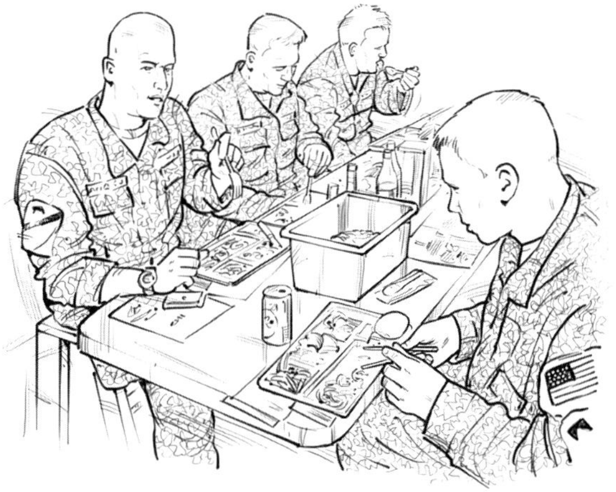

FIT FÜR DEN EINSATZ

Das US Militär ist bestrebt, seine Soldaten unabhängig vom Einsatzort mit ausgewogenen Mahlzeiten und Snacks zu versorgen.

Proteine

Proteine bestehen aus Polypeptiden, also langen Aminosäureketten, die Stickstoff enthalten. Bei der Verdauung werden diese Ketten gespalten und dann vom Körper verstoffwechselt. Proteine sind lebensnotwendige Nahrungsgrundbausteine. Der Körper kann die Aminosäuren nicht selbst herstellen und ist daher auf ihre Zufuhr durch die Nahrung angewiesen. Sie werden hauptsächlich für das Wachstum und die Reparatur des Körpers benötigt, so zum Beispiel für das Zellwachstum sowie das Wachstum und die Gesundheit der Muskeln, der Haut, der Knochen und des Blutes. Proteine sind besonders wichtig für noch im Wachstum befindliche Kinder und Teenager, für Schwangere sowie für Menschen, die ihre Muskelmasse aufbauen wollen. Das ist natürlich für Soldaten von großer Bedeutung. Eine Ernährung, die dauerhaft zu wenig Proteine enthält, führt zum Gewebeabbau. In der Folge kommt es zu Muskelschwund, verringerten Abwehrkräften und einem geschwächten Blutgefäß- und Atemsystem. Nahrungsmittel mit einem hohen Proteingehalt sind daher für alle,

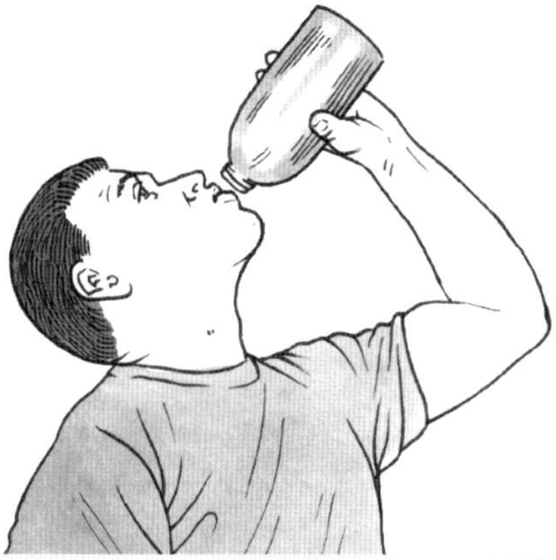

Der Zusammenhang zwischen Fetten und Dehydrierung

Soldaten müssen in Bezug auf Fette zusätzlich einiges bedenken. Der Körper benötigt für die Verdauung von Fett sehr viel Wasser, mit dessen Hilfe das Fett in verdauliche Komponenten aufgeschlüsselt wird. Das ist normalerweise kein Problem, weil ausreichend Flüssigkeit zur Verfügung steht und es in professionellen Armeen einen festen Plan zur Rehydrierung gibt. Aber bei militärischen Operationen, bei denen es um Leben und Tod geht, kann es insbesondere in trockenen Regionen schwierig sein, an Wasser heranzukommen. Deshalb muss ein Soldat den Konsum von fettigen Nahrungsmitteln einschränken, wenn die Wasservorräte wirklich knapp werden. Essen Sie dann möglichst Nahrungsmittel mit einem hohen Wassergehalt, insbesondere Obst und Gemüse. Aber wenn Dehydrierung zum ernsthaften Problem wird, sollte der Soldat gar nicht mehr essen. Ein Mensch kann zwar zwei oder drei Wochen ohne Nahrung überleben, aber nur ein paar Tage ohne Wasser.

die Muskelspannung und -kraft entwickeln wollen, unverzichtbar. Proteine finden sich in einer Vielzahl von Lebensmitteln wie zum Beispiel in Fleisch, Fisch, Eiern, Milchprodukten, Nüssen und Saaten. Die empfohlene tägliche Verzehrmenge Protein liegt bei »8 g Protein pro 9 kg Körpergewicht« (Harvard School of Public Health), bzw. 10–35 Prozent der täglichen Kalorienaufnahme.

Fette

Ein gewisses Maß an Fett in der Ernährung ist für die Gesundheit unentbehrlich, obwohl einige Fette besser geeignet sind als andere und manche gar keinen Nährwert haben. Fette, oder Lipide, dienen dem Körper als Energiespeicher und schützen uns vor Kälte. Fette bestehen aus einer Gruppe von Komponenten, zu denen unter anderem Fettsäuren und Glycerin gehören. Sie lassen sich in zwei Gruppen unterteilen:

Gesättigte Fettsäuren, die hauptsächlich aus tierischen Fetten stammen und zu Übergewicht und Herzproblemen führen können.
Ungesättigte Fettsäuren, die häufiger in Gemüse, Fisch und bestimmten Ölen vorkommen.

Ungesättigte Fettsäuren haben mehr nutzbringende Eigenschaften als gesättigte. Sie sind für die Absenkung des Cholesterinspiegels hilfreich und unterstützen die Gesunderhaltung des Herzens. (Omega-3 Fettsäuren, die sich in Fischöl finden, sind für diesen Zweck besonders geeignet.) Allerdings sollten Fette, ob gesättigt oder ungesättigt, niemals übermäßig konsumiert werden. Die Fette, die sich in Nahrungsmitteln mit hohen Kohlenhydrat- und Proteinanteilen finden, sind häufig für unseren Energiebedarf und den Kälteschutz schon ausreichend.
Verarbeitete Lebensmittel und Fertigmahlzeiten enthalten häufig einen hohen Prozentsatz an

Vitamin	Empfohlene Dosierung	Lebensmittel, die reich an diesen Vitaminen sind	Funktion
Vitamin A (Retinol)	700–900 mcg	Lebertran, Leber, Eier	Gute Sehkraft, Haut- und Knochengesundheit
Vitamin B1 (Thiamine)	1.0–1.2 mg	Reiskleie, Hefe, Schweinefleisch	Gesunde Organe, insb. Nervensystem und Herz
Vitamin B2 (Riboflavin)	1.0–1.3 mg	Fleisch, Eier, Kleie	Gesunder Stoffwechsel
Vitamin B3 (Niacin)	14–16 mg	Fleisch, Eier, Getreide	Gesunder Stoffwechsel, Kälteunempfindlichkeit
Vitamin B5 (Pantothensäure)	5 mg	Fleisch, Vollkorngetreide, Gemüse	Gesunder Stoffwechsel
Vitamin B6 (Pyridoxine)	1.2–1.7 mg	Fleisch, Milchprodukte	Produktion roter Blutkörperchen, Hirnleistung
Vitamin B7 (Biotin)	30 mcg	Fleisch, Milchprodukte, Eier	Gesundes Zellwachstum, Produktion von Fettsäuren
Vitamin B9 (Folsäure)	400 mcg	Grünes Blattgemüse, mit Vitaminen und Mineralien angereicherte Getreideflocken und Brot	Gesunde DNA und Zellwachstum
Vitamin B12 (Cobalamins)	2.4 mcg	Leber, Eier, mit Vitaminen und Mineralien angereicherte Getreideflocken	Gesundes Hirn- und Nervensystem
Vitamin C (Ascorbinsäure)	75–90 mg	Zitrusfrüchte, frische Lebensmittel allg.	Antioxidantien
Vitamin D (Calciferol)	600–800 IUs	Lebertran, Sonnenlicht	Gesunde Knochen
Vitamin E (Tocopherol)	15 mg	Weizenkeimöl, Pflanzenöl, Samen (Lein-/Chia-)	Gesunde Nerven- und Zellproduktion
Vitamin K (Phyllochinone)	90–120 mcg	Grünes Blattgemüse	Gesunde Knochen, Blutgerinnung

Fett. Dabei handelt es sich überwiegend um sogenannte Trans-Fette, die in der Natur nicht vorkommen. Sie entstehen bei der Produktion von Fertigprodukten durch die Verarbeitung von unvollständig gehärteten Fetten wie z. B. Margarine. Diese Fette können den Cholesterinspiegel und das Risiko für Herzerkrankungen erhöhen und sollten daher unbedingt vermieden werden. Die empfohlene tägliche Verzehrmenge für Fett beträgt etwa 20–35 Prozent der täglichen Kalorienaufnahme. Sie sollten den Anteil von Fett in Ihrer täglichen Ernährung allerdings erhöhen, wenn Sie intensiv trainieren und viele Kalorien verbrennen. Es ist außerdem zu empfehlen, sich ein Fettpolster zuzulegen, wenn Sie in einem sehr kalten Klima leben und arbeiten. In der Kälte verbraucht der Körper mehr Energie als in gemäßigteren Zonen, weil er eine konstante Kerntemperatur halten muss.

Vitamine and Mineralien

Nahrungsmittel, die Vitamine und Mineralien enthalten, sollten einen erheblichen Teil Ihrer Ernährung ausmachen. Diese auch als Mikronährstoffe bezeichneten Inhaltsstoffe sind für einen gesunden Körper essenziell wichtig. Da der Körper sie nicht selbst produzieren kann, müssen sie durch die Nahrung zur Verfügung gestellt werden. Gemüse und Obst sind die beste Quelle für Vitamine und Mineralstoffe. Der Bedarf ist von Mensch zu Mensch unterschiedlich und auch von den jeweiligen Lebensumständen abhängig. Die wichtigsten Vitamine und Mineralstoffe werden unten näher erklärt.

Vitamine und Mineralstoffe gibt es auch in Form von konzentriert dosierten Nahrungsergänzungsmitteln. Noch ist allerdings ungeklärt, ob die Aufnahme von Mikronährstoffen in dieser Form sinnvoll und zuträglich für die Gesundheit ist. Die meisten Experten stimmen darin überein, dass eine ausgewogene Ernährung die beste Garantie für die ausreichende Versorgung des Körpers mit Mikronährstoffen bietet. Durch die Verarbeitung und Verdauung der Nahrungsmittel werden sie dem Körper so auf natürlichem Weg zur Verfügung gestellt.

Vitamine werden für den gesunden Aufbau von Haut, Knochen und Muskeln sowie die Abwehr von Krankheiten wie Anämie, Skorbut, Dermatitis, Beriberi und Rachitis benötigt. (Vie-

Wichtige Mineralien

Mineralien	Empfohlene Dosierung	Lebensmittel, die reich an diesen Mineralien sind	Funktion
Kalzium	1000 mg	Milchprodukte, Eier, Fisch, Grünes Blattgemüse	Gesunde Muskeln, Knochen, Herz und Verdauung
Chlor	3–3.8 g	Speisesalz	Produktion von Magensäure
Magnesium	310–420 mg	Dunkelgrüne Gemüsesorten, unbehandelte Nüsse, Tomaten	Gesunde Knochen, Schutz gegen Nervengifte
Phosphor	700 mg	Milchprodukte, rotes Fleisch, Fisch	Knochen und Zellproduktion, Energieproduktion
Kalium	4700 mg	Bananen, Gemüse, Tomaten	Gesunde Zellfunktionen
Natrium	1500–2300 mg	Speisesalz, Meeresgemüse, Milch	Elektrolyte, gesunde Zellfunktionen
Schwefel	Spur	Eiweißreiche Lebensmittel, Fleisch, Fisch	Produktion von Aminosäuren

Spurenelemente

Mineralien	Empfohlene Dosierung	Lebensmitte, diel reich an diesen Mineralien sind	Funktion
Kupfer	900 mcg	Spinat, Salat, Samen, Nüsse	Enzymproduktion
Jod	150 mcg	Meeresgemüse, Eier, iodisiertes Speisesalz	Gesunde Schilddrüse, Antioxidans
Eisen	8–18 mg	Rotes Fleisch, Grünes Blattgemüse, fetthaltige Fische, Eier, Bohnen und andere Hülsenfrüchte, Getreide	Zellaufbau
Mangan	1.8–2.3 mg	Ungeschälter Reis, Bohnen und Hülsenfrüchte, Spinat, Roggen	Enzymproduktion
Selen	55 mcg	Paranüsse, Fleisch, Fisch	Antioxidans
Zink	8–11 mg	Eier, rotes Fleisch, Jakobsmuscheln, Bohnen und Hülsenfrüchte	Enzymproduktion

le dieser Krankheiten treten überwiegend in Entwicklungsländern auf.) Zurzeit gibt es 13 allgemein als wichtig eingestufte Vitamine (siehe Tabellen).

Mineralstoffe werden für eine gesunde Blutzellenproduktion (besonders wichtig für Frauen), für starke Knochen und Muskeln, ein gesundes Herz-Kreislauf- sowie Verdauungssystem und natürlich für die Gesunderhaltung des Gehirns benötigt. Sie unterstützen darüber hinaus auch die Aufnahme einiger Mineralstoffe.

Mineralien werden in sieben Hauptmineralstoffe und mehrere Spurenelemente unterteilt. Menschen mit besonderen diätischen Bedürfnissen benötigen möglicherweise noch andere Mineralien in kleinen Mengen.

Auch Soldaten sollten selbstverständlich alle genannten Vitamine und Mineralstoffe in ausreichender Menge mit der Nahrung zu sich nehmen. Besonders wichtig sind für sie aber die Vitamine und Mineralien, die für die Gesunderhaltung des Gehirns eine Rolle spielen. Es handelt sich um die Vitamine E, B12, B6 und B9 (Folsäure) sowie Magnesium.

Andererseits ist es wichtig, auf gar keinen Fall zu viele Vitamine und Mineralstoffe zu sich zu nehmen. Falls Sie Nahrungsergänzungsmittel einnehmen, achten Sie darauf, dass diese nicht mehr als 100 % der täglichen Verzehrempfehlung pro Einheit enthalten.

Gemüse und Obst sind außerdem ein wichtiger Lieferant von Ballaststoffen. Das gilt auch für einige Kohlenhydrate, die ebenfalls unverzichtbar für eine gesunde Verdauung sind. Ballaststoffe sind für ein gesundes Verdauungssystem notwendig und setzen darüber hinaus Energie langsamer frei. Das verhindert, dass der Blutzuckerspiegel zu stark steigt oder fällt, denn beides kann zu Lethargie führen. Studien zufolge verringern Ballaststoffe darüber hinaus das Risiko von Herz-Kreislauf-Erkrankungen sowie Darmkrebs. Eine Ernährung mit zu wenig Ballaststoffen kann das Risiko für Infektionen, Herzerkrankungen und unregelmäßigen Stuhlgang erhöhen.

Die Bedeutung einer ausgewogenen Ernährung

Wenn Ihre Ernährung sich überwiegend aus Nahrungsmitteln aus nur einer der Nahrungsgruppen zusammensetzt, erhält Ihr Körper also nicht alles, was er braucht, um geistig und körperlich optimal zu funktionieren. Die amerikanische Regierung empfiehlt daher den Verzehr der folgenden Mengen aus jeder Kategorie (basierend auf dem jeweiligen prozentualen Anteil an den Gesamtkalorien pro Tag).
Wenn Sie sich an diese Richtlinien halten, fällt es Ihnen leichter, immer Ihre bestmögliche physische und mentale Leistung abzurufen und bei bester Gesundheit zu bleiben.

Nicht jede Mahlzeit muss alle Nahrungsgruppen in perfekt ausgeglichenen Anteilen enthalten. Wenn eine beständig optimale Gesundheit Ihr Ziel ist, sollten Sie aber auf jeden Fall täglich die empfohlene Menge aus jeder Nahrungsgruppe zu sich nehmen. Die genannten Richtlinien werden auch vom US Militär bei der Herstellung von sogenannten Meals Ready to Eat (MREs -Fertigmahlzeit) berücksichtigt. Die MREs sind die Standardverpflegungsrationen für Militärangehörige, die in Einsatzgebieten weltweit stationiert sind. Jede hat etwa 1250 Kalorien. Mindestens 13 % der Kalorien sind Proteine, 36 % sind Fett und 51 % sind Kohlenhydrate. Jede MRE soll außerdem ein Drittel der benötigten Mikronährstoffe zu Verfügung stellen. Drei MREs pro Tag sind vorgesehen. Beachten Sie, dass die Prozentanteile in jeder Kategorie leicht von den zivilen Vorgaben abweichen, weil die deutlich erhöhte körperliche Aktivität der Soldaten berücksichtigt wird. Bei der Bundeswehr heißen diese Mahlzeiten Ein-Mann-Packungen (EPA). Jede enthält alles, was für die Ernährung eines Soldaten pro Tag notwendig ist. Weiter unten erfahren Sie mehr über diese MREs.

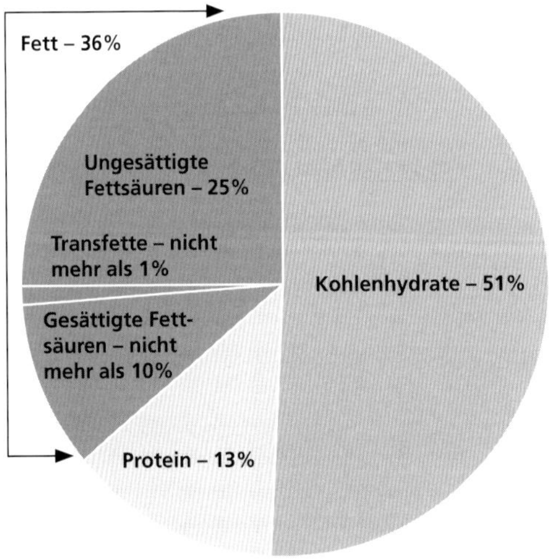

Salz und Zucker

Achten Sie bei Ihrer täglichen Ernährung unbedingt auf versteckte oder zugesetzte Inhaltsstoffe wie Salz (Natrium) oder Zucker. Beides sind natürlich vorkommende Bestandteile von Nahrungsmitteln und sollten, wenn überhaupt, nur sehr sparsam zugesetzt werden.
Die empfohlene Tagesdosis ist maximal 2300mg Salz. Das entspricht ungefähr einem Teelöffel Tafelsalz. Die empfohlene Tagesmenge wird oft überschritten, denn viele Fertigprodukte enthalten zusätzliches Salz. Deshalb ist es wichtig, die Mengenangaben auf den Verpackungen zu prüfen, um den täglichen Verzehr von Salz einzuschränken. Alle Nahrungsmittel, die mehr als 20 % Natrium enthalten, sollten strikt vermieden werden. Der Verzehr von zu viel Salz kann zu

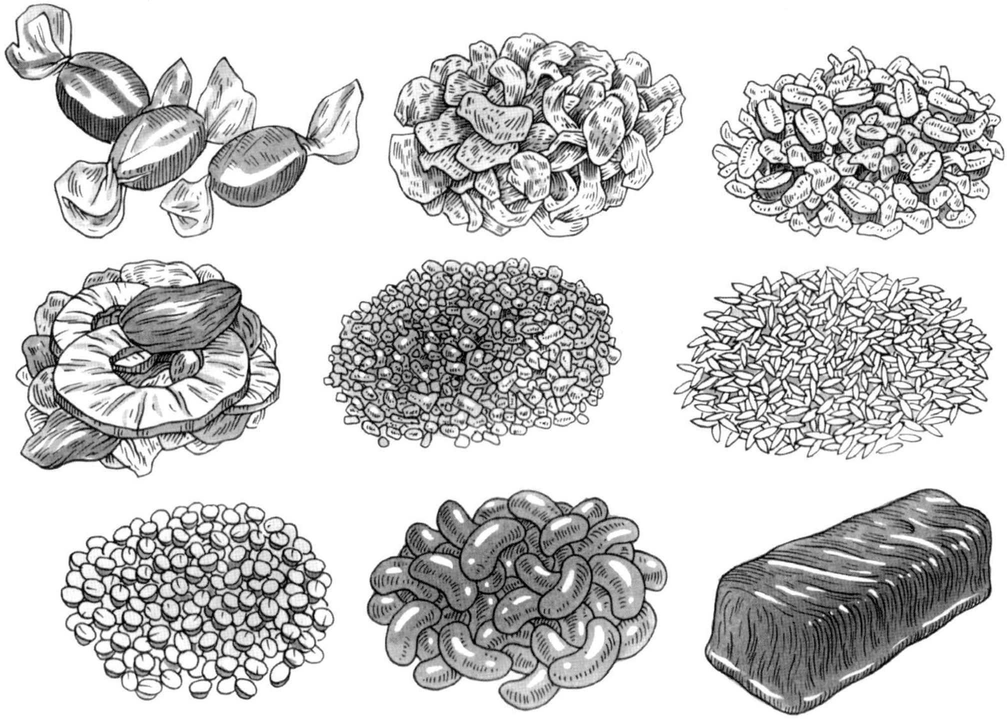

SNACKS FÜR DIE HOSENTASCHE

Getreidekörner, Nüsse, Trockenfrüchte etc. sind gute Energielieferanten. In Kombination stellen Sie einfache und komplexe Kohlenhydrate zur Verfügung, die beim Ausdauertraining für eine optimale mentale Leistungsfähigkeit sorgen.

starkem Durstgefühl sowie zu Bluthochdruck und anderen Problemen führen.

Die empfohlene Tagesdosis für Zucker ist 36 g für Männer. Das entspricht etwa 9 Teelöffeln. Für Frauen liegt der Wert bei 20 g (5 Teelöffel). Auch Zucker kommt natürlich vor, deshalb sollten Sie ihn als Geschmackszusatz unbedingt vermeiden. Getränke, insbesondere Limonaden und andere Erfrischungsgetränke, können sehr viel Zucker enthalten. Eine Dose Cola (355ml) zum Beispiel enthält etwa 39 g Zucker. In einer kleinen Dose befindet sich also mehr Zucker als ein erwachsener Mann pro Tag insgesamt zu sich nehmen sollte.

Der dauerhafte Verzehr von zu viel Zucker – und zwar besonders von raffiniertem Zucker, der in Soft-Drinks und Süßigkeiten enthalten ist, – kann die Gefahr von Übergewicht, Diabetes, Herz-Kreislauf-Erkrankungen und Zahnfäule erhöhen.

Für Soldaten, die eine ausgesprochen aktive Lebensweise haben, sind Salz und Zucker lebensnotwendig. Für die Umwandlung in schnellverfügbare Energie benötigt der Körper Zucker, daher sollte er während anstrengender Übungen regelmäßig zugeführt werden. Durch starkes Schwitzen verliert der Körper Salz, das bei großer Anstrengung ebenfalls ersetzt werden sollte, damit Sie weiterhin Ihre Bestleistung erbringen können. Das gilt besonders dann, wenn Einsätze oder Übungen länger als einen Tag andauern. Jeder, der mehr als eine bis drei Stunden harte körperliche Anstrengungen erbringt, sollte die verlorenen Salze ersetzen. Die Menge, die durch

Schwitzen verloren geht, ist individuell verschieden und abhängig von Kondition, genetischen Voraussetzungen, Wetterbedingungen und Körperbau. Beobachten Sie Ihren Salzverzehr, um das richtige Gleichgewicht zu ermitteln. Als Richtlinie gilt der Verzehr von etwa 400–800 mg Salz pro Liter Wasser.

Ernährung für aktive Soldaten

Nach diesem Blick auf die generellen Empfehlungen für eine ausgewogene Ernährung wollen wir nun einen genaueren Blick auf die Ernährung speziell für aktive Soldaten werfen. Für Mitglieder militärischer Eliteeinheiten ist der Bedarf nämlich ein grundlegend anderer als für den durchschnittlichen Zivilisten. Dessen Bedarf wird auf der Basis einer moderat aktiven Lebensweise

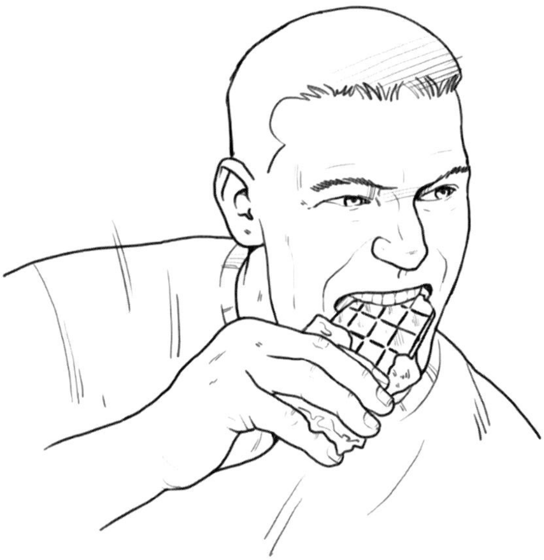

ZUCKERLIEFERANTEN

Schokolade wird fast sofort in Energie umgewandelt und findet sich deshalb häufig in MREs. Konsumieren Sie aber nicht zu viel Süßes, denn wenn das Zuckerhoch nachlässt, kommt es zu einem noch größeren Gefühl der Ermüdung.

und durchschnittlich 150 Minuten Sport pro Woche berechnet. Soldaten in der Grundausbildung leisten schnell drei- bis viermal so viel. In speziellen Auswahlprogrammen, in denen sie an ihre Grenzen gehen müssen, können es auch 12 Stunden oder mehr körperliche Höchstleistung pro Tag sein. (Mehr zu Trainingsprogrammen in Kapitel 4: Training)

Wenn Sie also ein sportliches Aufbauprogramm beginnen, bei dem Sie mehr Kalorien verbrennen, müssen Sie Ihre Kalorienaufnahme entsprechend erhöhen, denn sonst verlieren Sie an Gewicht. Falls Gewichtsreduktion das Ziel ist, achten Sie darauf, dass Sie einen gesunden Body Mass Index (BMI) nicht unterschreiten. Sie büßen sonst Energie und Elan ein. Im Durchschnitt sollte ein männlicher Rekrut etwa 1000 Kalorien mehr als ein männlicher Zivilist zu sich nehmen. Mindestens 50 % dieser Kalorien sollten Kohlenhydrate sein, um zu gewährleisten, dass genügend Energie für die erhöhte körperliche Anstrengung zur Verfügung steht. Anhaltspunkte dafür, wie viele Kalorien bei bestimmten Übungen verbrannt werden, finden Sie in der Tabelle gegenüber. Wie Sie sehen, hat auch Ihr Gewicht Einfluss darauf, wie viele Kalorien Sie verbrennen. Wenn Sie also als 90-kg-Mann mit Ihrer ganzen Ausrüstung einen Vier-Stunden-Marsch absolvieren, verbrennen Sie zwischen 375 Kalorien (Gehen) und 635 Kalorien (mit Rucksack) pro Stunde.

Praktische Energielieferanten

Denken Sie daran, zwischen Essen und sportlicher Aktivität eine Pause von mindestens 30 Minuten einzulegen. Wenn Sie eine umfangreiche Mahlzeit zu sich genommen haben, sollte die Zeitspanne länger sein, denn es dauert mindestens drei Stunden bis eine üppigere Mahlzeit verdaut ist. Diese Zeit benötigt Ihr Körper ohnehin, um die verzehrten Nahrungsmittel in Energie in Form von Glucose umzuwandeln. Vermeiden Sie

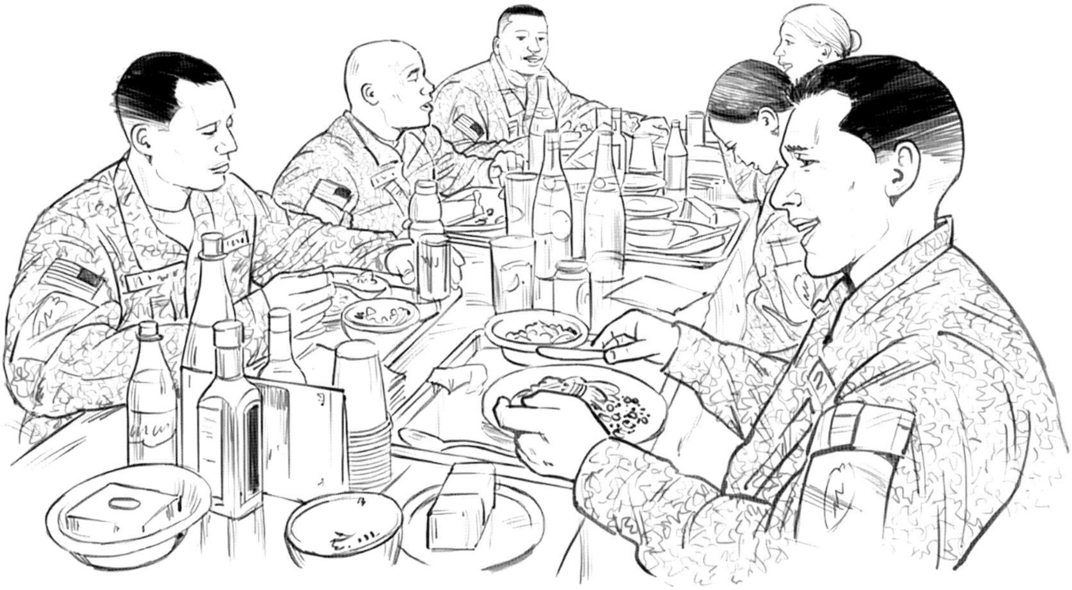

DIE KANTINE

Soldaten entwickeln auch durch gemeinsame Mahlzeiten ein Gemeinschaftsgefühl, selbst wenn sich die Gespräche nur um die Ungenießbarkeit des Essens drehen. Die Bedeutung, die das Militär einer ausgewogenen Ernährung beimisst, zeigt, wie wichtig sie für den Erhalt optimaler mentaler Belastbarkeit ist.

während einer intensiven Trainingseinheit daher schwer im Magen liegende Nahrungsmittel. Essen Sie stattdessen häufiger mehrere kleinere Mahlzeiten und Snacks über den Tag verteilt, um Ihr Energieniveau gleichmäßig hoch zu halten.

Einige Nahrungsmittel (im allgemeinen einfache Kohlenhydrate) haben einen hohen glykämischen Index, das heißt, sie werden schnell in große Mengen Energie umgewandelt. Diese Nahrungsmittel sorgen für einen umgehenden Energieschub. Deshalb ist es sinnvoll, sie kurz vor kräftezehrenden, maximal 60 Minuten dauernden Übungen zu essen. Allerdings hält der Energieschub nicht lange an. Nach etwa 30–60 Minuten werden Sie merken, dass Ihr Energiehoch wieder abgebaut ist. Nahrungsmittel mit einem hohen glykämischen Index sind zum Beispiel Bananen, Kartoffeln, Honig und Glucose.

Wenn Sie Ausdauersport treiben (zwei Stunden und mehr), sollten Sie dagegen Nahrungsmittel mit einem niedrigen glykämischen Index (komplexe Kohlenhydrate) essen. Hier wird die Energie langsamer und dauerhafter abgegeben, so dass sie Ihnen über einen längeren Zeitraum zur Verfügung steht. Nahrungsmittel mit niedrigem glykämischem Index sind zum Beispiel Milch, Joghurt, Bohnen und Fructose. Wenn Sie eine Übung angehen, die Ausdauer erfordert und über einen langen Zeitraum läuft (zum Beispiel einen 8-Stunden-Marsch mit voller Ausrüstung), sollten Sie Ihr Energieniveau durch eine Kombination von einfachen und komplexen Kohlenhydrate hoch halten. Ein beliebter Snack vor dem Training ist eine Banane, deren hoher Glucose-Gehalt sofort ins Blut geht und daher ideal für hochintensive maximal einstündige Übungen ist. Bananen enthalten außerdem etwa 88 mg Kalium pro 100 g, das den durch die Anstrengung verursachten Salzverlust ausgleicht. Andere praktische Snacks sind zum Beispiel Joghurt,

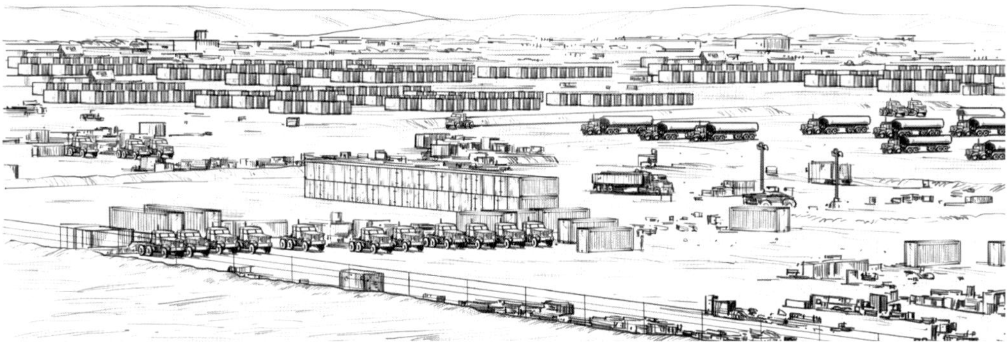

DAS MILITÄRDEPOT

Für die Versorgung der Soldaten mit Wasser und Nahrung ist eine gute Logistik erforderlich. Die Arbeit bei den Logistikern ist eine der mental anspruchsvollsten Aufgaben beim Militär. Hier werden Leute gebraucht, die das Gleichgewicht zwischen Bedarf und Nachschub verstehen und herstellen können.

Energieverbrauch

Einstündige Aktivität	Kalorienverbrauch bei einem Gewicht von 73 kg	Kalorienverbrauch bei einem Gewicht von 91 kg
Aerobics (hohes Niveau)	530	665
Rucksacktour	510	635
Basketball	585	730
Boxen	630	725
Kanu fahren (moderat)	280	350
Zirkeltraining	560	740
Fahrrad fahren (Ebene)	440	520
Fußball	565	710
Wandern	435	545
Marschieren	450	530
Kampfsport	700	815
Rappelling	560	650
Klettern (Fels)	750	860
Seilspringen	860	1075
Rudern	435	545
Laufen (8km/h)	600	750
Skifahren	315	390
Laufband	650	815
Bahnenschwimmen (moderat)	520	640
Volleyball	290	365
Walken (5.6km/h)	300	375
Krafttraining	365	455

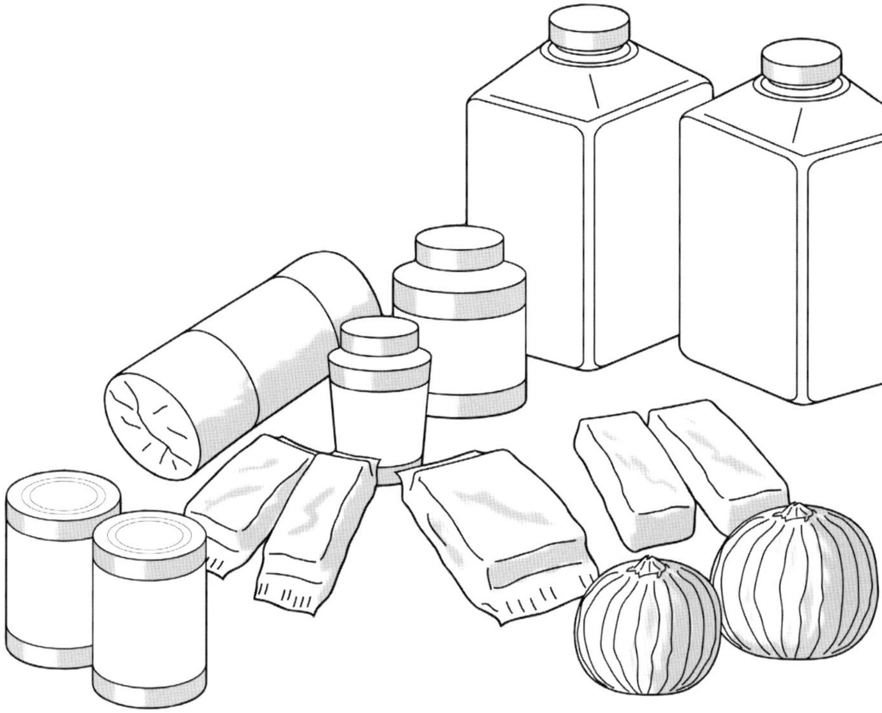

DIE TROCKENE MARSCHVERPFLEGUNG

Trockene, vorgefertigte Marschverpflegung ist leichter zu transportieren und deutlich länger haltbar als frische Lebensmittel. Hier sehen wir verschiedene Lebensmittel in Dosen oder Kartons bzw. in Pulverform, die sich ohne Probleme in einem Rucksack oder Beutel transportieren lassen. Diese Art der Marschverpflegung ist aber nicht für längere Zeiträume gedacht, denn das völlige Fehlen frischer Lebensmittel hat letztendlich negative Auswirkungen auf die mentale Leistungsfähigkeit.

Studentenfutter, Mandeln und Müsliriegel. Wenn Sie früh morgens vor dem Frühstück trainieren, essen Sie zumindest einen dieser Snacks, um Ihr Energieniveau nach dem nächtlichen Fasten aufzubauen. Wenn Sie später am Tag trainieren, nehmen Sie eine Mahlzeit zu sich, die einen hohen Anteil an Kohlenhydrate hat, vorzugsweise solche mit einem niedrigen glykämischen Index. So steht Ihnen die Energie länger und stetiger zur Verfügung. Eine Banane mit einem Glas Milch ist eine einfache, schnelle Zwischenmahlzeit, die leicht verdaulich ist. Für die Hauptmahlzeiten sollten Sie Vollkornbrot oder Nudeln, Obst und Gemüse, Vollkornreis sowie Getreide wählen. Sie benötigen Kohlenhydrate in jeder Form, wenn Sie über einen langen Zeitraum von mehreren Stunden körperlich aktiv sind.

MREs (Meals Ready to Eat)

MREs – Fertigmahlzeiten bzw. Einmannpackungen (Bundeswehr) sind die normale Marschverpflegung für Soldaten auf Manövern oder im Kampfeinsatz. Aufgrund praktischer und logistischer Erwägungen müssen sie lange haltbar, vollwertig und auch unter widrigen Umständen essbar sein. Die Haltbarkeit von MREs hängt von ihren Lagerbedingungen ab. Hohe Temperaturen haben den größten Ein-

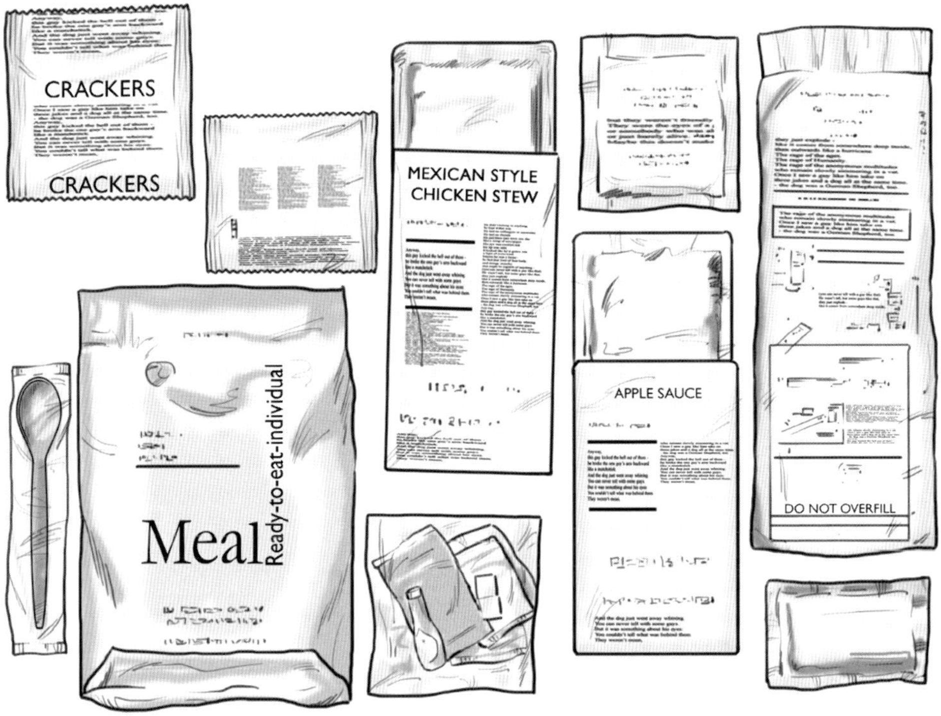

DIE MRES

Die Menüauswahl der MREs wird jedes Jahr aktualisiert, um sie sowohl abwechslungsreich als auch vollwertig und ausgewogen zusammenzusetzen. Soldaten haben die Wahl unter bis zu 24 Hauptgerichten und 150 größeren und kleineren Beilagen.

fluss. Bei einer Temperatur von +10° Celsius sind sie bis zu fünf Jahre haltbar, bei Temperaturen von +49° Celsius beträgt die Haltbarkeit nur noch einen Monat. Die durchschnittliche Haltbarkeit bei Temperaturen um +27° Celsius liegt bei drei Jahren. Die Kartons sind außerdem mit einem Temperatur-Zeit-Fühler ausgestattet, der anzeigt, ob die Nahrungsmittel noch essbar sind. Offiziell werden MREs ausschließlich an militärische Einrichtungen abgegeben. Es ist davon abzuraten, sie unter der Hand kaufen, denn sie wurden dann möglicherweise unter zweifelhaften Bedingungen gelagert. Für den privaten Verbrauch gibt es Firmen, die sich auf zivile Varianten spezialisiert haben und Mahlzeiten nach dem gleichen Prinzip produzieren. Sie sind hervorragend zum

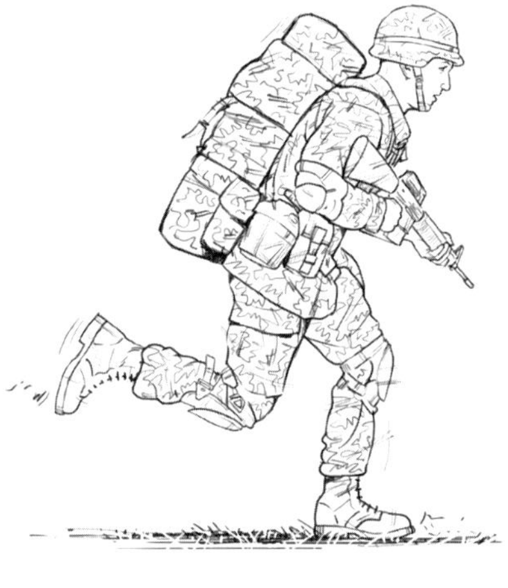

DER KALORIENVERBRAUCH

Beim Laufen oder Joggen mit voller Ausrüstung werden bis zu 500 Kalorien pro Stunde verbrannt. Es ist unerlässlich, diese Kalorien zu ersetzen, um die Energiereserven konstant aufzufüllen.

<table>
<tr><td>MENÜ 1
Chilli mit Bohnen
Maisbrot
Käseaufstrich, Jalapeño
Cracker
Müsliriegel
Mit Kohlenhydraten angereichertes Getränk
Gewürze, roter Pfeffer

Zubehörpaket A
Löffel
Esbitkocher
Beutel für Heißgetränk</td><td>MENÜ 2
Hähnchen-Fajita
Mexikanisches Bohnenmus
Käseaufstrich, Jalapeño
Tortillas
Nüsse
Schokoküchlein
Irish cream Cappuccino
Gewürze, Gewürzmischung

Zubehörpaket B
Löffel
Esbitkocher</td></tr>
<tr><td>MENÜ 3
Hähnchen mit Nudeln
Nuß-Rosinen Mix mit Schokolade
Peanut butter
Marmelade
Weizenbrot
Mit Kohlenhydraten angereichertes Getränk
Chillisoße

Zubehörpaket A
Löffel
Esbitkocher
Beutel für Heißgetränk</td><td>MENÜ 4
Schweinebratwurst mit Soße
Granola
Käseaufstrich Cracker
Toaster Gebäck
Mit Kohlenhydraten angereichertes Getränk

Zubehörpaket A
Löffel
Esbitkocher
Beutel für Heißgetränk</td></tr>
<tr><td colspan="2">Fettgedrucktes weist auf Änderungen im Menü hin. Diese werden jedes Jahr verändert, damit sie abwechslungsreich bleiben. Besondere Diätvorschriften oder religiöse Vorgaben wurden ebenfalls berücksichtigt. Es gibt außerdem Menüs für heiße und kalte Klimata.</td></tr>
</table>

Campen und für das Überlebenstraining geeignet. Auf diese Art kann man auch nachempfinden, was es bedeutet, sich von MREs zu ernähren. Soldaten finden sich mit MREs ab, weil sie zweckmäßig sind, sind ihnen aber in der Regel nicht besonders zugetan.

MREs werden in Kartons zu je 12 Stück verpackt, wobei jedes MRE in einer stabilen Plastiktüte eingeschweißt ist, die trotz grober Handhabung und aller möglichen Wettereinflüsse nicht kaputtgehen kann. Sie müssen bei Einsätzen leicht zu transportieren sei. Jedes MRE ist in sich vollständig. Es enthält ein Hauptgericht und eine Beilage, sowie weitere Beilagen, Gewürze, Getränke und Zubehör wie zum Beispiel einen Esbitkocher (Trockenbrennstoffkocher), der das Hauptgericht in etwa 10–15 Minuten erhitzt. Esbitkocher funktionieren ohne Flammen, so dass man sie im Freien und sogar auf Booten ohne Sicherheitsbedenken benutzen kann. Das ist ein Vorteil, denn MREs schmecken erwärmt deutlich besser.

MREs wurden ursprünglich vom amerikanischen Militär in den späten 1970er Jahren entwickelt. Seitdem wurden sowohl die Art der Verpackung als auch der Inhalt stetig verändert und verbes-

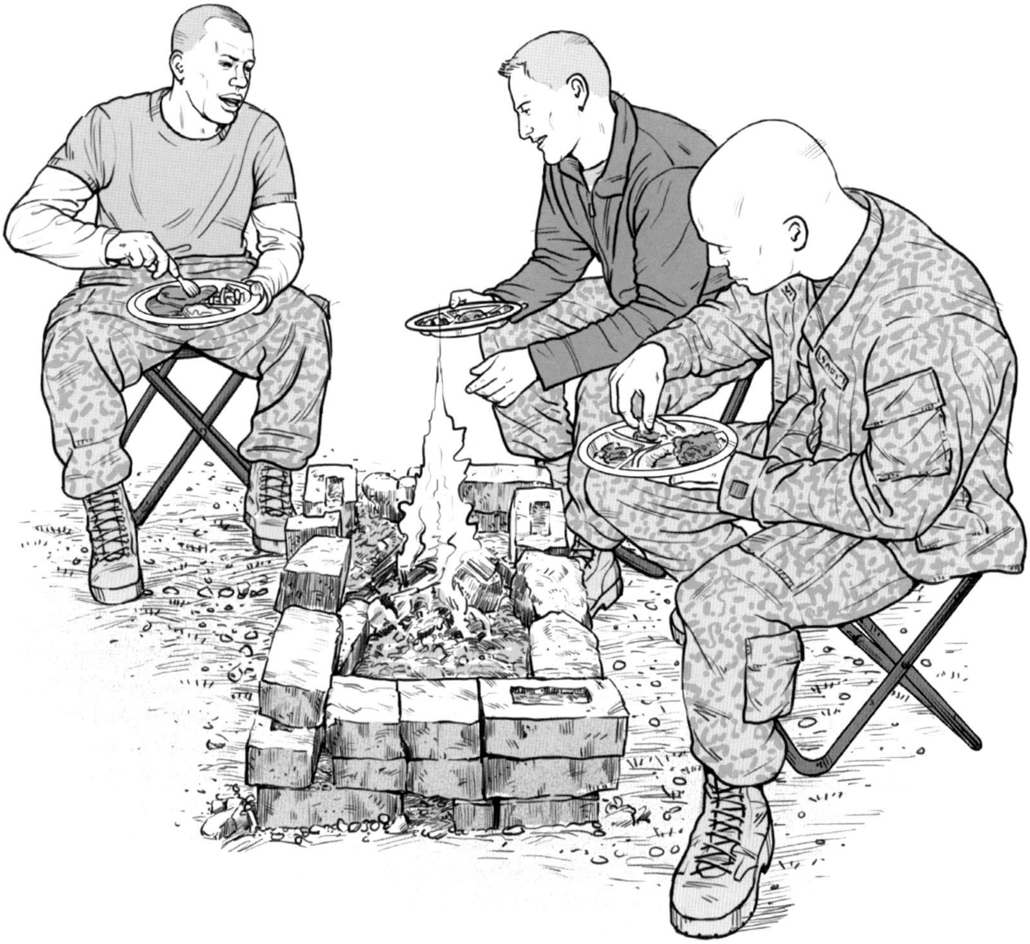

DIE SOZIALEN KONTAKTE PFLEGEN

Selbst im Feld sollten Offiziere regelmäßige Pausen für das Essen und Trinken einplanen. Das gibt den Truppen die Möglichkeit, sich in gemeinschaftlicher Runde für kurze Zeit von dem Druck zu entspannen, der mit dem Einsatz einhergeht.

sert. Zurzeit gibt es 24 verschiedene MRE-Mahlzeiten. Beispiele finden Sie auf Seite 39. Die britischen und kanadischen Streitkräfte nutzen für ihre Truppen eine ähnliche Verpflegung (24-Stunden-Allzweck-Marschverpflegung bzw. Individuelle Rationen). Der durchschnittliche Kaloriengehalt von drei MREs pro Tag reicht von 3750 bis zu 4200 Kalorien. Diese Zahl liegt aufgrund der größeren körperlichen Leistung und des damit verbundenen erhöhten Kalorienbedarfs deutlich über den für Zivilisten empfohlenen Werten. Auch wenn diese Mahlzeiten nicht unbedingt hervorragend schmecken, so sind sie doch eine deutliche Verbesserung gegenüber den zuvor verwendeten gefriergetrockneten Verpflegungsrationen. Sie sind ernährungswissenschaftlich ausgewogen und versorgen die Soldaten nachgewiesenermaßen mit den richtigen Mengen an Nährstoffen aus den wichtigsten Nahrungsgruppen, so dass deren vollwertige Ernährung auch im Einsatz über lange Zeiträume sichergestellt ist.

Immer, wenn sich Ihre Ernährung und Ihr Trainingsplan grundlegend ändern, achten Sie darauf, dass Sie sich auch Ruhetage und Auszeiten gönnen. Beim Essen sollte dann der Genuss im Vordergrund stehen und nicht die Aufgabe, Ihren Körper mit Energie zu versorgen. Ab und zu ist das völlig in Ordnung, insbesondere, wenn Sie eine sehr aktive Lebensweise haben. Sie müssen nur berücksichtigen, dass Sie an solchen Tagen weniger Kalorien benötigen.

Flüssigkeiten

Die Bedeutung von Flüssigkeit für das Funktionieren des Körpers kann gar nicht oft und deutlich genug betont werden. Das gilt sowohl für die geistigen als auch die körperlichen Aktivitäten. Das Gehirn besteht zu 70 % aus Wasser, das für das reibungslose Funktionieren aller Denkprozesse gebraucht wird. Studien haben gezeigt, dass eine nur 2 %ige Reduzierung der optimalen Wassermenge messbare Einbußen in Bezug auf Intelligenz, Logik und emotionales Befinden zur Folge hat. Daher ist die regelmäßige Flüssigkeitszufuhr eine der besten Möglichkeiten, geistige Höchstleistungen zu gewährleisten.

Auch der Körper benötigt eine bestimmte Menge an Flüssigkeit – zum einen, um alle Organe gesund und funktionstüchtig zu erhalten und zum anderen, um die aufgenommene Nahrung zu verdauen. Wenn dieser Flüssigkeitshaushalt gestört ist, kommt es schnell zu nachteiligen Auswirkungen. Auch hier kann ein nur 2 %iges Defizit zu unangenehmen körperlichen Folgen führen. Dazu zählen Durst, eine verminderte oder deutlich dunklere Urinmenge, Müdigkeit, Kopfschmerzen, Schwindel und niedriger Blutdruck. Falls der Flüssigkeitsverlust 5–6 % beträgt, können sich die Symptome verschlimmern, so dass dann auch Übelkeit sowie Krampf- und Ohnmachtsanfälle auftreten. Eine schwerwiegende Dehydrierung – bei mehr als 15 % Verlust der Körperflüssigkeit – kann sogar tödlich sein.

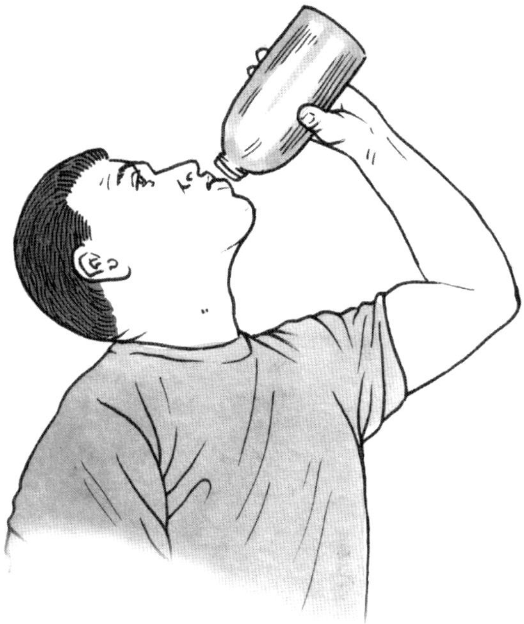

DEN KÖRPER AUSREICHEND MIT FLÜSSIGKEIT VERSORGEN

Flüssigkeitsmangel hat schnell Auswirkungen auf die mentale Leistungsfähigkeit. Es kommt zu Verwirrtheit, Gefühlsschwankungen und Apathie. Insbesondere unter heißen Klimabedingungen sollten Einheitsführer regelmäßige Trinkpausen in den Operationsablauf einplanen.

Tägliche Flüssigkeitszufuhr

Die empfohlene Mindestmenge Flüssigkeit, die man täglich trinken sollte, variiert, aber durchschnittlich sollten es mindestens 2,5 Liter pro Tag sein. Das ist etwas mehr als die bekannte Zahl von 8 Gläsern pro Tag. Das Volumen ist im Übrigen stark abhängig von den Umgebungstemperaturen und dem Ausmaß an körperlicher Anstrengung. Bei Soldaten, die in Wüstenregionen im Kampfeinsatz sind, kann der Flüssigkeitsbedarf doppelt so hoch sein wie bei Soldaten, die in einem gemäßigten Klima nur leichten Dienst verrichten.

Bei der aufgenommenen Flüssigkeit muss es sich nicht zwingend um Wasser handeln. Alles was Ihnen schmeckt, ist erlaubt – außer Alkohol. Denken Sie daran, dass manche koffeinhaltigen Getränke entwässernd wirken und Sie daher häufiger urinieren müssen. Wenn Sie also 5–7 Tassen schwarzen Tee oder Kaffee pro Tag trinken, sollten Sie zusätzlich die gleiche Menge an Wasser zu sich nehmen, um den Flüssigkeitsverlust zu kompensieren. Außerdem kann Koffein Sie nervös und unruhig machen, obwohl es natürlich hilfreich ist, wenn Sie wach und konzentriert bleiben müssen.

Wenn Sie körperlich sehr aktiv sind, schwitzen Sie deutlich mehr. Auch diese Flüssigkeit muss ersetzt werden. Trinken Sie dann, abhängig vom Grad Ihrer Aktivität, 3–4 Liter pro Tag. Das Gleiche gilt, wenn Sie sich in sehr heißen bzw. kalten Regionen aufhalten. Bei Hitze schwitzen Sie mehr, weil Ihr Körper versucht sich abzukühlen. In der Kälte schwitzen Sie möglicherweise aufgrund der vielen isolierenden Kleidungsschichten.

Überwachen Sie Ihren Flüssigkeitshaushalt, indem Sie nachhalten, wie viel Sie trinken und wie oft Sie Ihre Blase entleeren müssen. Wenn Sie über einen Zeitraum von 5–6 Stunden nicht urinieren müssen und Ihr Urin deutlich dunkler als strohfarben ist (auch hier gibt es natürlich individuelle Unterschiede), sollten Sie den Flüssigkeitsverlust schnellstmöglich ausgleichen.

Dehydrierung kann ganz einfach durch vermehrte Flüssigkeitszufuhr ausgeglichen und so behoben werden. Wasser ist dafür gut geeignet. Wenn Sie allerdings stark schwitzen, müssen Sie auch verlorene Elektrolyte und Salze ersetzen. Oral eingenommene Mittel zur Rehydrierung oder isotonische Sportgetränke enthalten im Allgemeinen Salz und Kalium sowie Glucose, um verlorene Salze und Zucker schnell zu ersetzen. Bei einem zu niedrigen Salzgehalt funktionieren die Muskeln unter Umständen nicht richtig, so dass es zu Krämpfen kommt. Deshalb ist es besonders wichtig, verlorene Salze insbesondere während anstrengender Übungen zu ersetzen. Auf dem Markt gibt es sehr viele isotonische Sportgetränke, zum Beispiel Powerade oder Gatorade. Das amerikanische Militär verwendet einige von ihnen auch in den MREs. Sie können eine Rehydrierungslösung aber auch ganz einfach selbst herstellen, indem Sie 30 ml Zucker (6 gestrichene Teelöffel) und 2,5 ml Salz (1/2 gestrichener Teelöffel) in 1 Liter Wasser auflösen.

Wenn es aus irgendeinem Grund nicht so einfach möglich ist, auf Flüssigkeiten zuzugreifen, teilen Sie Ihre verbliebenen Vorräte sorgfältig

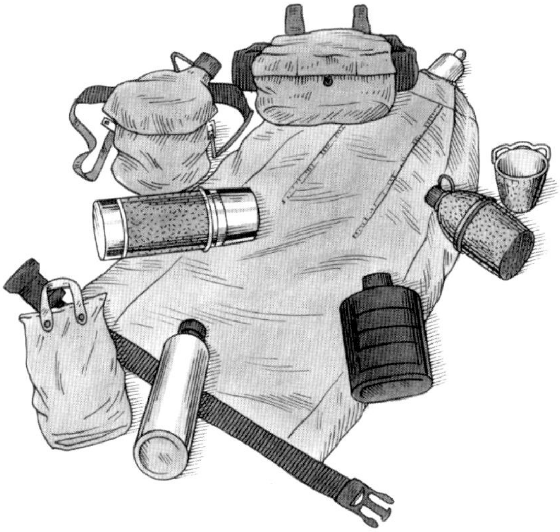

DIE WASSERBEHÄLTER

Hier sehen Sie eine Auswahl an Wasserbehältern, die vom amerikanischen Militär benutzt werden: Wasserflaschen und -beutel, Feldflaschen aus Metall, Becher und Thermosflaschen. Die Wassermenge, die mitgenommen werden muss, richtet sich nach den Umweltbedingungen und muss entsprechend angepasst werden. Im Durchschnitt reichen 3–4 Liter pro Tag für einen aktiven Soldaten.

ein. Vermeiden Sie außerdem große Anstrengungen bei heißem Wetter, um den Flüssigkeitsverlust durch Schwitzen gering zu halten.

Alkohol und Drogen

Alkohol hat ganz offensichtliche Effekte auf die mentale Leistungsfähigkeit. Je größer das konsumierte Alkoholvolumen ist, desto deutlicher ist der damit einhergehende Schwund an kognitiver Leistungsfähigkeit, logischem und moralischem Urteilsvermögen, Kommunikationsfähigkeit und Intelligenz.

Wenn Sie sich diese Beeinträchtigungen vor dem Hintergrund eines Kampfeinsatzes vorstellen, wird schnell offensichtlich, warum alle Armeen der Welt in Bezug auf Alkoholmissbrauch kompromisslos sind. Selbst die dem Alkohol nicht abgeneigte britische Marine verbannte im Jahr 1970 die berühmte tägliche Rumration. Die Befürchtung, Soldaten könnten Fehler bei der Bedienung komplexer Maschinerie machen oder beim Fahren auf öffentlichen Straßen durch Alkoholtests fallen, war zu groß. Die erheblich dunklere Seite des Problems ist, dass ein hoher Alkoholkonsum bei Soldaten oft mit der Verübung von Gräueltaten in Verbindung steht. Ein Bericht der New York Times im Jahr 2007 stellte fest, dass in mehr als einem Drittel aller vom Militär gegen Soldaten erhobenen Anklagen in den zwei Kriegsgebieten Irak und Afghanistan wurden Vorwürfe im Zusammenhang mit Alkohol und Drogen erhoben. In 240 von den 665 Fällen kam es zu einer Verurteilung, wie aus den Daten hervorgeht, die die NYT durch eine Anfrage im

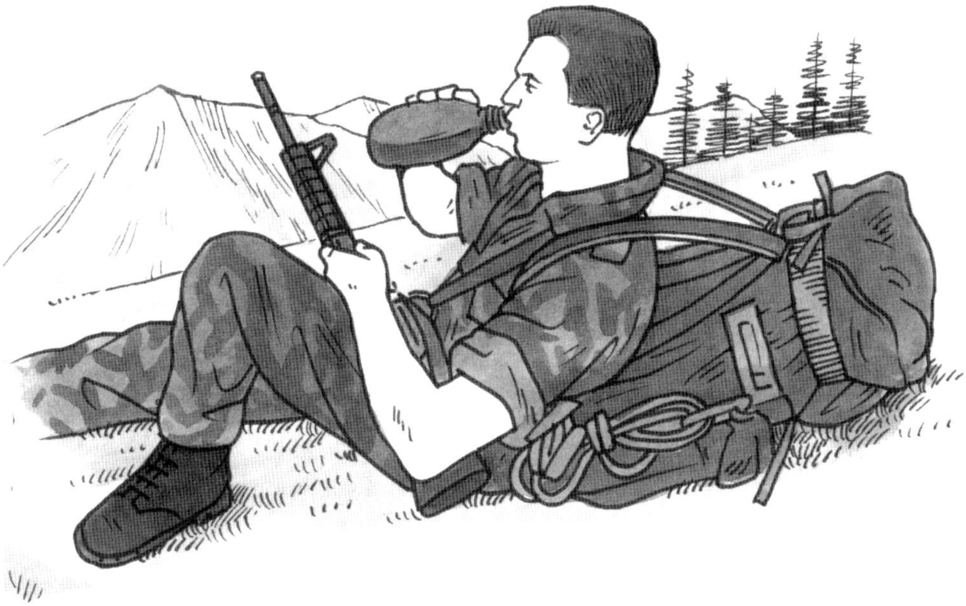

DIE REHYDRIERUNG

Die beste Art und Weise, den Körper mit genügend Flüssigkeit zu versorgen, ist immer wieder über den Tag verteilt reichlich zu trinken. Beobachten Sie auch das Verhalten von anderen in Ihrer Einheit – eine nachlassende mentale Leistung kann ein klarer Hinweis darauf sein, dass er oder sie dehydriert ist.

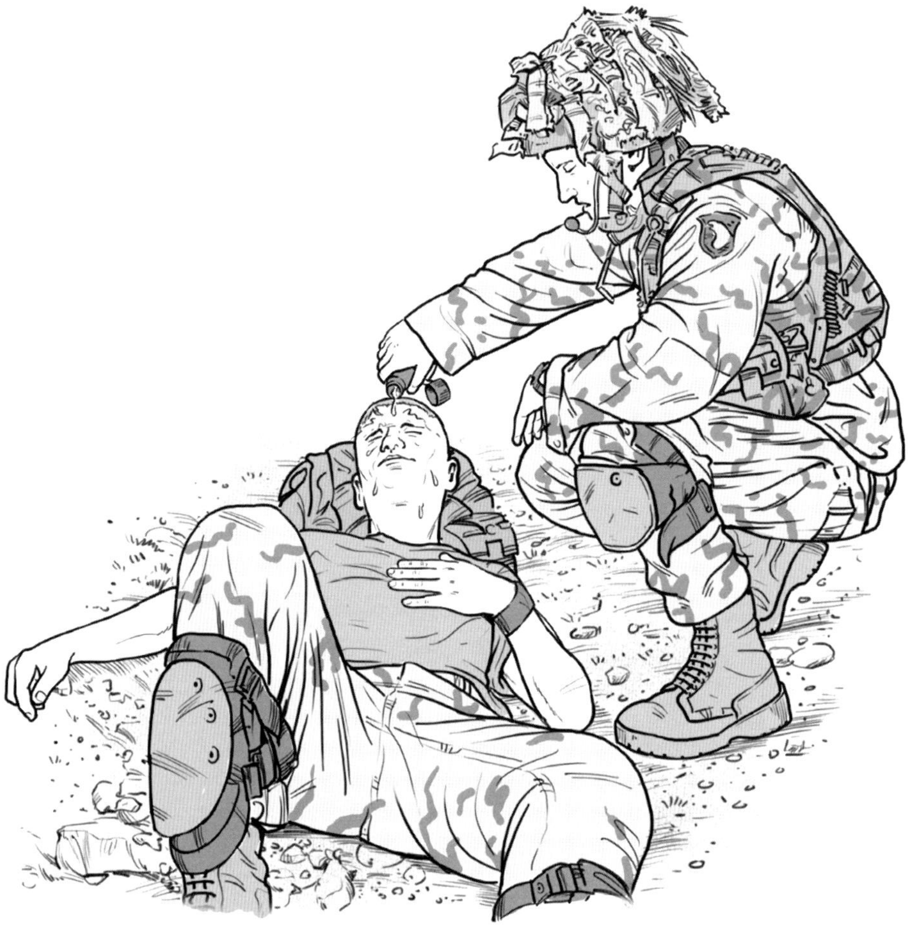

DIE BEHANDLUNG VON DEHYDRIERUNG

Dehydrierung kann ernsthafte, im Zweifel sogar lebensbedrohliche Folgen haben, wenn sie nicht schnell behoben wird. Es hat absoluten Vorrang, die verlorene Flüssigkeit so schnell wie möglich zu ersetzen und den weiteren Flüssigkeitsverlust zu verlangsamen. Überwachen Sie diejenigen, bei denen der Verdacht auf eine Dehydrierung besteht und sorgen Sie dafür, dass verlorene Salze und Mineralstoffe mittels einer Rehydrierungslösung ersetzt werden.

Rahmen des Freedom of Information Act (Gesetz zur Auskunftspflicht öffentlicher Einrichtungen) erhielt. In 73 von diesen 240 Fällen ging es, wie die Daten zeigen, um einige der schwersten Verbrechen, die dort begangen wurden, einschließlich Mord, Vergewaltigung, bewaffneten Überfall und Körperverletzung.

Alkohol bleibt, abhängig von der konsumierten Menge, für viele Stunden in der Blutbahn. Deshalb trinken beherrschte, verantwortungsbewusste Soldaten am Abend vor Einsatzoperationen keinen Alkohol. Das gilt besonders für Soldaten bei Heer, Marine und Luftwaffe, die komplexe Maschinerie bedienen müssen. Ein amerikanischer Luftwaffenpilot zum Beispiel wird seinen Job nicht lange behalten, wenn sich herausstellt, dass er ein Alkoholproblem hat. Auch während des Trainings sollte der Konsum von Alkohol unterbleiben, selbst wenn man Zugriff auf ihn hat, denn er wirkt dehydrierend.

Die Erwartung, dass Soldaten völlig auf Alkohol verzichten, ist natürlich unrealistisch. Aber vermeiden Sie den Konsum auf jeden Fall, wenn Sie am nächsten Tag ein moderates bis anstrengendes körperliches Training absolvieren müssen. Im Übrigen sollten Sie auf keinen Fall die empfohlene Verzehrmenge von 2–3 Einheiten (Frauen) oder 3–4 Einheiten (Männer) überschreiten, um Ihr Risiko für Herzerkrankungen, Krebs und Erkrankungen der Leber nicht stark zu erhöhen. Wenn Sie Alkohol konsumieren, dann sollten Sie gleichzeitig mehr Flüssigkeit trinken, um der Gefahr einer Dehydrierung vorzubeugen.

Offensichtlich sind die Warnungen, die für Alkohol gelten, um ein Vielfaches schärfer, wenn es um illegale Rauschgifte wie Heroin, Kokain und Ecstasy geht. Die Nutzung von Aufputschmitteln wird weiter unten noch zur Sprache kommen. An dieser Stelle ist zunächst nur noch zu sagen, dass die durch illegale Drogen verursachten Gesundheitsprobleme und Bewusstseinsveränderungen einen Soldaten zu einer Gefahr für sich selbst und andere machen.

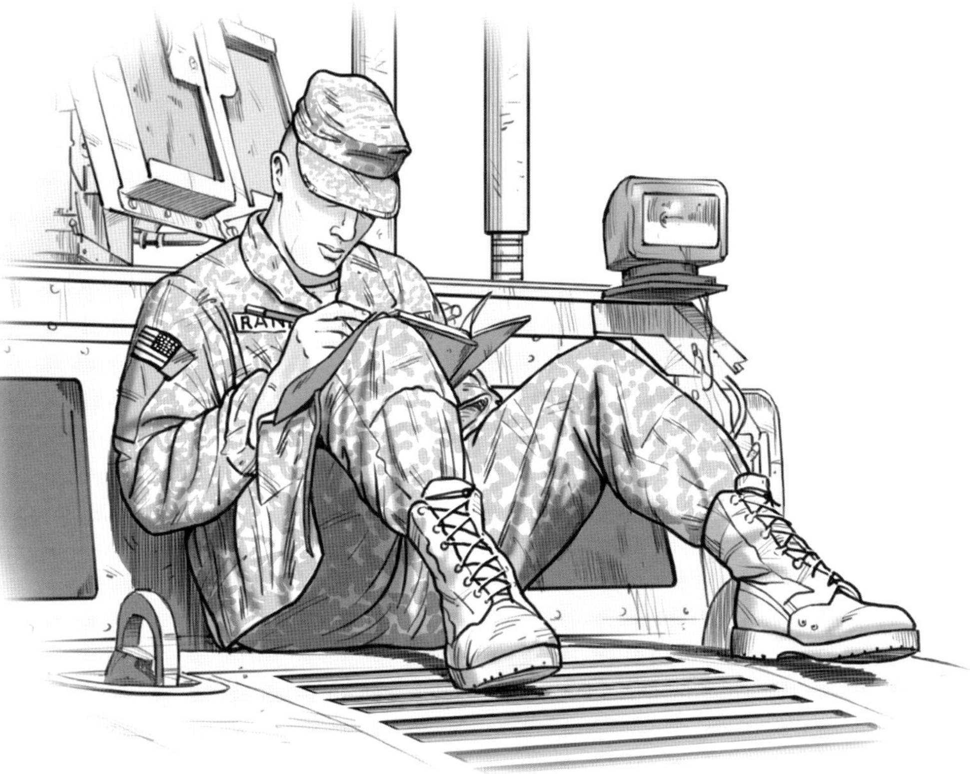

BRIEFE AN FAMILIE UND FREUNDE

Das Schreiben von Briefen hat einen wichtigen Einfluss auf die Stimmungslage beim Militär. Briefe können den Soldaten helfen, das Gefühl der Isolierung zu überbrücken, das sich einstellt, wenn man lange und weit weg von zuhause stationiert ist. Alle Briefe, die aus einem Einsatzgebiet geschrieben werden, sollten jedoch überwacht werden, damit der Soldat nicht versehentlich militärische Geheimnisse preisgibt.

Ruhepausen

Für einen Soldaten sind Ruhepausen und Erholung genauso wichtig wie eine ausgewogene Ernährung, wenn er geistige und körperliche Höchstleistungen erbringen muss. Schlafentzug wurde nicht umsonst als Foltermethode zum Beispiel von den Sowjets im Kalten Krieg, von den Japaner im Zweiten Weltkrieg und vom britischen Militär bei IRA Häftlingen in den 1970ern angewandt. Die USA nutzten diese umstrittene Foltermethode in Guantanamo Bay bei terrorverdächtigen Häftlingen. Man geht davon aus, dass Schlafentzug die Opfer leichter manipulierbar macht, ihre mentalen Reserven ebenso zusammenbrechen lässt wie ihren Widerstand und letzten Endes ihren Willen vollkommen bricht. So wird es wahrscheinlicher, dass sie Geheimnisse preisgeben oder sich dem Willen ihrer Folterer unterwerfen.

Bedauerlicherweise ist Schlafentzug Teil des ganz normalen Alltags für die meisten Soldaten, die in Kriegsgebieten im Einsatz sind. Die Folgen sind tiefgreifend. Wenig Schlaf und minimale Ruhezeiten können Gedächtnisverlust, Kopfschmerzen, Stress, Stimmungsschwankungen, Unruhe, Defizite bei Wachsamkeit und Aufmerksamkeit, ja, sogar Halluzinationen und Psychosen hervorrufen. Schon eine kurze Nacht vor einer anstrengenden Patrouille kann dazu führen, dass ein Soldat sich schwerfällig, übermüdet und labil fühlt. Es gibt einen direkten und eindeutig erkennbaren Zusammenhang zwischen Schlafentzug und Verlustzahlen. Ein aufmerksamer, wacher Soldat erkennt sehr wahrscheinlich die Anzeichen für eine versteckte Sprengfalle oder einen Hinterhalt, ein übermüdeter Soldat aber übersieht vielleicht alle Warnzeichen bis es zu spät ist.

Idealer Schlafrhythmus

Im Durchschnitt sollte jeder Mensch mindestens sechs bis acht Stunden pro Nacht schlafen. Von solchen Ruhephasen können Soldaten, die mit der harschen Realität beim Militär konfrontiert sind, nur träumen. Die Trainingsvorschrift für Rekruten der US Marines empfiehlt acht Stunden ununterbrochenen nächtlichen Schlaf. Diese Vorschrift gilt nicht für die wachhabenden Soldaten, diejenigen, die Kantinendienst tun, oder die Feuerwache – und Sicherheitsdiensthabenden. Auch bei nächtlichen Ausbildungseinheiten gilt die Vorschrift nicht. Dann dauert die nächtliche Schlafphase nurmehr sechs Stunden, auch wenn möglichst schnell eine Rückkehr zur Normalität angestrebt wird. Die große Bedeutung, die ausreichendem Schlaf trotzdem beigemessen wird, ist jedoch ein untrügliches Zeichen dafür, dass Schlafmangel problematisch, ja, gefährlich sein kann.

Schlafmangel gehört dennoch zur harten Realität des Lebens beim Militär und sollte entsprechend berücksichtigt werden. Während des berüchtigten Abschlusstests bei den US Marines, »The Crucible« (Die Feuerprobe), müssen die Rekruten mit nur etwa vier Stunden Schlaf pro Nacht auskommen.

Eine radikale Lösung für dieses Problem ist der Uberman Schlafzyklus, der auf einem mehrphasigen Schlafrhythmus basiert: statt einer langen Schlafphase in der Nacht schläft man mehrmals am Tag für kürzere Perioden. (In der Regel etwa alle vier Stunden für etwa 20 Minuten.) Diese Methode kann nach einer Gewöhnungsperiode von mehreren Wochen für manche Menschen zielführend und nutzbringend sein. Einige berühmte Militärführer, unter anderem Napoleon und Winston Churchill, machten sich vermutlich einen mehrphasigen Schlafrhythmus zu Nutze, obwohl auch sie Schlaf nachholten, sooft das möglich war. Ein mehrphasiger Schlafrhythmus ist daher eine sinnvolle Methode, wenn längere Schlafperioden aufgrund der Umstände unmöglich sind. Sie ist allerdings nicht zu empfehlen, wenn mentale und physische Höchstleistungen

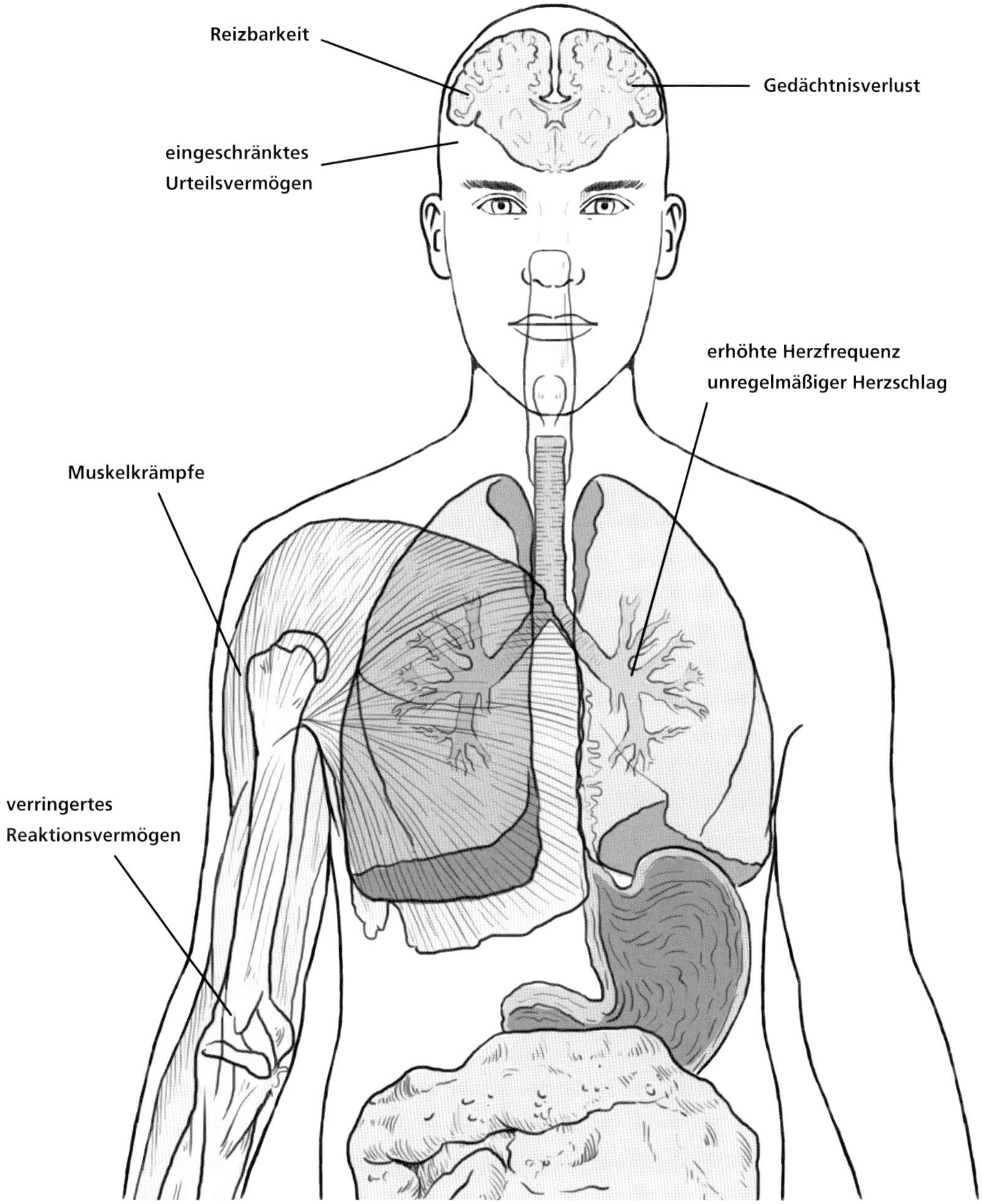

DIE AUSWIRKUNGEN VON SCHLAFENTZUG

Die negativen Auswirkungen von Schlafentzug zeigen sich sowohl auf körperlicher als auch auf geistiger Ebene. Da Sie auf gar keinen Fall so wachsam wie normalerweise sind, kann sich das Gefahrenpotential bei Manövern und Einsätzen erhöhen.

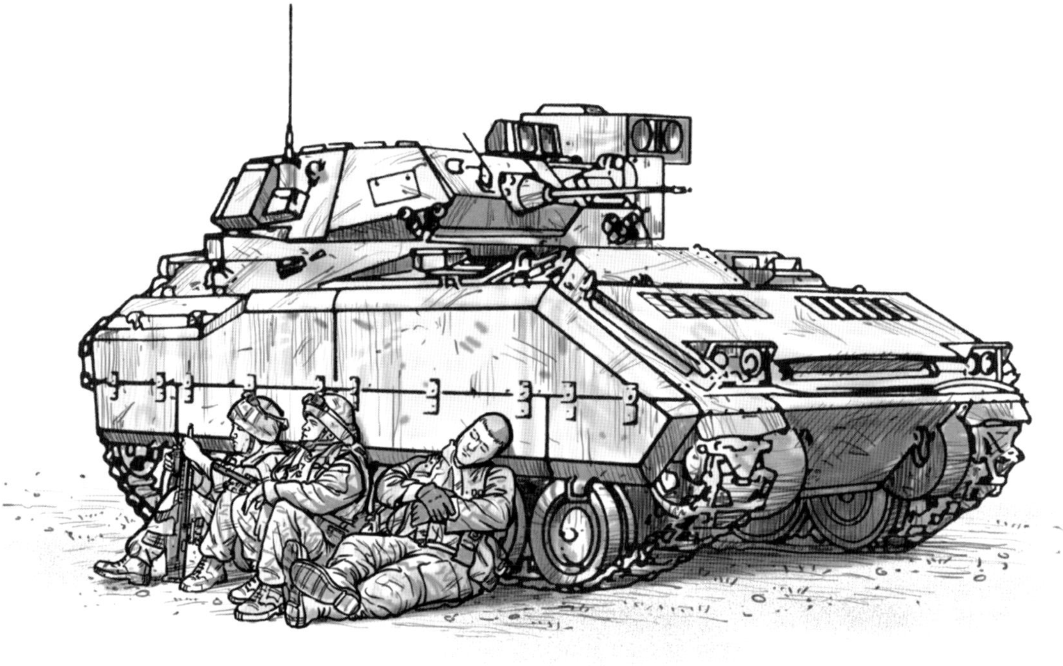

AUSZEIT

Soldaten lernen schnell das Beste aus einer kurzen Auszeit herauszuholen. Selbst in unbequemen oder lauten Situationen können sie einen erfrischenden Kurzschlaf einlegen. Studien haben gezeigt, dass schon 20 Minuten reichen, um Schlafmangel wenigstens kurzfristig auszugleichen.

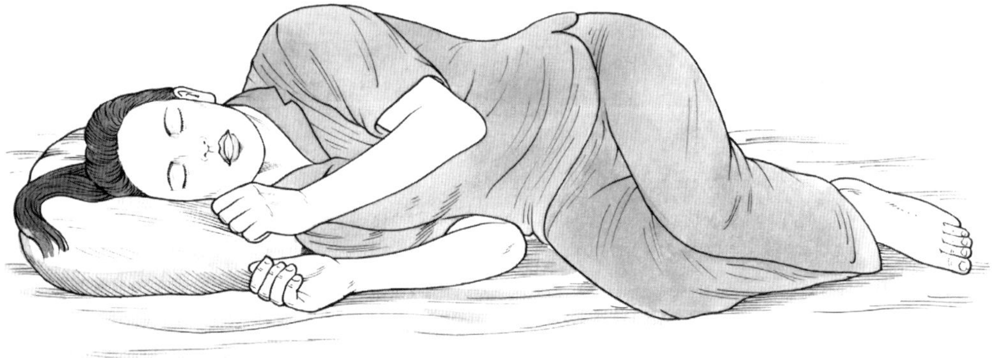

ERHOLSAMER SCHLAF

Amerikanische und britische Richtlinien empfehlen ein Minimum von acht Stunden Schlaf pro Tag. Militärangehörige müssen aber oft mit weniger auskommen. Sie sollten jede Gelegenheit nutzen, um sich auszuruhen und zu schlafen. Stimulanzien wie Zucker oder Kaffee können einem Konzentrationsmangel kurzfristig entgegenwirken.

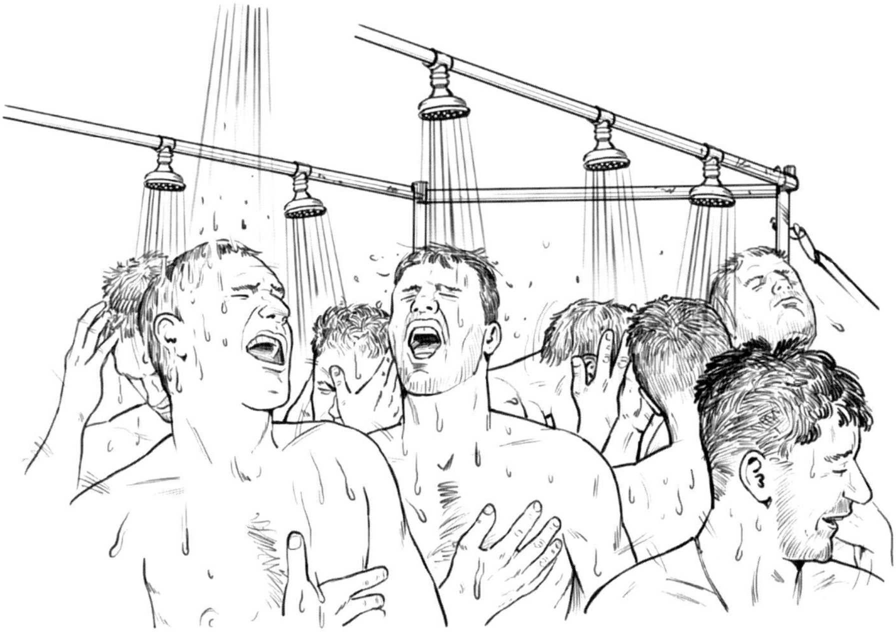

DIE FELDDUSCHE

Feldduschen haben einen überraschend erholsamen Einfluss auf die Stimmungslage der Soldaten. Dauernde und langfristige schlechte persönliche Hygiene kann zu einem geringeren Selbstwertgefühl und nachlassender Motivation führen.

gefordert sind und ganz sicher nicht über lange, Wochen oder Monate andauernde Phasen.

Schlafentzug erfüllt allerdings beim Militär auch einen Zweck. Wenn Soldaten unter erschwerten Bedingungen wie Schlafmangel, unterbrochener Routine und erschwerter physischer Anstrengung Dienst tun, sind sie anfälliger für Stress als im Normalfall. Diese Methode wird daher im militärischen Training genutzt, um das Verhalten der Soldaten unter Stress zu bewerten. Es ist auch eine unverzichtbare Methode, um Soldaten auf die unvermeidbaren, unvorhersehbaren und zum Teil massiven Störungen von Schlaf, Ruhepausen und Routine vorzubereiten, die unweigerlich mit militärischen Operationen einhergehen.

Obwohl also Schlafentzug bzw. -mangel für Soldaten ein unvermeidbarer Teil des Lebens ist, legen Berichte aus Einsatzgebieten nahe, dass Soldaten im Kampfeinsatz mindestens sieben bis acht Stunden Schlaf pro Nacht bekommen sollten. Unter den im Einsatz erschwerten Bedingungen ist das noch wichtiger als im Training. Zu wenig Schlaf kann hier zu vermehrten Unfällen und einer größeren Häufung moralischen Fehlverhaltens führen, da die Soldaten unvorsichtig und reizbar werden.

Möglicherweise bedienen Sie komplexe Maschinerie oder – noch wichtiger – gefährliche Waffen. Außerdem hängt mit großer Wahrscheinlichkeit die Sicherheit anderer Menschen davon ab, dass Sie hochgradig aufmerksam und wach sind. Schlaf ist lebensnotwendig! Hören Sie deshalb auf die Signale Ihres Körpers. Schlafen Sie so lange wie Sie können und wann immer es geht. Sie müssen sich daran gewöhnen, an den unterschiedlichsten Orten zu schlafen. Wenn man warm, trocken und bequem liegt, fällt das Einschlafen natürlich leichter. Das ist aber im Einsatz nicht immer der Fall. Stattdessen könnte es der Normalfall sein, dass Sie draußen, in einem Auto und/oder von anderen umgeben schlafen müssen. Wenn Sie Probleme beim Einschlafen haben, projizieren Sie sich mental an einen ruhigen, sicheren und friedlichen Ort. Malen Sie ihn sich so detailliert wie möglich aus und lassen Sie sich in Ihrer Vorstellung dahintreiben bis Sie einschlafen.

Schlafprobleme

Vielleicht unterbrechen nicht nur äußerliche Umstände Ihren Schlaf. Wenn Sie Schwierigkeiten beim Einschlafen haben oder häufiger aufwachen und nicht wieder einschlafen können, denken Sie über die Ursachen nach. Möglich ist natürlich, dass es sich um eine konkrete physische Ursache handelt – zum Beispiel zu viel Koffein zu spät am Tag. Vermeiden Sie deshalb anregende Substanzen in den Stunden vor dem Schlafengehen. Es könnte aber auch ein Symptom für zugrundeliegende Sorgen oder Stress sein. Das ist in Kampfeinsätzen ganz normal und verständlich. Vielleicht machen Sie sich Sorgen über Ihre Leistung während des Trainings und sind übermüdet, weil Sie darüber nachgrübeln. Oder Sie denken über die Zukunft nach und was sie bringen wird. Es handelt sich in jedem Fall um stichhaltige Sorgen, über die Sie direkt mit einer vertrauenswürdigen, gelassenen Person sprechen sollten. Das hilft Ihnen, Ihr Problem objektiver zu sehen, denn klar zu denken ist immer schwierig, wenn man erschöpft ist.

Sie können den mentalen Druck auch in den Griff bekommen, indem Sie vor dem Schlafengehen alle Dinge aufschreiben, die Sie am nächsten Tag tun können, um das Problem zu lösen. Diese Aktionsliste wird Sie vor dem Einschlafen beruhigen und Ihnen die Gewissheit geben, dass die Probleme sich am nächsten Tag fast von selbst lösen werden. Es ist nicht einfach, sich auf diese Art eine positive Sichtweise anzutrainieren. Es fühlt sich möglicherweise am Anfang sogar falsch an. Doch positives Denken ist wie ein Muskel, der trainiert werden muss und mit der Zeit dadurch immer stärker wird. In Kapitel 3: Mentaltraining – Methoden und Techniken geht es darum, wie Sie Ihre mentale Stärke in dieser Hinsicht trainieren können.

Aber nicht nur Schlaf ist wichtig. Genauso wichtig ist es, sich so oft wie möglich Zeit für die Dinge zu nehmen, die Ihnen Freude machen. Dazu gehören Lesen, Musik hören, Mannschaftsspiele wie Volleyball oder Fußball und die Beschäftigung mit anderen Hobbys. Der mentale Wechsel kann den Blutdruck senken, Probleme relativieren und Ihre Gedanken wieder auf andere Dinge lenken. Kurz gesagt, als Soldat dürfen Sie niemals die Bedeutung von Ruhephasen und Schlaf unterschätzen, denn ein Mangel an beidem wird letzten Endes einen schlechteren Soldaten aus Ihnen machen.

Verwendung von Aufputschmitteln im Krieg

Seit der Entwicklung moderner Psychopharmaka wurden viele Studien über die Verwendung chemischer Aufputschmittel in Kriegszeiten durchgeführt. Am intensivsten wurden sie an deutschen Truppen während des Zweiten Weltkriegs erprobt. Um der massiven geistigen und körperlichen Erschöpfung entgegenzuwirken, die das Leben an der Ostfront mit sich brachte, wurden Soldaten mit Amphetaminen (z. B. Benzedrin) und Methamphetaminen (z. B. Methedrin, Pervitin/heute auch als Crystal Meth bekannt) aufgeputscht. Es handelt sich um psychoaktive Drogen, die das Gehirn stimulieren und das Schlafbedürfnis sowie die Müdigkeit unterdrücken. Die Studien, die sowohl im Labor als auch im Feld durchgeführt wurden, zeigten, dass der Gebrauch solcher Aufputschmittel in einer akuten Bedrohungssituation nützlich war, um die Reaktionsfähigkeit der Soldaten zu verbessern. Das galt aber nur für den Fall, dass die Bedrohung nicht länger als 12 Stunden anhielt. Die wahllose Verteilung der Aufputschmittel an alle Soldaten war laut Studien kontraproduktiv.

Man geht davon aus, dass zwischen 1939 und 1945 bis zu 200 Millionen Pervitin Tabletten an

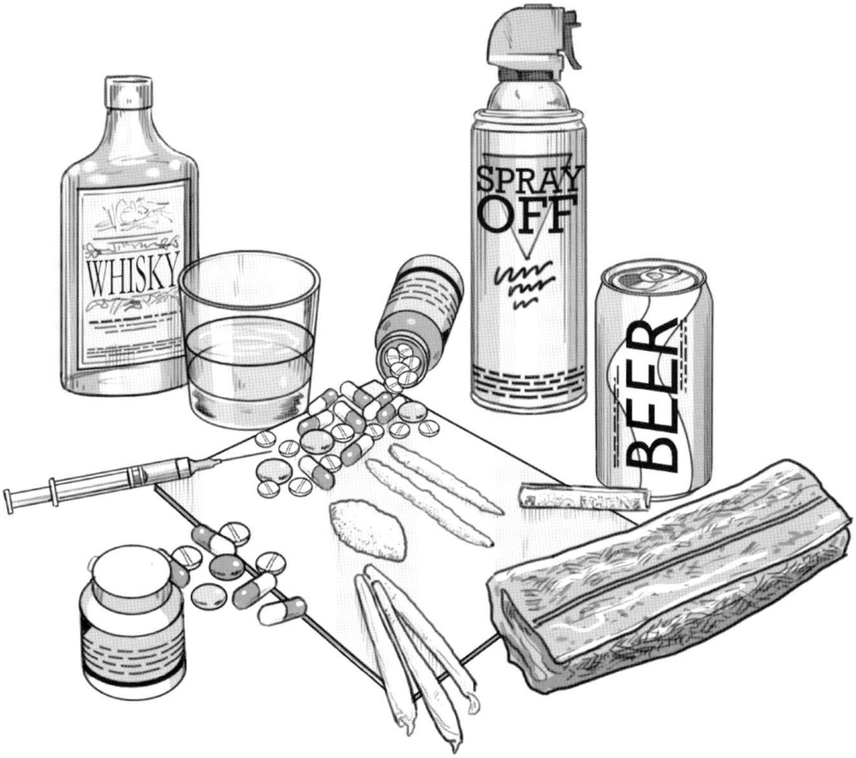

STIMULANZIEN, DROGEN UND ALKOHOL

Je weniger Gebrauch Sie von Drogen, chemischen Stimulanzien und Alkohol machen, desto bestechender wird im Laufe der Zeit Ihre mentale Leistungsfähigkeit. Es ist wichtig, diese Substanzen nicht als Hilfsmittel gegen Stress oder Sorgen zu benutzen.

deutsche Soldaten verteilt wurden. Hunderttausende Soldaten nahmen sie auf dauerhafter Basis. Für einige von ihnen erhöhte das die Überlebenschancen vielleicht ein wenig. Im Allgemeinen aber verbesserten diese Aufputschmittel die Leistung der meisten Soldaten im Kampfeinsatz nicht. Im Gegenteil, die durch sie ausgelösten Wahnvorstellungen verschlimmerten die Situation beträchtlich und machten viele Soldaten krank und abhängig.

Heutige Praxis

Das moderne Militär ist vom wahllosen Gebrauch solcher Aufputschmittel abgerückt. Trotzdem wurden in den Kampfeinsätzen im Irak und in Afghanistan bedeutende Mengen von den amerikanischen Streitkräften ausgegeben, damit die Soldaten den Anforderungen des Einsatzes standhalten konnten. Dokumente, die die New York Times unter dem Freedom of Information Act (s. o.) im Jahr 2010 anforderte, zeigen einen Anstieg der Ausgaben für Aufputschmittel von 7,5 Millionen Dollar im Jahr 2001 auf 39 Millionen Dollar im Jahr 2010. Sie zeigen auch einen enormen Anstieg um fast 1000 % in nur fünf Jahren von Verordnungen für Ritalin und Adderall, die an Personal im aktiven Dienst ausgegeben wurden. Diese Psychopharmaka wirken anregend und aufregend. Sie unterdrücken die Müdigkeit und steigern kurzfristig die körperliche Leistungsfähigkeit und die Merkfähigkeit. Normalerweise bei körperlicher Überlastung auftretende Warnsignale wie Schmerz und Erschöpfungsgefühl werden unterdrückt. Im zivilen Leben werden sie für die Behandlung von Aufmerksamkeitsdefizit-/Hyperaktivitätsstörung (ADHS) und Schlafkrankheit genutzt. Da die Droge die emotionale Merkfähigkeit verbessert, ist aber zu befürchten, dass sie gleichzeitig die posttraumatische Belastungsstörung (PTBS) bei durch grauenhafte Ereignisse traumatisierten Soldaten verschlimmert.

Es ist also entschieden davon abzuraten, chemische Aufputschmittel zu nehmen, außer sie werden von einem Arzt verschrieben. Selbst dann sollte man es nur erwägen, wenn es absolut nicht zu vermeiden ist. Falls Sie sie nehmen, beobachten Sie die mentalen und physischen Nebenwirkungen sehr genau. Bitten Sie Ihre Freunde, Sie ehrlich und sofort auf besorgniserregende mentale Veränderungen aufmerksam zu machen. Setzen Sie die Droge nach Rücksprache mit Ihrem Arzt sofort ab, wenn gefährliche Nebenwirkungen auftreten. Greifen Sie stattdessen lieber auf traditionelle Stimulanzien wie Kaffee, Tee, zuckerhaltige Snacks, gutes Essen und ausreichende Ruhephasen zurück. Wenn Sie dafür sorgen, dass Ihr Körper in hervorragender Verfassung ist, ist auch Ihr Verstand konzentriert, zielorientiert und messerscharf.

Bericht des Nachrichtendienstes der US Armee zur Anwendung von Benzedrin (1942)

A) Die Einnahme von Benzedrin verringert das Schlafbedürfnis und das Gefühl von Erschöpfung. Das ist im Krieg ein nützlicher Effekt, weil Soldaten im übermüdeten Zustand weniger effizient und nicht mehr in der Lage sind, lebenswichtige Pflichten im Rahmen ihres Dienstes zu erfüllen.

B) Unter Umständen ist es daher vorteilhaft, Benzedrin (Amphetamin) an Soldaten mit besonders wichtigen Fähigkeiten zu verabreichen, wenn diese stark erschöpft und daher unfähig sind, ihren Pflichten ohne zusätzliche Stimulation mit der notwendigen Effizienz nachzukommen.

Die Einnahme von Benzedrin sollte sich auf Notfälle und Krisen beschränken; es sollte nicht regelmäßig eingenommen werden.

Benzedrin sollte nur dann verabreicht werden, wenn zu erwarten ist, dass die Notfallsituation innerhalb von 12 Stunden beendet ist.

C) Personen in Entscheidungspositionen sollten Benzedrin nur dann nehmen, wenn ihre Reaktionen auf Benzedrin vorher getestet wurden.

D) Benzedrin darf nicht wahllos in der Truppe verabreicht werden.

E) Eine Einzeldosis sollte 10 mg nicht überschreiten. Eine Einzeldosis von 5 mg kann ein- oder sogar zweimalig in Intervallen von 4–6 Stunden gegeben werden.

F) Die Verabreichung von Benzedrin sollte nur unter Aufsicht eines Truppenarztes erfolgen.

US War Department, *Tactical and Technical Trends*, No.11 (5. November 1942)

3 MENTALTRAINING – METHODEN UND TECHNIKEN

Das Leben eines aktiven Soldaten stellt hohe Anforderungen an die mentale Leistungsfähigkeit. Die Herausforderungen können schnell zwischen anhaltender Langeweile und reinem Terror schwanken. Um ihnen begegnen zu können, ist es essenziell wichtig, Methoden für den Umgang mit mentalem Druck zu beherrschen.

Die Herausforderungen, die der Militärdienst bereithält, beginnen für die meisten Rekruten an Tag eins ihrer Grundausbildung. Zumindest in den Berufsarmeen von heute sind die Trainingsprogramme speziell darauf ausgelegt, die Kandidaten massiv unter Druck zu setzen. So wird ihre Persönlichkeit unter äußerst belastenden physischen und mentalen Bedingungen getestet. Es ist für die Ausbilder von besonderem Interesse, wie ein Kandidat reagiert, wenn er körperlich und mental vollkommen erschöpft ist. Macht er einfach dicht und hört auf zu denken, ist er für eine Karriere beim Militär nicht geeignet. Bleibt er aber hochkonzentriert und motiviert und denkt bevor er handelt, dann kann aus ihm ein ausgezeichneter Soldat werden. In diesem Kapitel geht es darum, wie man diesen zweiten Zustand erreicht.

So funktioniert Ihr Gehirn

Zunächst einmal ist das Gehirn dafür zuständig, alle unbewussten und unwillkürlichen, lebenserhaltenden Funktionen Ihres Körpers zu steuern. Zu diesen Funktionen gehören die Herzfrequenz, die Atmung, der Blutdruck, die Regulierung der Körpertemperatur und die Verdauung. Ihr Zentralnervensystem, das aus dem Gehirn, dem Rückenmark und den Nerven besteht, kontrolliert alle Bewegungen sowie die Sinne, also das Sehen, das Hören, das Riechen und das Schmecken. Das Großhirn, das sehr viel größer ist als bei anderen Säugetieren, kontrolliert alle Denkprozesse und Gefühle und speichert Erinnerungen. Es ist also das Großhirn, das den Menschen vom Tier unterscheidet. Alle tierischen Reaktionen sind instinktgesteuert. Sie sind auf das Überleben sowie eine rudimentäre soziale Interaktion beschränkt.

Das menschliche Großhirn ist in verschiedene Bereiche unterteilt, unter anderem den Parietallappen (zuständig für Spracherwerb und -verarbeitung sowie für sinnliche Wahrnehmungen), den Frontallappen (zuständig für das Kurzzeitgedächtnis, motorische Fähigkeiten und höhere kognitive Funktionen), den Okzipitallappen (zuständig für die Verarbeitung visueller Informationen)und den Temporallappen (zuständig für die Verarbeitung von Gehörtem und das Langzeitgedächtnis). Teile des Großhirns sind außerdem zuständig für die Grob- und Feinmotorik, die Steuerung der viszeralen Muskulatur, die Verarbeitung von Geschmacksinformationen, das Sozial- und Sexualverhalten sowie für Gefühle und Persönlichkeitsmerkmale.

Wenn Sie verstehen, wie Ihr Gehirn funktioniert,

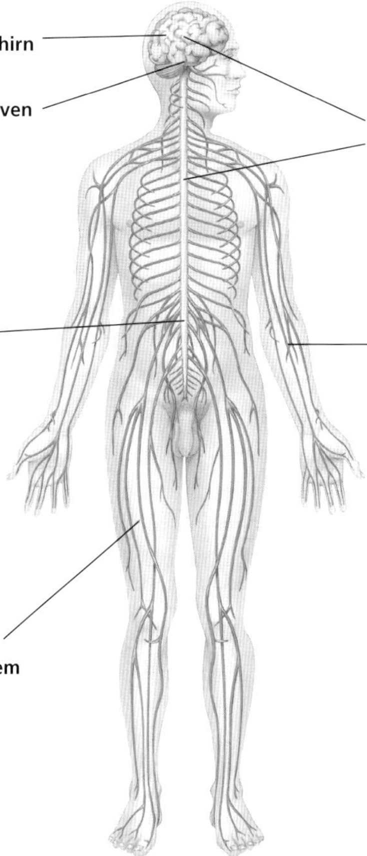

DAS NERVENSYSTEM DES KÖRPERS

Das Nervensystem des Körpers ist ein komplexes biologisches Wunderwerk. Auch für den Laien ist aber ein grundsätzliches Verständnis seiner Funktionen hilfreich, um das umfangreiche Spektrum der mentalen Leistung ermessen zu können. Im Grunde besteht das menschliche Nervensystem aus zwei Teilen:

- Das Zentralnervensystem besteht aus dem Gehirn und dem Rückenmark und ist der Kern der mentalen und physischen Funktionen des menschlichen Körpers.
- Das periphere Nervensystem ist seinerseits in zwei Teile geteilt. Das somatische oder auch willkürliche Nervensystem sendet Sinneswahrnehmungen an das Zentralnervensystem und Informationen an die Skelettmuskulatur. Das vegetative oder viszerale Nervensystem ist verantwortlich für die lebenswichtigen Funktionen (Vitalfunktionen) wie Herzschlag, Atmung, Verdauung und Stoffwechsel sowie andere Organe oder Organsysteme wie zum Beispiel die Sexualorgane und Blutgefäße.

Wie man an diesen knappen Erläuterungen sieht, ist das Nervensystem größtenteils mit der Steuerung unbewusster Prozesse und der Aufrechterhaltung der Vitalfunktionen beschäftigt. Allein aus diesem Grund hängen Ernährung und mentale Prozesse eng zusammen. Je besser die Ernährung ist, desto besser können alle Körperfunktionen aufrechterhalten werden. Es erinnert uns auch daran, dass Körper und Geist ein ganzheitliches System sind – mentale Probleme können oft durch Behandlung der körperlichen Ursachen behoben werden. Umgekehrt verursachen körperliche oft auch mentale Probleme.

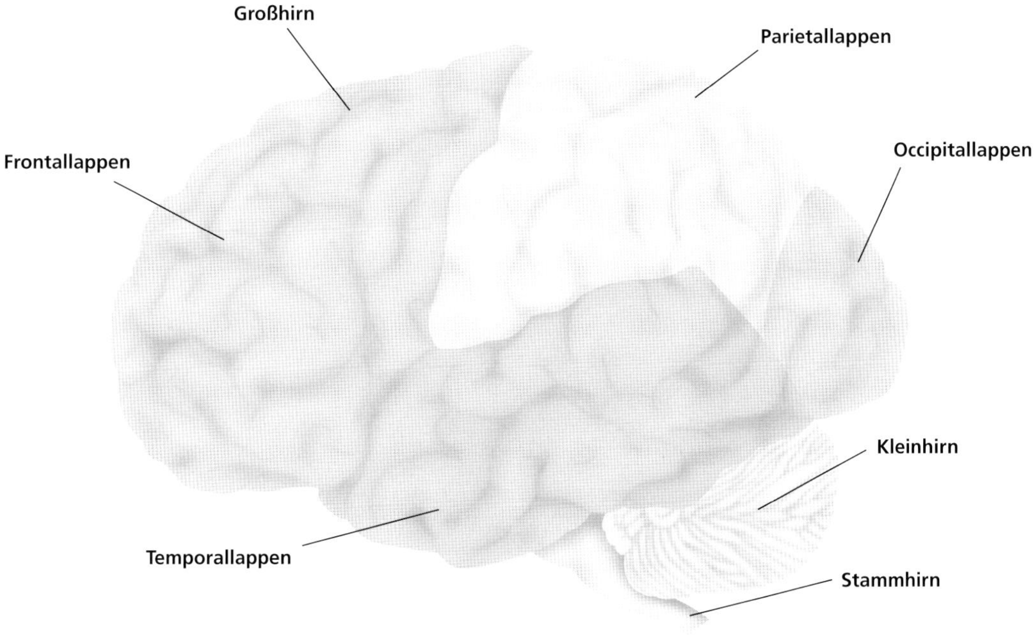

DIE BEREICHE IM GEHIRN

Das menschliche Gehirn kontrolliert willkürliche und unwillkürliche körperliche Prozesse. Es ist darüber hinaus ein bewundernswertes Instrument, mit dessen Hilfe Menschen ganz unglaubliche Akte der Tapferkeit und Resilienz in Zeiten größter Belastung vollbringen.

können Sie sein volles Potential ausschöpfen. Auf einen wesentlichen Punkt, der in Kapitel 4: Training weiter ausgeführt wird, soll hier schon kurz hingewiesen werden: Sie können Ihre instinktiven Reaktionen auf Ereignisse durch wiederholtes und realistisches Training steuern. Aus diesem Grund üben Soldaten der britischen Special Forces Stunde um Stunde, Tag um Tag mit ihren Handfeuerwaffen. Sie schießen blitzschnell mit kurzen gezielten Feuerstößen auf unregelmäßig auftauchende Ziele. Sie wiederholen diesen Prozess so lange, bis er ihnen in Fleisch und Blut übergeht. Im Gefecht können sie selbst dann noch zielen und schießen, wenn alle anderen bewussten mentalen Reaktionen ausgeschaltet sind.

Ein anderer wichtiger Punkt wird ebenfalls in diesem Kapitel aufgegriffen. Psychologische Studien haben gezeigt, dass Ihre Körperhaltung und Ihre physische Ausstrahlung Ihren mentalen Zustand bestimmen und nicht umgekehrt. Kurz gesagt, wenn Sie selbstbewusst und kompetent agieren, sind Sie mit großer Wahrscheinlichkeit tatsächlich selbstbewusst und leistungsfähig. Dieses Prinzip wird in diesem Kapitel betrachtet, ist aber die Grundlage vieler anderer Kapitel dieses Buches.

Mentaler Fokus

Obwohl die Eintrittsvoraussetzungen sich unterscheiden, wählen alle Berufsarmeen ihre Rekruten nach bestimmten Kernkompetenzen aus. Das amerikanische Militär erwartet von seinen Rekruten zum Beispiel die folgenden Eigenschaften:

Mentale Eignung
Angehörige der Streitkräfte müssen psychisch gesund und in der Lage sein, Situationen, die bei militärischen Operationen eintreten und dann mit starkem Stress einhergehen, standzuhalten.
Körperliche Fitness
Militärangehörige müssen körperlich fit sein, um an Kampfeinsätzen, die schwierig oder gefährlich sein können, teilzunehmen oder sie zu unterstützen.
Einsatzbereitschaft
Angehörige der Streitkräfte müssen bereit und in der Lage sein, sich jederzeit kurzfristig zum Dienst zu melden. (siehe www.bis.gov/ooh/Military/Military-Careers.htm).

In diesen einfachen Sätzen wird ein breites Profil psychischer und physischer Anforderungen angesprochen.

So klingt zum Beispiel die Beschreibung der mentalen Eignung eigentlich harmlos. Aber der verklausulierte Hinweis auf »Situationen, die bei militärischen Operationen eintreten und dann mit starkem Stress einhergehen« kann zum Beispiel bedeuten, dass man hilflos zusehen muss, wie Freunde vor den eigenen Augen verletzt oder getötet werden. Auch dem eigenen Tod muss man möglicherweise ins Auge sehen. Schätzungsweise 12–20 % der Soldaten, die im Irak-Krieg im Einsatz waren, leiden aufgrund ihrer Erlebnisse im Einsatz an PTBS. Das zeigt die grauenvollen Auswirkungen, die die moderne Kriegsführung auf Soldaten hat, sehr deutlich (mehr dazu in Kapitel 7: Trauma und Schock).

Ähnlich verhält es sich mit dem Satz »bereit und in der Lage sein, sich jederzeit kurzfristig zum

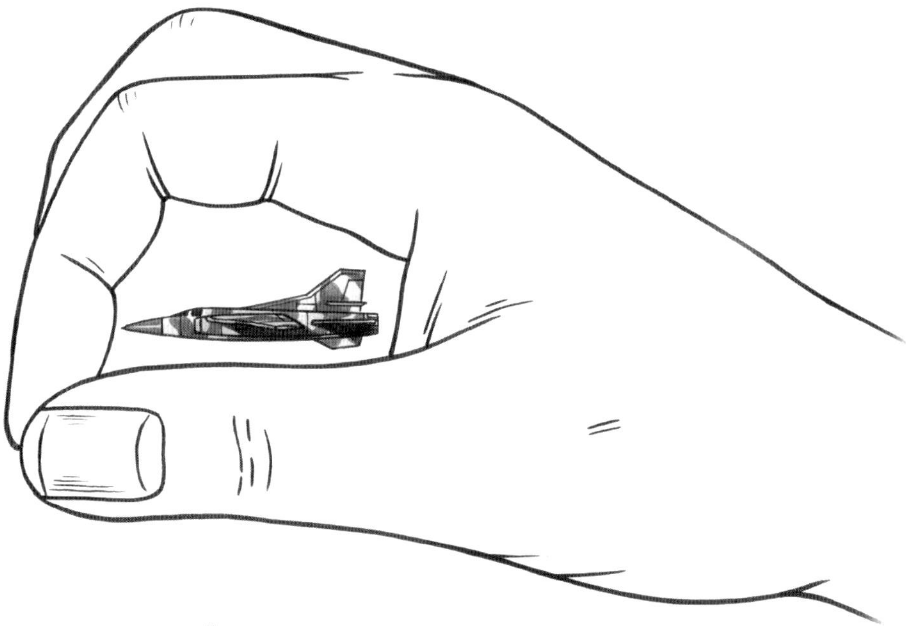

ENTFERNUNGEN ABSCHÄTZEN

Dieses Bild zeigt, wie ein Soldat mithilfe seiner Faust eine Art »Teleskop« bildet, um die Entfernung zwischen sich und einem von ihm beobachteten Flugzeug abzuschätzen. Mit Hilfe dieser einfachen Methode werden Hintergrundstörungen, die den Betrachter ablenken könnten, ausgeblendet. Je größer der Bereich um das Flugzeug herum ist, desto weiter ist es weg.

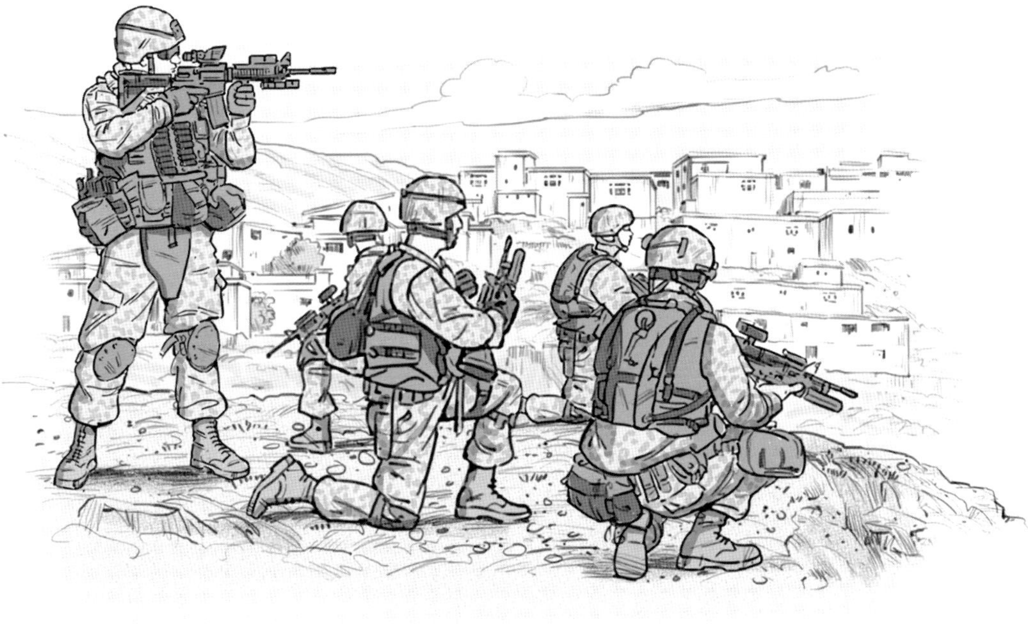

EINSATZBEREITSCHAFT

Diese Soldaten beobachten eine feindliche Hochburg und wissen, dass sie in jeder Sekunde angegriffen werden könnten. Wenn Sie genau hinsehen, erkennen Sie, dass jedem Soldaten ein bestimmter Beobachtungsbereich zugewiesen ist. Das sorgt dafür, dass keiner der Soldaten zu irgendeinem Zeitpunkt überfordert ist.

Dienst zu melden«. Das kann nämlich bedeuten, dass man Familie und Freunde ohne Vorwarnung innerhalb von nur wenigen Stunden zurücklassen muss, um für vielleicht mehrere Monate in einen Kampfeinsatz abkommandiert zu werden. Der Schlüssel zum mentalen Überleben eines Soldaten liegt darin, sich diesen Aspekten einer Karriere beim Militär zu stellen und sich mit ihnen zu arrangieren.

Elitestreitkräfte lernen im Training, wie man einen Zustand der mentalen Bereitschaft aufrechterhält, um alle Aufgaben jederzeit aufmerksam und konzentriert angehen zu können. Diese mentale Wachsamkeit ist unabhängig davon, ob es sich um alltägliche, normale Routineaktivitäten oder um hochgradig stressige Kampfeinsätze handelt.

Hindernisse aus dem Weg räumen

Die Streitkräfte erwarten von ihren Soldaten, dass sie ihre Bereitschaft zu erfolgreicher, bedingungsloser Pflichterfüllung immer wieder unter Beweis stellen – sei es in Friedenszeiten oder in Kampfeinsätzen. Hindernisse, die dieser Pflicht im Weg stehen, lassen sich in zwei Kategorien einteilen: äußere und innere.

Äußere Hindernisse haben einen direkten Einfluss auf die Erfüllung einer wichtigen Aufgabe in der zur Verfügung stehenden Zeit. Dabei kann es sich um alles Mögliche handeln. Die Arbeitswoche war vielleicht anstrengender als sonst, Sie sind gerade nicht ganz in Form oder beschäftigt mit familiären Problemen. Jedenfalls haben Sie weder Zeit noch Lust Ihr Trainingsprogramm durchzuziehen oder zur optimalen Einsatzvorbereitung an Ihren selbstgesteckten Trainingszielen zu arbeiten. Manchmal muss man sich dann einfach eingestehen, dass man nicht immer alles unter Kontrolle haben kann. Versuchen Sie deshalb, nicht ärgerlich oder gestresst auf die Dinge zu reagieren, die nicht in ihrer Macht stehen, zum Beispiel schlechtes Wetter, Unfälle oder Krankheiten.

Bei Ereignissen, die Sie sehr wohl unter Kontrolle haben können, folgen Sie diesen erprobten Zeitmanagement-Prinzipien:

Sortieren Sie alle Ihre Aufgaben in der Reihenfolge ihrer Wichtigkeit

Konzentrieren Sie Ihr Hauptaugenmerk (mindestens 80 % Ihrer Zeit und Ihrer Kraft) auf die wichtigsten Aufgaben. Wenn möglich, delegieren Sie die weniger wichtigen Aufgaben an eine dritte Person. Reservieren Sie einen bestimmten und klar abgegrenzten Tagesabschnitt für die Erledigung dieser Aufgaben. Am Wichtigsten ist es klar zu definieren, was genau Sie in dieser Zeit erreichen wollen.

Konzentrieren Sie Ihre ganze Energie darauf, die Aufgaben auch wirklich zu erledigen und nicht nur darauf, sich mit ihnen zu beschäftigen. Erstellen Sie eine Checkliste und haken Sie eine Aufgabe erst dann ab, wenn sie wirklich voll und ganz erledigt ist.

Mehr zu zielführendem Zeitmanagement finden Sie weiter unten im Abschnitt Führungsqualitäten. In diesem Zusammenhang ist es wichtig zu akzeptieren, dass man nicht immer alle seine Ziele erreichen kann, denn es gibt oft auch Gründe, die sich der eigenen Kontrolle entziehen. Die Truppen der Koalition in Afghanistan mussten sich zum Beispiel daran gewöhnen, dass sie hart und mit zum Teil hohen Verlusten für die Eroberung eines Geländeabschnitts gekämpft hatten, nur um am nächsten Tag aufgrund zu geringer Mannstärke wieder zurückgedrängt zu werden. Wenn man als Soldat zwanghaft über solche Ereignisse nachdenkt, ist man mit großer Wahrscheinlichkeit bald maßlos frustriert. Aus dieser Erkenntnis muss man als Soldat die Lehre ziehen, dass man sich auf die unmittelbar wichtigen Prioritäten und nächstliegenden Ziele konzentrieren muss. Das große Ganze muss man übergeordneten politischen und sozialen Kräften überlassen.

Falls Sie sich dadurch entmutigen lassen, dass nicht immer alles nach Ihren Vorstellungen läuft, wird es Ihnen schwerfallen, Ihren Militärdienst in positivem Licht zu sehen. Selbst mit noch so sorgfältiger Planung lässt sich zum Beispiel der Ausgang eines Gefechts nicht immer voraussagen. Der Militärtheoretiker Clausewitz nannte das den »Nebel des Krieges«. Anpassungsfähigkeit ist im militärischen Leben daher sehr wichtig.

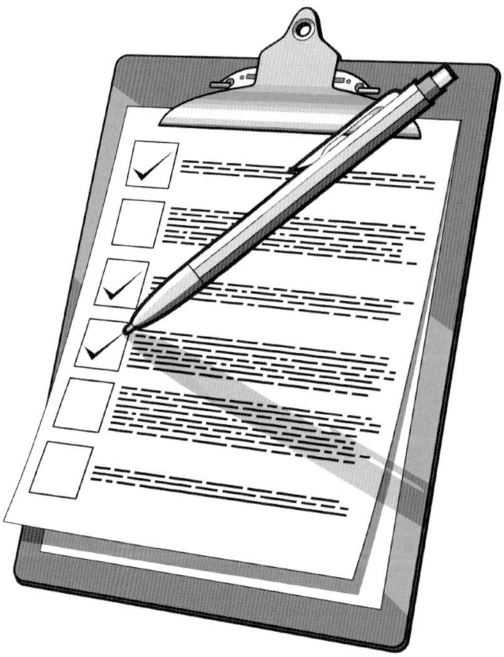

ZEITMANAGEMENT

Checklisten können Zeit und Energie sparen. Sie unterstützen Sie auch dabei, Ihre Gedanken zu konzentrieren und anstehende Aufgaben in der Reihenfolge ihrer Wichtigkeit zu sortieren.

Zu den inneren Hindernissen gehören Frustration, Stress und andere negativ belegte mentale Zustände. Wenn Sie feststellen, dass Sie ständig Ihre Ziele herunterschrauben, fadenscheinige Entschuldigungen finden und Dinge aufschieben, müssen Sie diesen Zustand beenden. Schauen Sie sich stattdessen genau an, was Sie schon erreicht haben und was Sie noch erreichen wollen. Feiern Sie jeden Schritt, den Sie schon geschafft haben, als Triumph. Betrachten Sie Hindernisse als zukünftige Triumphe statt als bedrohliche Krisen, die Sie zu überwältigen drohen. Nehmen Sie erneut Ihre Ziele in Augenschein und rufen Sie sich in Erinnerung, was Sie ursprünglich erreichen wollten. Machen Sie anschließend eine Bestandsaufnahme Ihrer aktuellen Situation. Betrachten Sie alle Hindernisse, die Ihrem Ziel im Weg stehen, und alle Möglichkeiten, sie zu überwinden. Planen Sie dann konkret die Schritte, die Sie unternehmen müssen, um Ihre Ziele zu erreichen. Das könnte zum Beispiel der erfolgreiche Abschluss Ihres Trainings bei den Eliteeinheiten, das Sammeln von Erfahrungen im Kampfeinsatz oder die nächste Beförderung sein. Häufig wird Ihnen schon der Prozess des Planens und das Anpassen Ihrer Ziele an Ihre momentane Lebenssituation ein Gefühl der größeren Gelassenheit und Kontrolle vermitteln.

Aktion und Reaktion

Insbesondere in einem Kampfeinsatz ist ein verlässliches und der Situation angepasstes Verhalten sehr wichtig. Bei Stress oder Panik kann jedoch der instinktgesteuerte Teil Ihres Gehirns übernehmen, sodass Ihre Handlungen irrational, ja, sogar gefährlich werden können. Ihr erster instinktiver Reflex bei Beschuss könnte zum Beispiel die Flucht aus der Gefahrenzone sein, um sich selbst in Sicherheit zu bringen. Das aber würde auf Kosten Ihrer Kameraden geschehen, die Sie allein in der Gefahrenzone zurücklassen. (Ein vom Verfasser interviewter Veteran des Irakkrieges berichtete, dass fast jeder Soldat instinktiv in Deckung geht und sich »in die Hosen macht«, wenn er das erste Mal unter Beschuss gerät).

Wenn man sich mitten im Kampfgeschehen befindet, gibt es eine entscheidende Handlungsmaxime. Sie wird durch den berühmten Satz illustriert, den Tom Hanks in der ersten Szene des Films »Der Soldat James Ryan« seinen Soldaten so einprägsam und denkwürdig zuruft: »Keep those actions clear. – Haltet die Abzüge (der Waffen) sauber!« Im übertragenen Sinn geht es also darum, auch unter größtmöglichem Stress niemals das im Moment Wichtigste aus den Augen zu verlieren. Einige Sekunden sorgfältigen Nachdenkens – und Handelns – können den Ausschlag geben und über Sieg oder Niederlage entscheiden. Wer den Kopf verliert, ist schon tot.

Versetzen Sie sich in folgendes Szenario:

Sie sind ein vorgesetzter Unteroffizier in einem Fahrzeugkonvoi in Afghanistan. Der Konvoi gerät in einen Hinterhalt und unter Beschuss, mehrere ihrer Männer werden getötet oder verwundet. Sie müssen Ihren Konvoi aus der »Kill Box«, dem Gefahrenbereich, bringen, aber hinter Ihnen ist ein Fahrzeug voller Soldaten liegen geblieben. Werden Sie die Weiterfahrt anweisen und das fahruntüchtige Fahrzeug mit seinen Insassen zurücklassen oder werden Sie durch den anhaltenden Beschuss zurückkehren, um sie zu holen? Obwohl man sich in dieser Situation nicht den Luxus langer Überlegungen leisten kann, reichen ein paar Sekunden objektiver Betrachtung, um klare Entscheidungen treffen zu können. Vor allem müssen Sie eine Entscheidung treffen, die tatsächlich umsetzbar ist, um Ihre und die Handlungen Ihrer Männer zu fokussieren. Informationen, die abzuwägen sind, sind unter anderem:

- Stärke und Richtung des Beschusses
- Ihre Fähigkeit, das Feuer zu erwidern
- Haben Sie Zugriff auf nahe Luftunterstützung?
- Ist ein anderes Fahrzeug nahe genug am liegengebliebenen Fahrzeug, um einen Rettungsversuch durchzuführen?
- Bringt der Versuch, die Männer zu retten, vielleicht die übergeordnete Mission in Gefahr?

Es ist sehr viel wahrscheinlicher, dass Sie eine richtige Entscheidung treffen, wenn Sie sich ein paar Sekunden Zeit nehmen, um die Lage einzuschätzen. Anschließend können Sie eine rational begründete Entscheidung treffen anstatt in der Hitze des Gefechts aus dem Bauch heraus zu reagieren. Natürlich ist das einfacher gesagt als getan. Aber durch gutes Training kann man sich die Bandbreite der möglichen richtigen Reaktionen fest einprägen. Wenn Sie hingegen nicht nachdenken und einfach im Affekt reagieren, haben Sie wahrscheinlich nicht die für alle Eventualitäten bestmögliche Lösung gefunden. Außerdem besteht die Gefahr, dass Sie selbst dann verletzt oder getötet werden, so dass Ihre Männer ohne Anführer zurückbleiben und ihrerseits größere Gefahr laufen, verletzt oder getötet zu werden. Die meisten Soldaten und Soldatinnen haben lieber einen Vorgesetzten, der schnelle, aber rational begründete Entscheidungen trifft, als einen, der einfach ohne nachzudenken auf hochgradig stressige Ereignisse reagiert. Das oben geschilderte Szenario könnten Sie folgendermaßen lösen:

1. Weisen Sie die Weiterfahrt der Fahrzeuge am Kopf des Konvois an, um sie aus der »Kill Box« zu bringen.
2. Befehlen Sie zwei Truppeneinheiten, den Feind durch intensiven Beschuss in Schach zu

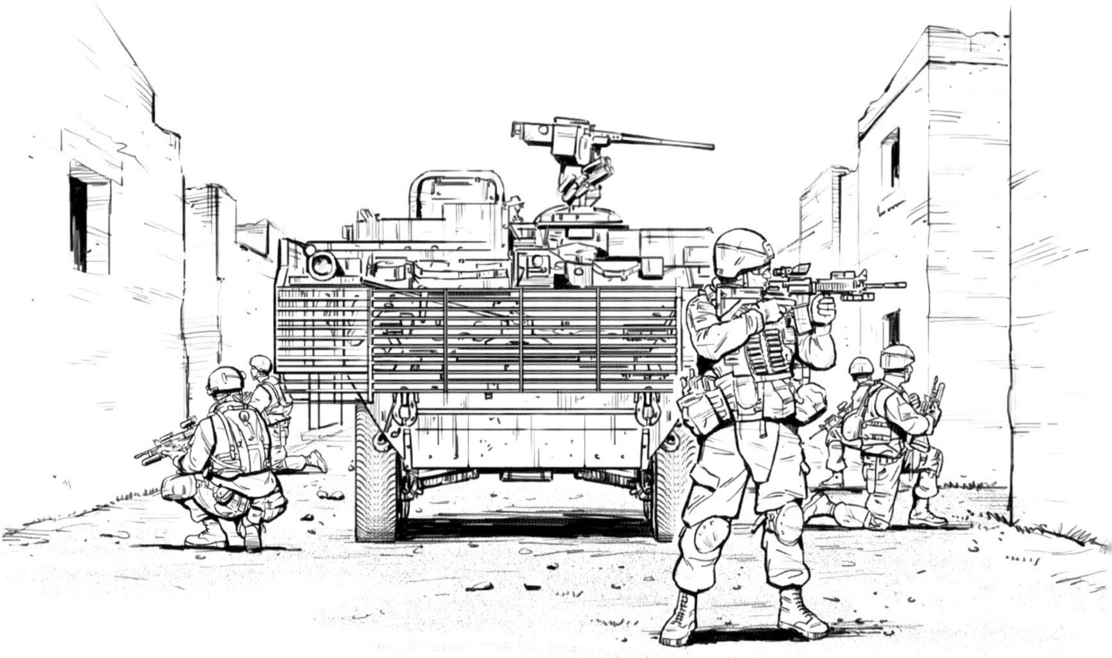

LAGEABHÄNGIGE REAKTION

Hier umringt eine US Patrouille langsam ihr Fahrzeug, um die Lage systematisch zu beurteilen. Die Visiere der Waffen sind dafür ein nützliches Instrument. Mit ihnen kann man jeden Winkel des Geländes erkunden.

halten, während Sie mit einem Fahrzeug zurückfahren, um die Rettungsaktion durchzuführen.

3. Fordern Sie den Beschuss der feindlichen Positionen durch Luftunterstützungstruppen an.
4. Sobald die zurückgebliebenen Soldaten in Sicherheit sind, verlassen Sie schnellstens die »Kill Box«, während Sie den Beschuss des Feindes durch fahrzeuggestützte Waffen aufrechterhalten.

Jeder Plan, den Sie entwickeln, muss vor allem aber eines sein – einfach! Besteht er aus zu vielen voneinander abhängigen Schritten, ist die Katastrophe vorprogrammiert. Außerdem muss er den anderen Soldaten in kurzen, einprägsamen Sätzen vermittelbar sein: »Keep those actions clear!« Das scheint ein solides Mantra zu sein.

Auswirkungen von Stress

Stress ist der größte Hemmschuh für klares Denken. Er ist eine instinktive Reaktion auf eine als Bedrohung wahrgenommene Situation und verursacht die Ausschüttung von Hormonen, die den Körper auf Gefahr vorbereiten. Das passiert blitzschnell und führt zu einer erhöhten Herzfrequenz und höherem Blutdruck, Muskelkontraktionen und schnellerer Atmung. Die Stressreaktion leitet automatisch mehr Blut in die Muskeln, das Herz und die Lunge, so dass als Folge davon das Gehirn – das Organ, das für klares Denken gebraucht wird – mit weniger Blut versorgt wird. Das kann zu Problemen führen.

Ein wenig Stress tut uns gut, denn er hilft uns, unter Druck schnell zu reagieren. Er motiviert und stimuliert uns. In Notfällen ist es die stressbedingte Ausschüttung der Hormone Adrenalin

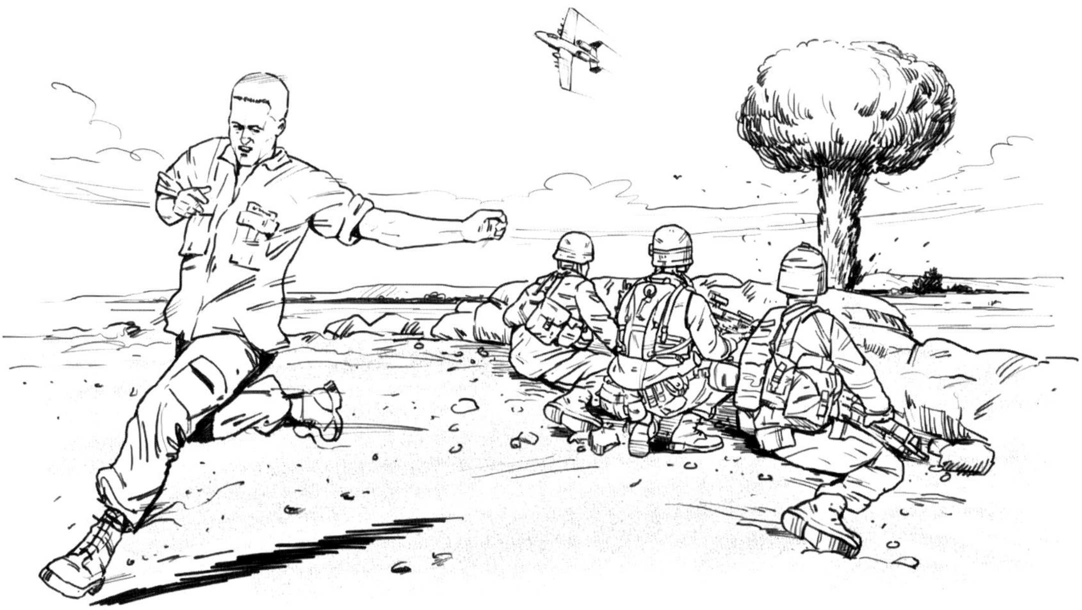

PANIKREAKTION

Menschen reagieren instinktiv auf Bedrohung. Sie sind so programmiert. Dieser Instinkt, in einer gefährlichen Situation entweder zu kämpfen oder zu fliehen wird ausgeprägter, je länger die Stress auslösende Situation andauert. Militärisches Training zielt darauf ab, diese Panikreaktion zu kontrollieren.

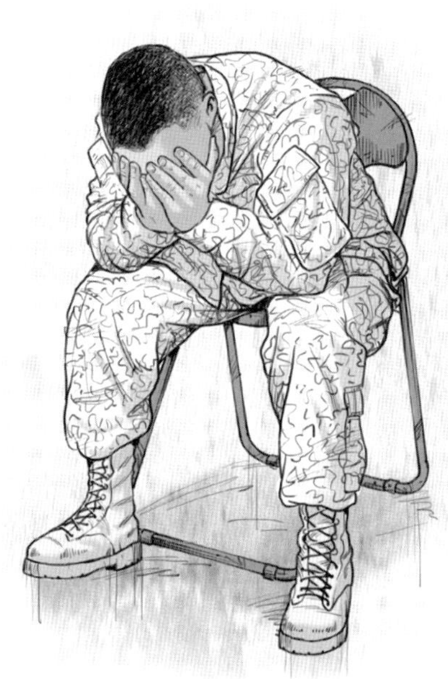

AUSWIRKUNGEN VON STRESS

Stress kann der schlimmste Feind des Soldaten sein. Typische Symptome sind Konzentrationsmangel, starke Stimmungsschwankungen, Depression und Schlafmangel. Auf sie muss der Gruppenführer schnell reagieren.

und Cortisol, die uns mit dem benötigten Extraschub Stärke oder Schnelligkeit versorgt. Diese Reaktion ist aber nicht von Dauer, da weder der Körper noch der Geist für längere Zeit auf diesem hohen Niveau optimal funktionieren können. Stress kann daher eine Überlastung der Sinne verursachen, die die Urteilskraft und die Fähigkeit zur schnellen und richtigen Einschätzung von Situationen stark beeinträchtigen. Es ist deshalb lebensnotwendig, über wirkungsvolle Methoden zur Handhabung und Bewältigung von Stress zu verfügen. Sie kann man auf dauerhafter Basis nutzen, so dass Stress gar nicht erst gefährliche Ausmaße annimmt. Man kann aber auch in unvermittelt auftretenden Situationen auf sie zurückgreifen, um nicht von akutem Stress überwältigt zu werden.

Umgang mit Stress

Trotz der nicht steuerbaren Reaktion des Körpers auf Stress gibt es also Möglichkeiten, mit ihm so effektiv umzugehen, dass er Ihre Leistung nicht beeinträchtigt. Ein geschärftes Bewusstsein für die körperlichen Signale ist die erste Handhabe. Wenn Sie merken, dass es

Körperliche Auswirkungen von Stress	Mentale Auswirkungen von Stress
Erhöhte Herzfrequenz oder Schmerzen in der Brust	Sich auf das Negative konzentrieren
Schwindelgefühl und Schwitzen	Irrationales Verhalten
Übelkeit oder Magenverstimmung	Schlechte Laune oder Reizbarkeit
Durchfall oder Verstopfung	Erinnerungs- und Konzentrationsprobleme
Nervöse Angwohnheiten, so wie Hin- und Hertigern oder viel mehr als sonst reden	Eingeschränkte Urteilsfähigkeit
Anfällig für Krankheit oder Schmerzen sein	Unfähigkeit sich zu entspannen oder abzuschalten
Zuviel oder zuwenig essen	Verantwortung vernachlässigen und ablehnen
Zuviel oder zuwenig schlafen	Gefühl von Depression und Isolation

schwierig wird, den Stress zu handhaben, atmen Sie ein paarmal bis zum Zwerchfell langsam und tief ein und aus. Dabei sollten Sie darauf achten, dass die Atemzüge beim Ein- und Ausatmen etwa gleich lang sind. Das ist selbst in Situationen möglich, in denen Sie sehr schnell handeln müssen. Wenn Sie merken, dass sich Ihre Muskeln zusammenziehen, entspannen Sie sie ganz bewusst. Wenn Sie nicht gerade in einem Kampfeinsatz sind, nehmen Sie sich einen Moment Zeit, um sich auf einen oder mehrere Ihrer Sinne zu konzentrieren. Visualisieren Sie das Gesicht eines Freundes oder eines geliebten Menschen, denken Sie an Ihre Lieblingsmusik oder an einen angenehmen, vertrauten Geruch. Wenn die Umgebung, in der Sie sich befinden, Ihre Sinne mit unschönen Bildern und Gerüchen attackiert, versuchen Sie sich ein Wort oder einen Satz ins Gedächtnis zu rufen, der eine besondere, aufmunternde Bedeutung für Sie hat (mehr Informationen hierzu weiter unten im Abschnitt Meditation). Sie können auch Ihre Augen für ein paar Sekunden schließen und Ihren Körper ins Gleichgewicht bringen. Alles, was Ihnen eine noch so kurze Distanzierung von der Situation – und damit vom Stress – ermöglicht, kann Klarheit und Ruhe in Ihr Denken und Handeln bringen.

Als weitere Handhabe gegen Stress hat sich folgende Methode bewährt. Verhalten Sie sich buchstäblich wie ein Schauspieler in einer Rolle und agieren Sie so, als seien Sie entspannt. Stellen Sie sich vor, Sie sind gelassen, ruhig und ganz bei sich, Ihre Körperhaltung ist selbstsicher und selbstbewusst. Dann zwingen Sie Ihren Körper, diese Haltung tatsächlich einzunehmen. Es fühlt sich vielleicht zunächst stark aufgesetzt und unnatürlich an, aber nach und nach akzeptiert Ihr Bewusstsein die Idee. Wenn Sie Schwierigkeiten haben, sich das vorzustellen, rufen Sie sich vor Augen, wie Sie aussehen, wenn Sie deprimiert sind:

- Ihre Augen starren ins Leere.
- Ihr Körper ist gekrümmt, Arme und Beine sind zusammengekrampft, vielleicht haben Sie sogar die Embryonenhaltung eingenommen.
- Ihr Kinn liegt auf der Brust.
- Ihr Atem geht flach.

Wenn Ihr Körper aber die oben beschriebenen Haltungen in ihr Gegenteil verkehrt, wird es Ihnen tatsächlich merklich schwerer fallen, deprimiert zu bleiben:

- Konzentrierter, offener Blick
- Gerade, offene Körperhaltung
- Kinn nach oben
- Tiefes und ruhiges Ein-und Ausatmen

Wenn Sie sich diese Anti-Stress-Techniken aneignen, können Sie die negativen Folgen von Stress

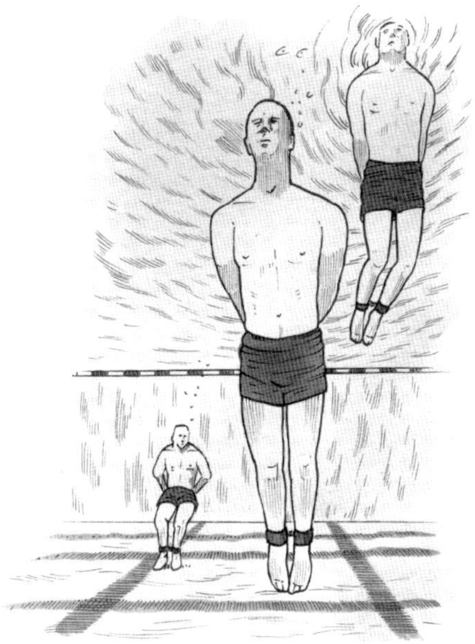

WASSERGEWÖHNUNGSÜBUNGEN – ÜBUNGEN FÜR DEN UMGANG MIT STRESS

Wassergewöhnungsübungen (Drown-Proofing), die den Soldaten die Angst vor dem Wasser nehmen sollen, sind unter Umständen eine hochgradig desorientierende Erfahrung. Ausbilder der US Navy SEALs können dabei die Soldaten identifizieren, die Stress und Panik unter Kontrolle behalten.

fast sofort eingrenzen. Das Einüben solch instinktiver Reaktionen in Vorbereitung auf einen Kampfeinsatz schult Soldaten im Umgang mit akutem Stress. Die Zahl derer, die unter einem Kriegstrauma leiden, kann möglicherweise so reduziert werden.

Einfache Merksätze bei Stress

Die amerikanische Behörde »US Substance Abuse and Mental Health Services Administration (SAMHSA)« hat einen nützlichen Ratgeber zur Stressbewältigung für Notfall-Ersthelfer und Menschen, die im Bereich Öffentliche Sicherheit arbeiten, herausgegeben. (In Deutschland stellen die folgenden Institutionen diese Informationen unentgeltlich zur Verfügung: Die Bundeszentrale für gesundheitliche Aufklärung, das Bundesgesundheitsministerium und die Krankenkassen). Die Ratgeber sind für Menschen im Militärdienst, die ebenfalls traumatisierenden Ereignissen ausgesetzt sein können, genauso relevant. Das Wissen über die normalen Reaktionen auf traumatisierende Ereignisse ist der erste Schritt, um mit seinen Gefühlen angemessen umzugehen.
Vergessen Sie niemals, dass Sie nicht der oder die Einzige mit diesen Gefühlen sind. Sie sind nicht allein, auch wenn es so aussieht, als ob alle anderen besser mit Stress zurechtkommen als Sie. Denken Sie daran, dass Menschen mit Stress, Trauer oder Furcht auf unterschiedliche

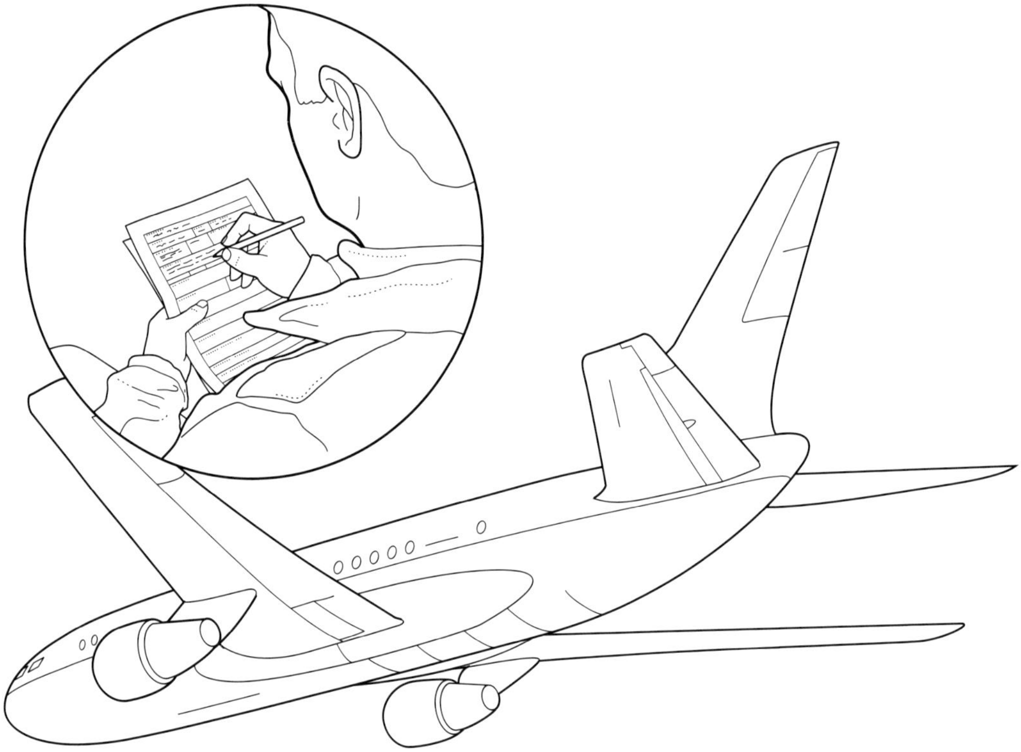

TEST: VERHALTEN UNTER MENTALEM DRUCK

Forschungsgruppen des amerikanischen Militärs entwickelten eine komplizierte Methode, um das Verhalten von Soldaten unter Stress zu beurteilen: Sie ließen sie Formulare für eine Lebensversicherung ausfüllen, während das Flugzeug, in dem sie saßen, eine Bruchlandung zu machen drohte.

Weise umgehen. Sprechen Sie mit jemandem, dem Sie vertrauen oder mit einem unbeteiligten Fachmann über Ihre Erlebnisse. Vermeiden Sie unnötige stressige Situationen. Weichen Sie so wenig wie möglich von Ihrer täglichen Routine ab. Tun Sie Dinge, die Ihnen Spaß machen, auch, wenn Sie nicht so viel Energie wie sonst haben. Diese Methoden sind noch wichtiger, wenn die Gefahr besteht, dass Sie von Drogen oder Alkohol abhängig werden, um Ihren Stress zu reduzieren oder unangenehme Ereignisse zu verdrängen. Auch wenn Sie sich kurzfristig besser fühlen – langfristig führen Alkohol oder Tabletten zu noch mehr Stress (ganz zu schweigen von einer Abhängigkeit). Außerdem schädigen diese Substanzen Ihre Gesundheit und schränken Ihre geistige und körperliche Leistungsfähigkeit ein. Eine Abhängigkeit von Alkohol oder verschreibungspflichtigen Medikamenten bemerken Sie zum Beispiel daran, dass Sie panisch werden, wenn Ihr Vorrat zur Neige geht, wenn Sie täglich nicht-verschreibungspflichtige Medikamente nehmen oder Alkohol trinken. Dann müssen Sie unbedingt umgehend herausfinden, warum das so ist und wie Sie die Abhängigkeit beenden.

Techniken für das Mentaltraining

Wenn Sie sich mental auf die Bewältigung von Stress vorbereiten, bevor er überhaupt auftritt, können Sie die negativen Folgen abmildern. Für Soldaten mag die Verlockung groß sein, Visualisierung und Meditation als für sich ungeeignete Methoden zur Stressbewältigung abzustempeln. Doch gerade deshalb sollten Sie die folgenden Techniken wie jede andere Übung betrachten. So wie körperliches Training Ihren Körper stärkt, stärkt mentales Training Ihren Geist. Das amerikanische Militär hat im Jahr 2010 ähnliche Antistress-Techniken für seine Soldaten im Einsatz im Irak eingeführt. Mithilfe von Meditationstechniken wie zum Beispiel »Achtsamkeit« können sich Soldaten auf den Stress vorbereiten, der durch die Verlegung in den Einsatz entsteht. Sie helfen auch bei PTBS und Depression nach dem Kampfeinsatz, denn sie machen es einfacher, mit Gefühlen und Stimmungen umzugehen bzw. sie zu kontrollieren.

Die Wahrscheinlichkeit, dass Sie an irgendeinem Punkt in Ihrer militärischen Karriere immensen Stress erleben, ist sehr hoch. Es ist die Art und Weise, wie Sie auf diesen Stress reagieren, mit

Normale Reaktionen auf ein traumatisches Erlebnis

Keiner, der bei einer Katastrophe mit vielen Toten zuerst vor Ort ist, bleibt davon unberührt. Tiefe Betroffenheit, Trauer und Wut sind normale Reaktionen auf ein unnormales Ereignis.

- Sie wollen vielleicht den Ort des Geschehens nicht verlassen bevor die Arbeit getan ist.
- Sie werden wahrscheinlich versuchen, Stress und Erschöpfung durch Hingabe und Einsatz wettzumachen.
- Sie werden vielleicht das Bedürfnis nach Ruhe und Erholungszeit ignorieren.

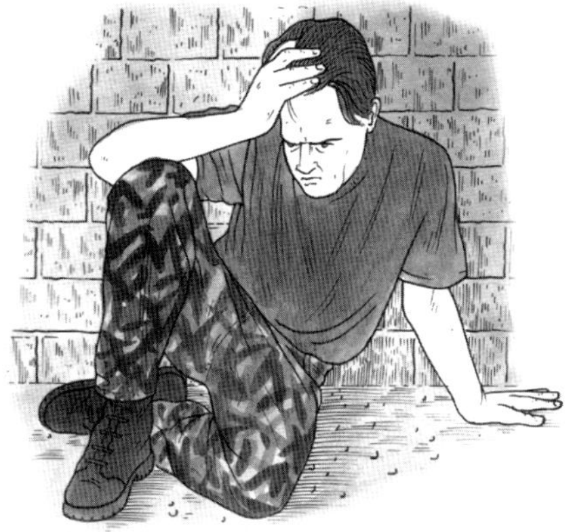

ihm umgehen und über ihn hinauswachsen, die Sie als Soldaten ausmacht.
Wenn wir erkennen, dass wir weder unsere Vergangenheit ändern, noch unsere Zukunft voraussehen können, können wir uns auf die Gegenwart konzentrieren und mit der jeweils gegebenen Situation so positiv wie möglich umgehen.

Achtsamkeit

Der folgende Artikel aus den Pressemitteilungen der amerikanischen Regierung erklärt die Rolle, die der Achtsamkeit eingeräumt wird:

Achtsamkeit ist eine einfache, aber uralte Herangehensweise an das Leben, die von der westlichen Medizin inzwischen als ein wirksames Instrument für den Umgang mit Stress, Krankheit und vielen anderen medizinischen und psychologischen Problemen identifiziert wurde. Sie kann Soldaten in allen möglichen Situationen helfen«, sagte Heeresmajor Viktor Won, stellvertretender Chef des Stabes des Nachrichtendienstes im Generalstab der 1. Panzerdivision. »Es wäre noch effektiver, wenn Soldaten vor ihrer Verlegung in den Einsatz Achtsamkeit

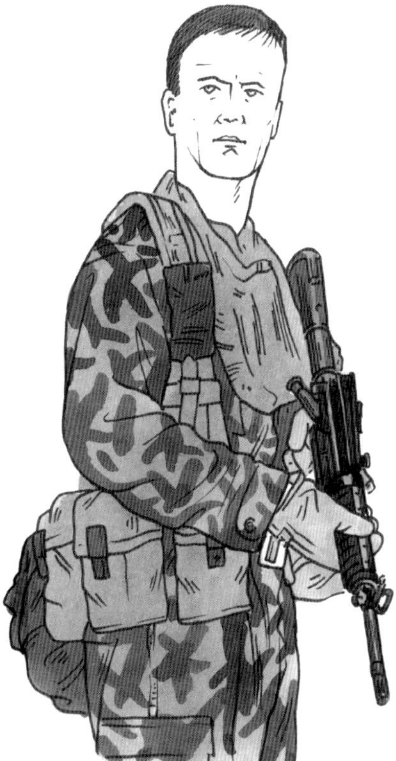

ACHTSAMKEIT IM KAMPFEINSATZ

Während einer Sicherungspatrouille müssen Soldaten ihre Beobachtungstechnik trainieren. Sie müssen das Gelände systematisch mit den Augen absuchen, um alles zu finden, was ungewöhnlich ist.

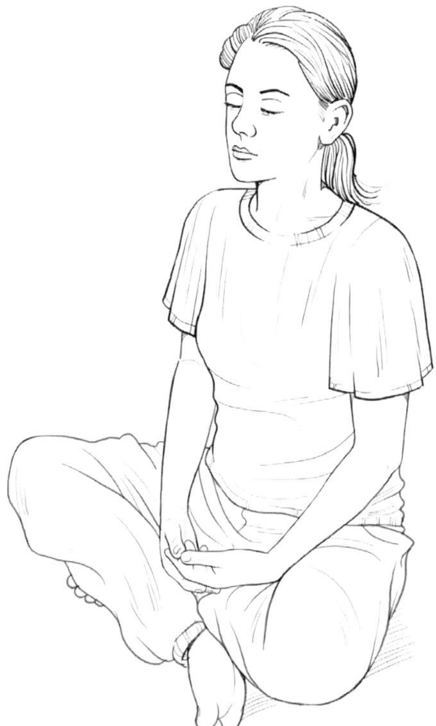

MEDITATION

Jahrhundertelang haben Menschen versucht mithilfe von Meditation Kontrolle über ihren mentalen Bewusstseinszustand und innere Ruhe zu erreichen. Insbesondere nach Kampfeinsätzen kann sie wirkungsvoll sein, um den Kopf wieder frei zu bekommen.

lernen und trainieren würden«, sagte Won, »denn Achtsamkeit bietet Soldaten (eine Möglichkeit) mit mentalem Stress umzugehen, bevor sie mit hochgradig stressigen Situationen konfrontiert werden. Im Übrigen hilft das Praktizieren von Meditation jedem, egal wo er gerade ist.«

Won machte deutlich, dass das amerikanische Militär dabei ist, Methoden zur Stressbewältigung zu entwickeln. Er erklärte, dass mentale Fitness genauso wichtig wie körperliche Fitness ist. Genauso wie Joggen oder Krafttraining die körperliche Fitness verbessern, stärkt eine tägliche Trainingsroutine in Achtsamkeit die mentalen Bewältigungsmechanismen. Das macht es einfacher, negative Gefühle zu erkennen und richtig auf sie zu reagieren, so dass sie nicht stärker werden.

»Statt sich mit der Vergangenheit oder der Zukunft zu beschäftigen«, sagte Won, »bedeutet Achtsamkeit sich auf den gegenwärtigen Moment einzulassen, und zwar in einer weniger reaktiven, weniger wertenden Art und Weise.« (siehe www.defense.gov/news/newsarticle.aspx?id60294_)

Das Ziel von Achtsamkeit ist Resilienz. So wird die Fähigkeit bezeichnet, trotz wiederholt erlebter Entbehrungen und traumatischer Erlebnisse mental stark und gesund zu bleiben. Die einzelnen Facetten und Schwerpunkte des Achtsamkeit-Trainings der Armee (Mindfulness-Training – MT) sind je nach Standort unterschiedlich, aber die folgenden Techniken sind üblich:

- Tiefes Ein- und Ausatmen als eine einfache Maßnahme zur Stressreduktion
- Das Hören von beruhigender, meistens klassischer Musik
- Das Visualisieren von Orten, die Sicherheit und Geborgenheit vermitteln, so dass der Soldat sich mental an einen friedlichen Ort versetzen kann
- In hochgradig stressigen Situationen: Identifizierung von und Konzentration auf ein oder zwei erfüllbare Aufgaben, um Ordnung und Klarheit ins Chaos zu bringen
- Traditionelle Formen des mentalen Trainings wie Yoga und Meditation

Diese Techniken mögen einen Hauch Esoterik verströmen. Aber seriöse wissenschaftliche Studien, die in Eliteeinheiten wie den Navy Seals durchgeführt wurden, haben gezeigt, dass das Achtsamkeitstraining sowohl die Resilienz als auch die Leistung im Kampfeinsatz erhöht.

Meditationstechniken

Meditation ist im Grunde der Prozess, mit dem der Geist zur Ruhe gebracht und geleert wird. Sie ist besonders nützlich, wenn viele Dinge passieren – sowohl um einen herum als auch im ei-

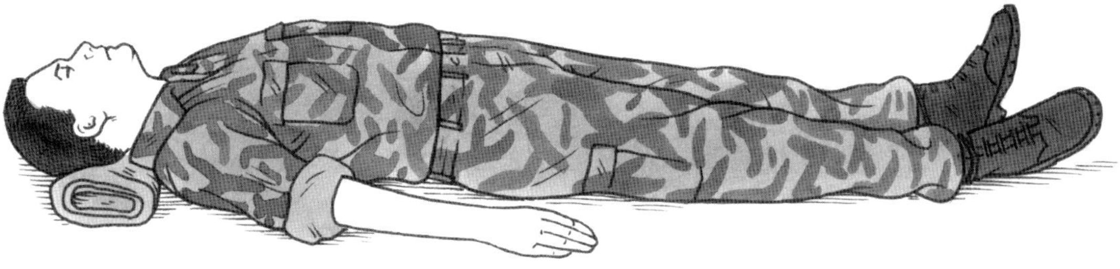

SELBSTHYPNOSE

Bei der Selbsthypnose versetzen Sie sich in einen entspannten, aber wachen Zustand, indem Sie sich auf das Atmen und die progressive Muskelentspannung konzentrieren. Dann rekapituliert der Soldat mental die Situation, die ihn im Moment belastet. Diese Übung hilft ihm mit ähnlichen Situationen im Alltag umzugehen.

genen Kopf. Mit Hilfe von Meditation können Sie Ihre Gedanken fokussieren und sich Ruhe und Klarheit verschaffen.

- Finden Sie einen ruhigen Ort, wo Sie bequem sitzen können und möglichst allein sind.
- Konzentrieren Sie sich darauf, tief und gleichmäßig zu atmen. Einatmen und Ausatmen sollten etwa gleich lang sein.
- Entspannen Sie Ihre Muskeln einen nach dem anderen, indem Sie sich auf jeden einzeln konzentrieren. Ihr Ziel ist es entspannt zu sein, aber nicht einzuschlafen.
- Konzentrieren Sie sich auf ein Wort oder einen Satz und lassen Sie alle anderen Gedanken und Sorgen los. Das Wort oder der Satz könnte zum Beispiel »Wahrheit«, »Erfolg« oder »Ich werde meine Ziele erreichen und übertreffen« sein.
- Eine andere Möglichkeit besteht darin, sich auf ein mentales Bild oder eine innere Vorstellung zu konzentrieren. Sie können sich zum Beispiel an einen friedlichen Ort versetzen oder sich vorstellen, dass Sie ein Ziel erreichen.
- Bringen Sie Ihren Geist zur Ruhe und konzentrieren Sie sich für mindestens 5–10 Minuten auf Ihr Wort oder Ihren Satz. Atmen Sie dabei ruhig und gleichmäßig weiter. Wenn unweigerlich andere Gedanken versuchen, sich in Ihren Geist zu drängen, betrachten Sie sie gleichmütig, lassen Sie sie los und kehren Sie zu Ihrem Konzentrationsfokus zurück.

Man braucht Übung, um den Geist ruhig und leer werden zu lassen. Aber je länger Sie meditieren, desto weniger Gedanken drängen sich in Ihren Kopf, um Ihre Ruhe zu stören. Wenn Sie regelmäßig üben, werden ruhigere, systematischere Entscheidungsprozesse das Ergebnis sein. Verlängern Sie nach und nach Ihre Meditationszeiten und probieren Sie verschiedene Methoden aus.

Musik machen oder hören, malen oder basteln, die Natur genießen oder Yoga praktizieren – insbesondere, wenn Sie das mit ruhiger Atmung und der Entspannung Ihrer Muskeln kombinieren – all das gibt dem Geist die Möglichkeit, sich auf etwas anderes zu konzentrieren und so Stress zu reduzieren.

Meditation hat viele positive Auswirkungen. Auf jeden Fall aber verschafft sie Ihnen für die Dauer der Übung eine Pause von allem, was Ihnen Sorgen bereitet. So sehen Sie Dinge klarer oder finden Lösungen für Probleme, die Sie zuvor vor lauter Stress nicht erkannt haben.

Meditation verschafft Ihnen auch eine Verschnaufpause von Selbstzweifeln, Schuldgefühlen und anderen negativen Gefühlen, die Sie aufgrund Ihrer Sorgen möglicherweise bedrängen. Menschen neigen zum Grübeln, wenn es ihnen nicht gut geht. Wenn Sie die Kontrolle über Ihre Gedanken und Gefühle wieder erlangen, vermittelt Ihnen das ein Gefühl der Klarheit. Das gibt Ihnen auch das Gefühl der Kontrolle über andere Aspekte Ihres Lebens wieder. Diese Klarheit und Selbstbeherrschung sind wichtige Instrumente für Elitesoldaten, weil die Mitglieder ihres Teams davon abhängen, dass sie ihre Aufgaben erfüllen können.

Indem Sie Ihren Geist kontrollieren, kontrollieren Sie auch Ihren Körper. Wenn Sie gestresst sind, sorgt der automatische Kampf-oder-Flucht-Reflex dafür, dass sich Ihre Muskeln in Vorbereitung auf die körperliche Höchstleistung anspannen. Je gestresster Sie sind, desto angespannter sind Ihre Muskeln. Es ist einfacher, den Geist zu entspannen, wenn auch die Muskeln entspannt sind. Wenn Sie bewusst darüber nachdenken, werden Sie schnell bemerken, ob Ihre Muskeln angespannt oder entspannt sind. Diese Übung kann auch helfen, Kopfschmerzen, Rückenschmerzen und Magenschmerzen zu lindern, die alle Nebenwirkungen von Stress sein können.

Positives Denken

Die Kraft positiven Denkens sollte nicht unterschätzt werden. Eine grundlegend optimistische Einstellung und die Fähigkeit, immer das Beste aus

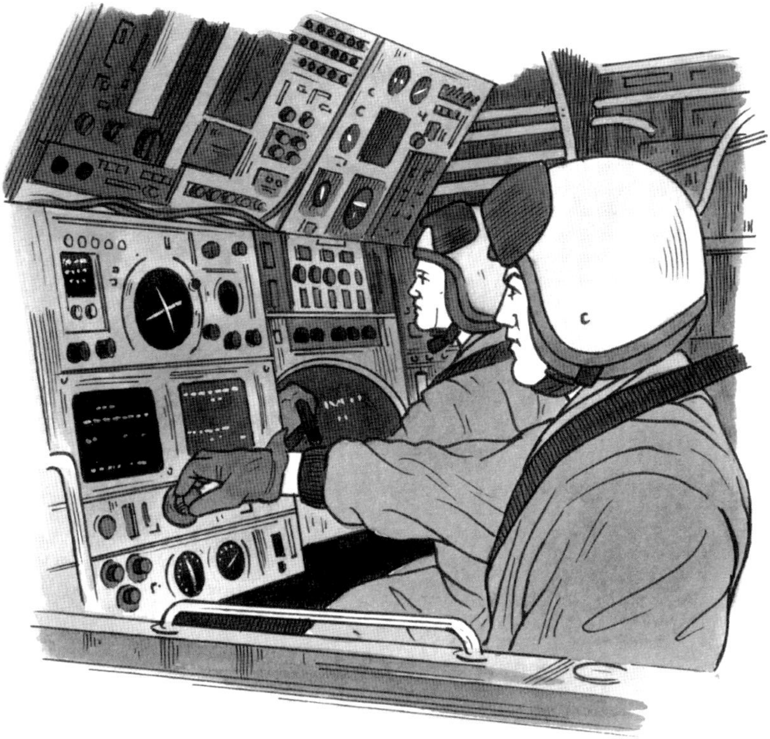

ALLES UNTER KONTROLLE HABEN

Die Bedienung komplexer Waffentechnologie erfordert sowohl ein hohes Maß an Ausbildung und Training als auch mentale Selbstdisziplin. In sehr stressigen Situationen kann es hilfreich sein, sich den nächsten Schritt laut vorzusagen: »Ich muss jetzt das Radar nach feindlichen Flugzeugen absuchen.« Das hilft bei der Aufrechterhaltung der Konzentration.

allem zu machen, können Sie zu einem glücklicheren, vor Energie strotzenden und produktiven Menschen machen. Sie hat außerdem wichtige soziale Effekte. Als Soldat verbringen Sie Ihre Zeit häufig unter stressigen Bedingungen in beengter Umgebung mit vielen anderen Menschen. Wen hätten Sie lieber dabei: jemanden, der immer negativ denkt und schnell aufgibt oder jemanden, der immer optimistisch ist und sein Möglichstes tut, um auftauchende Probleme zu lösen? Welche Art Mensch möchten Sie selbst sein?
Genau wie körperliches Training wird auch positives Denken einfacher, je öfter Sie es üben und je mehr es zur Gewohnheit wird. Sind Sie davon überzeugt, dass etwas Bestimmtes unmöglich zu erreichen ist, bauen Sie unterbewusst Hindernisse auf. Sie haben dann nicht die mentale Stärke, alternative Lösungswege zu finden. Mahatma Gandhi (1869–1948) hat es so ausgedrückt:

> *Der Mensch wird oft zu dem, was er selbst glaubt zu sein. Wenn ich mir ständig sage, dass ich unfähig bin, eine bestimmte Sache zu tun, dann kann es sein, dass ich am Ende wirklich nicht in der Lage bin sie zu tun. Auf der anderen Seite, wenn ich den Glauben habe, dass ich etwas tun kann, dann werde ich ganz sicher die Fähigkeit erwerben es zu tun, selbst wenn ich sie am Anfang noch nicht hatte.*

Gandhi warnt hier vor einer sich selbst erfüllenden Prophezeiung – der Glaube an etwas (obwohl es vielleicht nicht einmal wahr ist) führt dazu, dass es wahr wird. Wenn Sie daran glauben, dass Sie Ihre Militärausbildung mit Bravour bestehen und in den Eliteeinheiten überragende Leistungen erbringen werden, ist es wahrscheinlicher, dass Sie das auch schaffen. Sie verwenden mehr Zeit und Energie darauf, Ihren Körper und Ihren Geist auf diese Aufgabe vorzubereiten, als darauf, sich Sorgen über ein schlechtes Abschneiden zu machen. Deshalb haben Sie eine größere Chance, dass Ihr Glaube daran sich erfüllt.

Es gibt außerdem Anhaltspunkte, dass positives Denken ein mit Stress und ängstlicher Unruhe einhergehendes Leistungsdefizit und die damit zusammenhängende Lethargie reduzieren kann. Roger Bannister (1929–), der erste Mensch, der eine Meile in unter vier Minuten gelaufen ist, ist ein gutes Beispiel für die Kraft positiven Denkens. Bevor er es 1954 schaffte, die Vier-Minuten-Schallmauer zu durchbrechen, hielten das alle für ausgeschlossen. Nachdem Bannister gezeigt hatte, dass es sehr wohl möglich war, gelang es mehreren anderen Läufern ebenfalls. Bannister zeigte großen Einsatz für und Hingabe an seinen Sport. Wenn er das Gefühl hatte, seine eigenen, sehr hohen Ansprüche nicht zu erfüllen (so wie bei den Olympischen Spielen 1952), legte er sich noch mehr ins Zeug. Seine jahrelange Ausdauer und das positive Denken zahlten sich immer wieder aus.

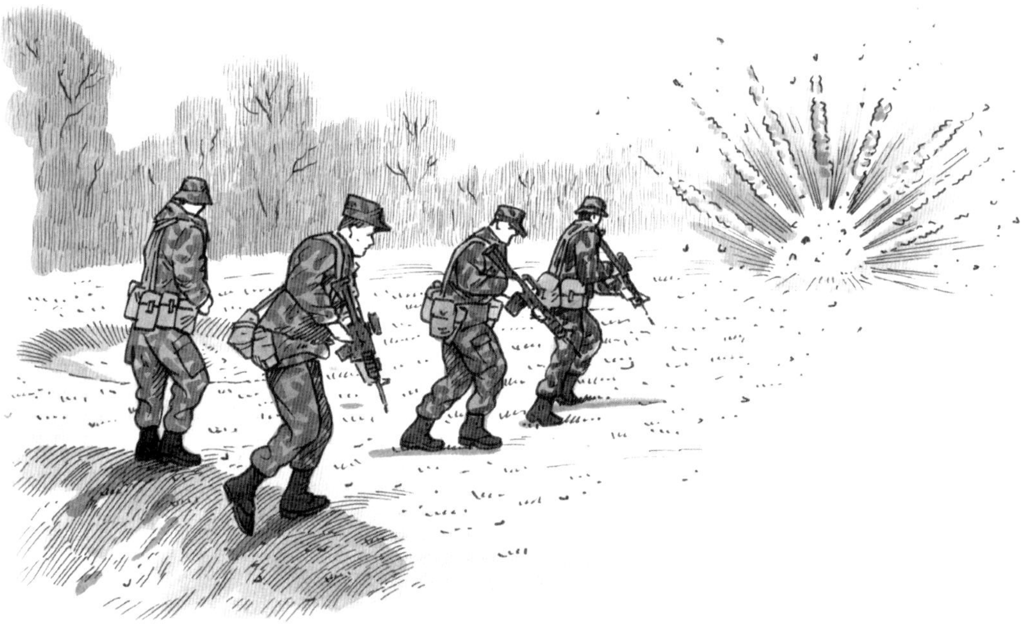

GEGENSEITIGE UNTERSTÜTZUNG

Im Gefecht stützen sich die einzelnen Soldaten oft auf den vereinten Mut des ganzen Teams, um weiter zu funktionieren. Sie müssen allerdings darauf achten, dass ihr Bedürfnis nach Kameradschaft nicht ihre Urteilsfähigkeit trübt. Je dichter sie zum Beispiel zusammenbleiben, desto größer ist das Ziel, das sie feindlichem Feuer bieten.

Techniken des Positiven Denkens

- Wenn Sie sich bei negativen Gedankengängen ertappen, ändern Sie Ihren Blickwinkel so, dass Sie die positive Seite der Dinge sehen.
- Nehmen Sie Misserfolge nicht persönlich; versuchen Sie, die Dinge objektiv zu sehen und lernen Sie aus Ihren Fehlern.
- Betrachten Sie Dinge nicht als mögliche Misserfolge, sondern als Herausforderungen, denen Sie sich erfolgreich stellen können.
- Ergreifen Sie die Kontrolle über die Situation. Wenn Sie sich als Opfer betrachten, ist es nur ein kleiner Schritt, eines zu werden, weil auch andere Sie dann in diesem Licht sehen.
- Lächeln Sie – buchstäblich. Selbst wenn wir uns nicht gut fühlen, hebt ein Lächeln die Stimmung, weil wir ein Lächeln mit guten Gefühlen assoziieren.
- Rufen Sie sich Zeiten in Erinnerung, in denen Sie stolz auf sich und Ihre Taten und Erfolge waren. Zählen Sie sie auf. Das wird Sie daran erinnern, wie weit Sie es schon gebracht haben.

Beim Militär gibt es viele Beispiele für Kommandeure und Soldaten, die mit einer Kombination aus positivem Denken und hartem Training anscheinend unmögliche Glanzleistungen vollbrachten, weil sie um keinen Preis aufgaben. Beispiele dafür sind die englischen Bogenschützen in Agincourt im Jahr 1415 oder deutsche Fallschirmtruppen in Eben-Emael im Mai 1940.

Natürlich darf positives Denken niemals mit reinem Wunschdenken verwechselt werden. Auch wenn man positiv denkt, muss man vollkommen realistisch planen, Informationen sammeln und mögliche Folgen abschätzen. Positives Denken heißt aber, dass man sich für einen einmal gefassten Plan mit Haut und Haaren einsetzt, weil man überzeugt ist, dass er funktionieren kann und wird.

Mit dem positiven Denken ist es wie mit der Meditation: je mehr Sie es üben, desto besser funktioniert es und desto normaler fühlt es sich an. Versuchen Sie, die beiden Techniken zu verschmelzen und denken Sie sich einen Satz für die Meditation aus, der Ihre Entschlossenheit und Ihren Mut in Form einer positiven Verstärkung ausdrückt.

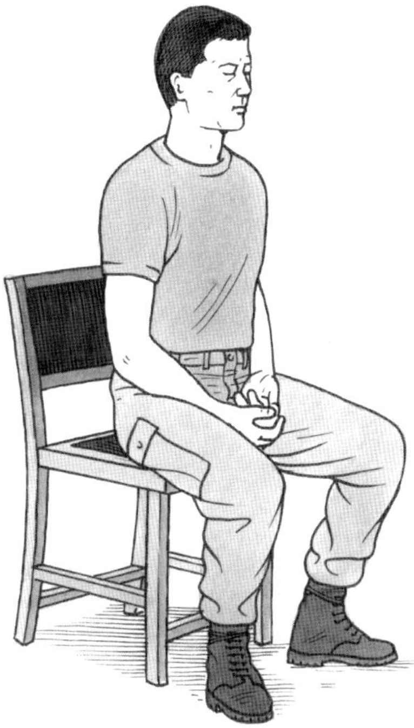

TECHNIKEN DER VISUALISIERUNG

Hier nutzt ein Soldat die Visualisierung, um positives Denken zu fördern. Wenn Sie sich mental intensiv auf das Erreichen Ihrer Ziele konzentrieren, wird es Ihnen leichter fallen Herausforderungen in der Außenwelt zu überwinden.

Visualisierung als Technik, um die Grundausbildung zu meistern

In diesem Szenario möchten Sie die Visualisierung zur Unterstützung im Auswahlprozess nutzen. Die gleichen Techniken können in unterschiedlichen Situationen angewendet werden.

- Nehmen Sie sich fünf Minuten Zeit, um Ihren Körper zu entspannen, so dass Sie mental konzentrierter und aufnahmebereiter sind.
- Jetzt stellen Sie sich vor, wie Sie die einzelnen Auswahltests perfekt durchführen (Hindernisläufe, Logiktest etc.). Konzentrieren Sie sich darauf, wie Sie sich nach jedem erfolgreich absolvierten Test fühlen. Bevor Sie beginnen, müssen Sie sich über Ihre Ziele ganz genau im Klaren sein.
- Beginnen Sie jeden Tag mit 5–10 Minuten, in denen Sie sich mental auf positive Bilder konzentrieren. Dehnen Sie die Zeit nach und nach aus und variieren Sie die Bilder.
- Visualisieren Sie möglichst detailgetreu, um die Visualisierung so real wie möglich zu machen. Rufen Sie sich Ihr übliches Trainingsgelände vor Augen, auf dem Sie in Ihrer üblichen Sportkleidung unter ganz bestimmten Wetterbedingungen von ganz bestimmten Menschen umgeben trainieren.
- Bleiben Sie realistisch. Ihnen wird heiß sein, Sie werden hungrig, durstig und müde sein und sich unbehaglich fühlen. Stellen Sie sich deshalb vor, dass Sie sich genauso fühlen, aber diese Herausforderungen meistern und Ihre Ziele erreichen.

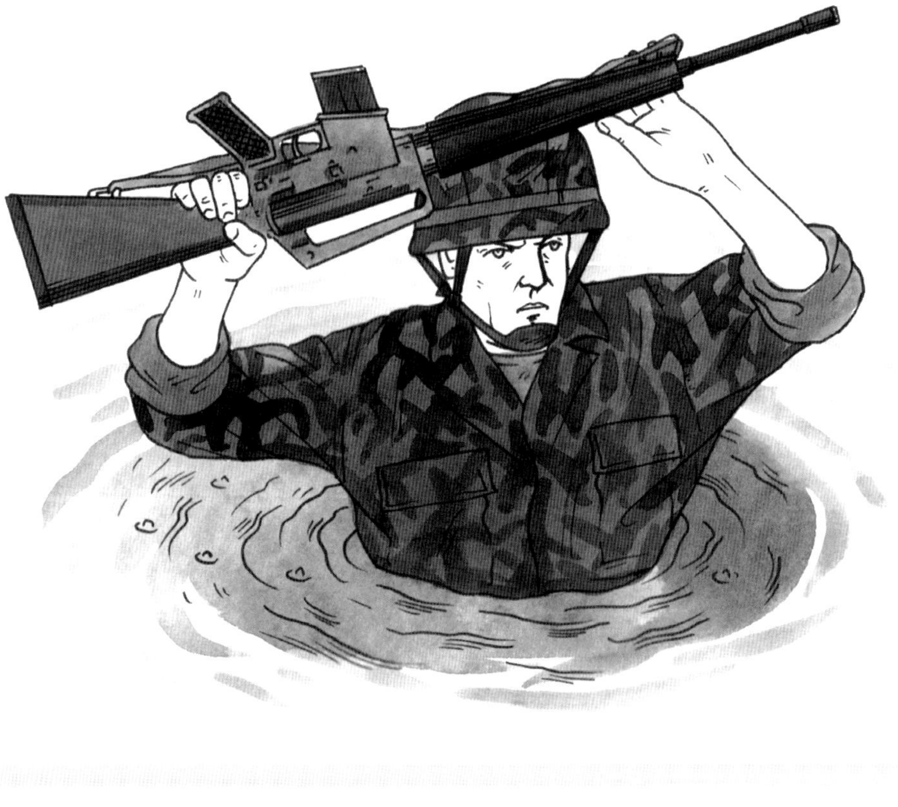

Visualisierung und mentale Bilder

Positive Visualisierung und mentale Bilder sind kraftvolle Instrumente, um Hindernisse aus dem Weg zu räumen, die Ihrem Erfolg im Weg stehen. Visualisierung funktioniert deshalb, weil das Gehirn angesichts einer neuen oder stressigen Situation in den gespeicherten Erinnerungen nach der ähnlichsten Verhaltensdatei sucht, um eine mögliche Reaktion abzurufen. Bei der Visualisierung wird eine solche Datei durch kraftvolle, immer wieder wiederholte mentale Bilder kreiert. Topathleten wie der Golfer Jack Nicklaus (1940–) und der Tennisspieler Roger Federer (1981–) haben Visualisierung genutzt, um ihr Spiel bis auf das höchstmögliche Niveau zu verbessern und verfeinern. Visualisierung ist aber in vielen Situationen hilfreich – vom Stressabbau bis zur Bestleistung unter Druck beim Militär oder anderswo.

Visualisierung beginnt damit, dass Sie etwas identifizieren, das Sie ändern möchten. Entspannen Sie Ihren Körper mit Hilfe der oben beschriebenen Meditationstechniken und versetzen Sie sich mental in die für Sie problematische Situation. Nun visualisieren Sie, wie Sie in dieser Situation ruhig, erfolgreich und selbstbewusst handeln. Sehen Sie sich selbst, wie Sie Ihre Ziele erreichen und stellen Sie sich vor, wie Sie sich dabei fühlen. Der Schlüssel zum Erfolg ist, dass Sie sich die Szene so detailgetreu wie möglich vorstellen – dazu gehören Bilder, Geräusche, Farben, Gerüche und haptische Eindrücke. Wenn die Visualisierung der Situation stark genug ist, kann das Gehirn die so entstehende Datei nicht von einer wirklichen Erinnerung unterscheiden. Außerdem stellt die visualisierte Datei Ihnen eine Blaupause für Ihre tatsächlichen Handlungen zur Verfügung.

Visualisierung kann Ihnen auch dabei helfen, Ängste zu bewältigen. Wenn Sie an Höhenangst leiden, aber wissen, dass Sie während Ihres Militärtrainings in einen Helikopter oder auf hohe Berge steigen müssen, visualisieren Sie sich selbst, wie Sie entspannt und gelassen in einem fliegenden Hubschrauber sitzen und den Blick nach unten genießen. Die britischen Special Forces nutzen eine ähnliche Technik, um Soldaten auf Situationen in Kampfeinsätzen vorzubereiten.

Bauen Sie auch Visualisierung, ebenso wie positives Denken, in Ihre Meditationsroutine ein, um den Geist zur Ruhe zu bringen und das positive Bild von sich selbst zu verstärken.

Selbstvertrauen und Durchsetzungsvermögen

Je öfter Sie diese mentalen Techniken anwenden, desto stärker wird Ihre emotionale Resilienz. Das stärkt Ihr Selbstvertrauen, das sowohl im militärischen als auch im zivilen Leben unverzichtbar ist. Sie müssen nicht übertrieben selbstsicher auftreten, denn das kann leicht als Arroganz interpretiert werden. Aber die meisten militärischen Führer strahlen eine natürliche Souveränität aus und flößen so ihren Soldaten Vertrauen ein. Denken Sie an Ihre eigenen Erfahrungen mit Lehrern, Arbeitgebern und Trainern. Sie fühlten sich sicher mit hoher Wahrscheinlichkeit zu starken, einnehmenden Persönlichkeiten hingezogen, die Autorität ausstrahlten und Sie mit Respekt behandelten. Wahrscheinlich waren Sie auch eher bereit, diesen Personen zu glauben und zu folgen als jenen, die Sie anbrüllten, jedes Mal wütend wurden, wenn Sie einen Fehler machten oder selbst unsicher schienen bei dem, was sie taten.

Falls Sie nicht von Natur aus selbstsicher sind, ist es nicht einfach, nach außen eine kühne, selbstbewusste Person zu zeigen. Das gilt besonders in neuen, unbekannten Situationen – zum Beispiel, wenn Sie neu beim Militär sind und weniger Erfahrung haben als viele andere Soldaten um Sie herum.

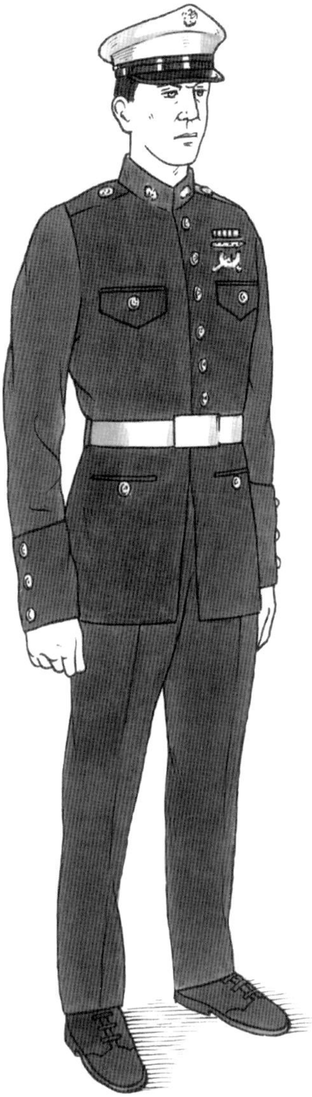

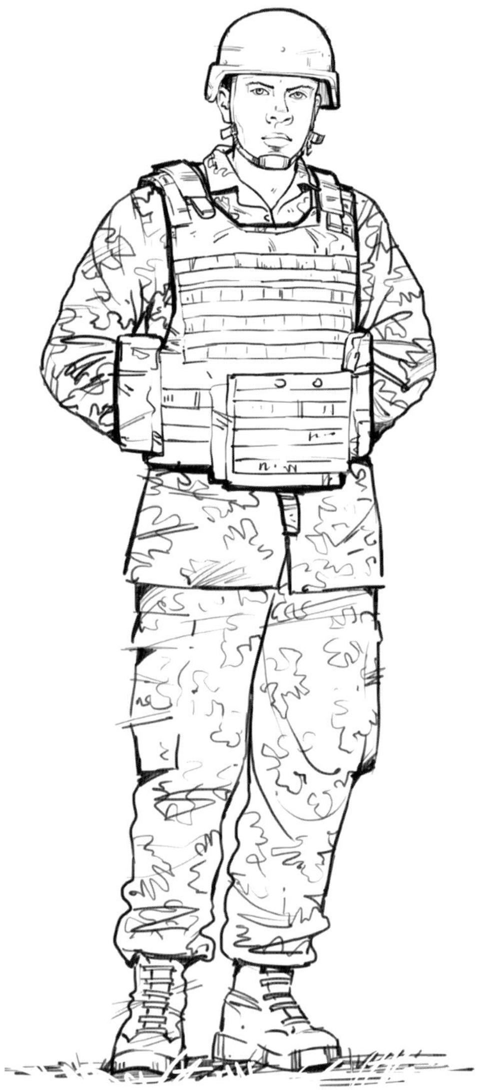

EINE SELBSTBEWUSSTE HALTUNG

Eine gerade körperliche Haltung hat großen Einfluss auf Ihre eigenen Gefühle von Selbstvertrauen und Autorität. Dieses Selbstvertrauen strahlt auch auf die Menschen aus, die Sie umgeben. Sie ist deshalb eine der Führungsqualitäten, die beim Militär als unabdingbar gelten. Selbst wenn Sie sich tief innen nicht sehr selbstsicher fühlen, strahlen Sie nach außen trotzdem Selbstsicherheit aus und handeln Sie entsprechend. Ihre Stimmung wird sich bald heben.

DIE FÜHRUNGSMENTALITÄT

Vor allem müssen militärische Führer in der Lage sein, selbst in den undurchsichtigsten, chaotischsten und tödlichsten Situationen klare Entscheidungen zu treffen. Experten betonen, dass es im Gefecht tatsächlich schlechter ist, gar keine Entscheidung zu treffen als eine falsche.

Stellen Sie sich vor, Sie müssen Zivilisten aus einem Dorf evakuieren, das zu einer Terroristenhochburg geworden ist. Die Menschen kennen Sie nicht und haben keinen Grund Ihnen zu vertrauen. Ist es wahrscheinlicher, dass sie jemandem folgen, der zu wissen scheint, was er tut, oder jemandem, der zögerlich und unsicher agiert? Rufen Sie sich ins Gedächtnis, wie selbstbewusste, von Ihnen bewunderte Menschen aussehen und agieren. Sie handeln mit großer Sicherheit, Entschlusskraft und Engagement und lassen sich nicht von Selbstzweifeln und negativen Gedanken von einem einmal gefassten Plan abbringen. Je mehr Sie selbst ebenso handeln, desto mehr Menschen werden positiv auf Sie reagieren und sich auf der Suche nach Führung an Sie wenden.

Wenn Sie langsamer sprechen und agieren, strahlen Sie mehr Selbstsicherheit aus und klingen auch so. Menschen, die unsicher sind oder leicht in Panik geraten, sprechen tendenziell schneller und mit höherer Stimme. Sie tasten auf der Suche nach Bestätigung das Gesicht ihres Gegenübers mit den Augen ab, statt konstant Blickkontakt zu halten. Möglicherweise bewegen sie sich auch in hektischer, abgehackter Art und Weise oder machen unbewusst ständig nervöse Gesten, um sich selbst zu beruhigen.

Selbstbewusstsein wird auch durch die Körpersprache ausgedrückt. Drücken Sie Ihre Werte und Ihre Stärke mit jeder Bewegung Ihres Körpers aus. Halten Sie Ihren Kopf hoch, ziehen Sie den Bauch ein und strecken Sie die Brust heraus. Suchen Sie Blickkontakt zu der Person, mit der Sie sprechen, und hören Sie aktiv und genau zu. Studien haben gezeigt, dass ein Mensch, der mehr zuhört als selbst spricht, als selbstbewusster eingestuft wird als jemand, der die ganze Zeit redet. Wenn Sie Befehle erteilen müssen, erteilen Sie sie knapp und klar. Reagieren Sie auf jedes Feedback ehrlich und intelligent.

Führungsqualitäten

Bis zum ersten Weltkrieg wurden Offiziere üblicherweise aus den sogenannten guten Familien und Schulen rekrutiert. Durch die exorbitant hohen Verluste auf dem Schlachtfeld konnten aber dort schließlich nicht mehr genügend Männer gewonnen werden. Seitdem gibt es Studien darüber, was einen guten Offizier, also einen militärischen Führer, auszeichnet. Die meisten Soldaten müssen an irgendeinem Punkt ihrer Karriere, sei es auch nur als Unteroffizier, eine Führungsrolle übernehmen. Für manche ist das kein Problem, andere müssen an dieser Rolle arbeiten. Diejenigen, die als Offizier in die Streitkräfte eintreten, müssen sehr schnell andere Soldaten führen, die älter und im Feld erfahrener sind als sie selbst. Das ist eine Herausforderung für den Charakter und die Fähigkeiten eines Offiziers.

Das amerikanische Militär nutzt bestimmt Techniken, um Führungsqualitäten auszubilden, die auch in anderen Bereichen des Lebens erfolgreich eingesetzt werden können. Der Grund für diesen Erfolg ist ganz einfach: Wenn militärische Führer eine Fehlentscheidung oder aber gar keine Entscheidung treffen, kostet das fast sicher Menschenleben, anstatt sie zu retten. Der Druck ist also enorm hoch, doch das Gleiche gilt für den Lohn.

Handeln unter Druck

Der Spruch »Es ist besser etwas zu tun als gar nichts zu tun« ist bekannt. In den Eliteeinheiten, wo manchmal in Sekundenbruchteilen eine Entscheidung getroffen oder ein Plan entwickelt werden muss, ist die Fähigkeit, schnelle Entscheidungen zu treffen, eine lebensnotwendige Voraussetzung. In solchen Situationen reicht die Zeit nicht aus, um einen Plan zu perfektionieren. Aus diesem Grund haben die US Marines das Konzept der »70 %-Lösung« entwickelt. Es geht davon aus, dass ein Plan, der so ausgefeilt ist, dass er zu 100 % erfolgreich sein wird, nicht nur unrealistisch ist, sondern auch nicht schnell genug umgesetzt werden kann. Im Gefecht gewinnt aber gewöhnlich die Seite, die das Tempo des Kampfgeschehens bestimmt. Aus diesem Grund favorisieren die US Marines die genannte 70 %-Lösung. Das ist ein Plan, der mit großer Wahrscheinlichkeit erfolgreich sein wird, sofort umgesetzt und je nach Entwicklung mit Improvisationsgeschick noch angepasst werden kann. Die 70 %-Lösung erscheint vielleicht riskant, aber in einer sich schnell verändernden, gefährlichen Situation hat man keine Zeit, vor einer Entscheidung jedes Detail zu berücksichtigen. Männer und Frauen warten vielleicht auf Ihre Befehle, damit sie handeln können. Jede Sekunde kann Leben kosten. In Gefechtsübungen sammeln Sie wichtige Erfahrungen im Treffen schneller Entscheidungen. Auch Mannschaftsspiele wie Football oder Softball lehren Sie, Ihrem Instinkt zu vertrauen und schnelle Entscheidungen zu treffen (besonders dann, wenn die Zuschauer alle unterschiedliche Meinungen vertreten).

Sobald Sie als Kommandeur eine Entscheidung getroffen haben, müssen Sie knapp und klar befehlen, was zu tun ist. Alle Beteiligten müssen wissen, was am Ende erreicht werden soll und welche Rolle sie selbst dabei spielen. Das ist der Kern je-

3	2	7
8	4	0
1	6	5

8		
6		2

Gesamt: 15

	9	
3		7

Gesamt: 27

16		4
		3

Gesamt: 39

2		
		3

Verwende 2, 3, 4, 5, 6, 7, 8, 9, 10 Gesamt: 18

Verwende 4, 5, 6, 7, 8, 9, 10, 11, 12 Gesamt: 24

Verwende 0, 5, 10, 15, 20, 25, 30, 35, 40 Gesamt: 60

DIAGRAMM INTELLIGENZTEST

Im Beispiel rechts ist die Summe 12. Sie bleibt gleich, egal ob die Zahlenreihe horizontal oder vertikal addiert wird. Füllen Sie die Boxen unten nach dem gleichen Prinzip aus. Die jeweiligen Summen sind unter jeder Box angegeben.

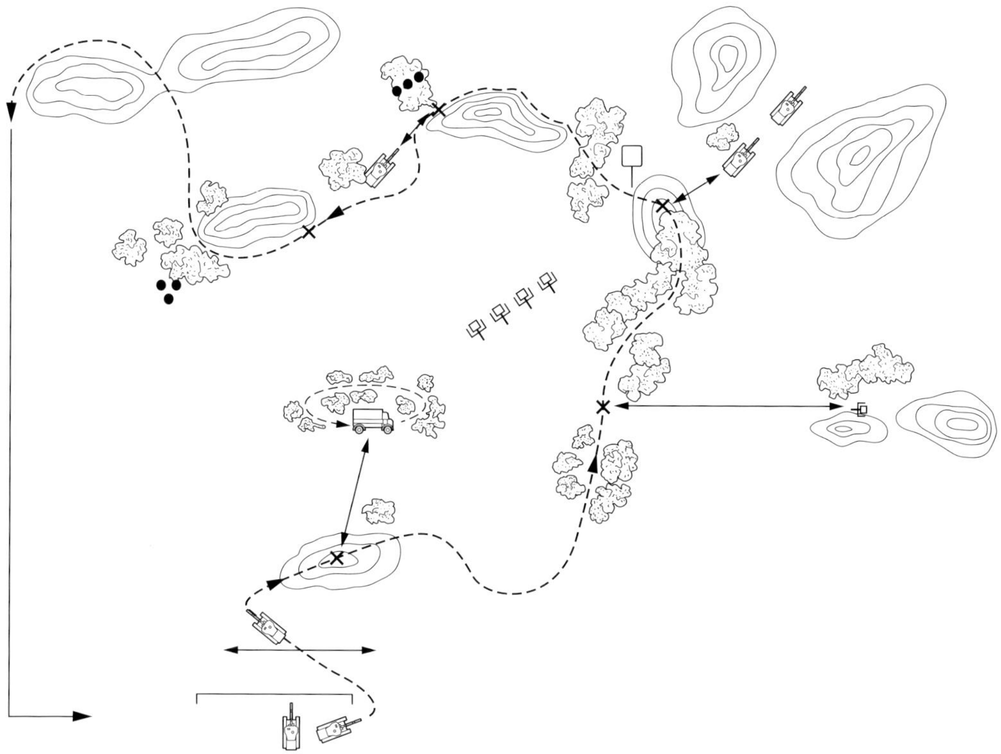

PANZERKOMMANDANT IN AKTION

Diese Karte, die einen Panzerkommandanten zeigt, der sich einen Weg durch verschiedene Hindernisse bahnen muss, unterstreicht die Bedeutung von Entscheidungen. Die Befähigung dazu wird zum einen in der militärischen Ausbildung und zum anderen im Gefecht erworben.

des Plans. Wie sie das Ziel erreichen, können sie aber selbst entscheiden. Ihre Aufgabe als militärischer Führer besteht darin, Ihrem Team zu dieser Handlungsfähigkeit zu verhelfen. Zwar haben Sie die Zügel in der Hand, aber jeder erfüllt seine Rolle auf seinem Fachgebiet. Das war im Übrigen auch der Führungsstil von General Dwight D. Eisenhower (1890–1969), der nicht durch Zwang, sondern durch Überzeugung führte. Er ermöglichte es Untergebenen, selbst Verantwortung für ihre Entscheidungen zu übernehmen.

Legitime Autorität ausstrahlen

Starke Führungsqualitäten gehen oft Hand in Hand mit großer Autorität. In den Streitkräften ist die Fähigkeit, flexibel und schnell auf sich verändernde Situationen zu reagieren, überlebensnotwendig. Auch Eisenhower und viele andere erfolgreiche militärische Anführer waren dieser Ansicht. Wenn Sie plötzlich feststellen, dass die Gegenseite über viel größere Feuerkraft verfügt als zunächst gedacht, kommt Ihr ursprünglicher Angriffsplan einem Selbstmordkommando gleich. Auch wenn man nicht jede Eventualität berücksichtigen kann, ist vorausschauendes Planen für solche unvorhergesehenen Entwicklungen lebenswichtig, um im Feld Zeit zu sparen. Wenn Sie Ihre Möglichkeiten und Ihre Stärken genau kennen, egal ob es sich um Ihre Soldaten, Ihre Ausrüstung oder Ihr Umfeld handelt, treffen

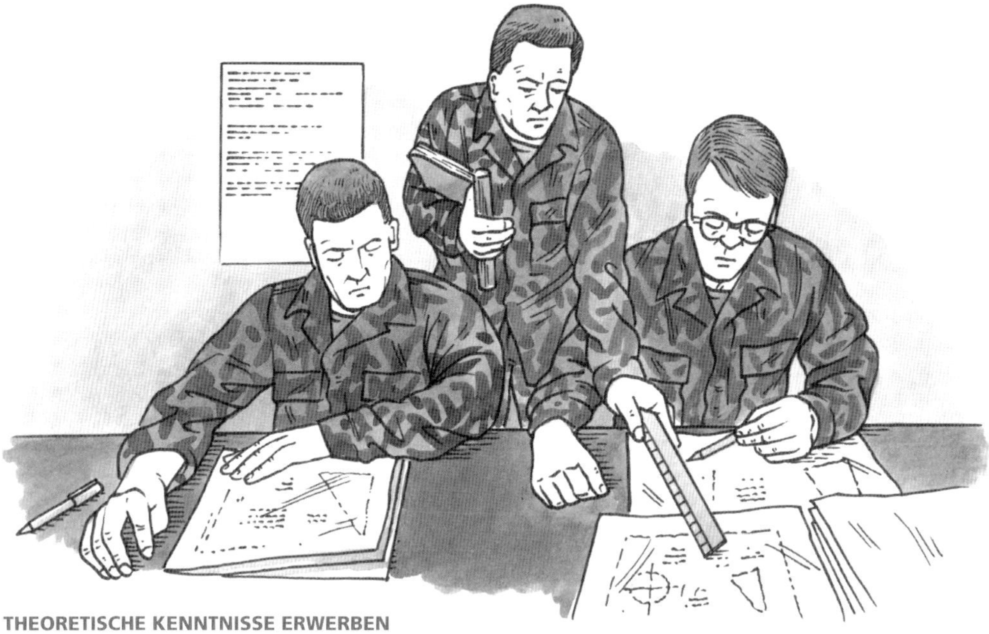

THEORETISCHE KENNTNISSE ERWERBEN

Unterschätzen Sie nie die Bedeutung akademischen Lernens für den Erwerb taktischen Wissens. Generationen von militärischer Erfahrung wurden in Büchern festgehalten. Wenn Sie Zeit damit verbringen, sich dieses Wissen anzueignen, können Sie Fachkenntnisse über das Gefechtsgeschehen schneller abrufen.

Sie informierte – und damit bessere – Führungsentscheidungen.

Vorausplanung und Hintergrundwissen

Die Offiziersausbildung ist auch deshalb besonders anspruchsvoll, weil ein Offizier für die Soldaten, die er führt, ein Vorbild sein muss. Er muss außerdem beeindruckende Kenntnisse in den Bereichen Technik, Logistik und Einsatzverfahren haben. Nur so kann er Einsätze planen, ohne ein entscheidendes Element zu übersehen. Der wahre militärische Anführer muss bei Einsätzen alle Elemente der militärischen Aufstellung und des eigentlichen Gefechts von Anfang bis Ende unter Kontrolle haben. Bei der Planung und Vorbereitung auf einen Kampfeinsatz geht es immer um »einen Akt der Gewalt, um den Gegner zur Erfüllung unseres Willens zu zwingen.« (Clausewitz) Einsatzplanung ist ein umfangreiches Sachgebiet, dem das Kapitel 5: Den Gegner besiegen gewidmet ist. Offiziere, die die Planung und Vorbereitung üben, greifen dafür auf eine Methode zurück, die als »umgekehrte Planung« oder »Vom Ende her denken« bezeichnet wird. Wie der Name schon sagt, wird das gewünschte Endergebnis definiert, um dann chronologisch rückwärts in Einzelschritten den Ausgangspunkt zu finden. Sobald Sie den Ausgangszustand erreicht haben, haben Sie einen vollständigen Plan für Ihre Mission. Eine nützliche Technik im Planungsprozess ist auch die von den US Marines geprägte sogenannte »Dreier-Regel«, die in David Freedman's Buch »*Corps Business: The 30 Management Principles of the US Marines*« (New York, HarperCollins, 2000) ausführlich vorgestellt wird. Ist ein Offizier mit einer komplexen Situation konfrontiert, ist er im Einklang mit der Dreier-Regel aufgefordert, schnell drei Alternativpläne für die Situation zu entwickeln. Bei zwei

Alternativplänen wäre die Auswahl zu klein und auch zu unflexibel. Vier Alternativen böten zu viele Optionen und könnten zu mentaler Lähmung führen. Drei Alternativpläne aber sind optimal geeignet, um blitzschnelle, gut überlegte Entscheidungen zu treffen. Der Offizier muss sich dann aus guten Gründen – möglichst mit der 70 %-Regel im Hinterkopf – für einen der drei Pläne entscheiden und diesen mit aller ihm zur Verfügung stehenden Überzeugung und Kraft ausführen.

Wir haben uns in diesem Kapitel eine Reihe mentaler Instrumente angesehen, die das Überleben im militärischen Umfeld unterstützen. Mit Hilfe dieser Techniken können Soldaten mental so diszipliniert und resilient werden, dass sie auf Kampfeinsätze optimal vorbereitet sind. Diesen mentalen Zustand beschrieb der chinesische Stratege Sun Tzu schon im 5. Jahrhundert vor Christus sehr poetisch. Sun Tzus Buch »Die Kunst des Krieges« gilt immer noch als eines der wichtigsten Werke über militärische Strategie. Sun Tzu stellt eindeutig fest, dass mentale Stärke und Selbsterkenntnis mächtige Waffen in sich selbst sein können und dass der Sieg über das eigene Selbst der erste Schritt für den Sieg über den Gegner ist: »Lass dir gesagt sein: Wenn du deine Feinde kennst und dich selbst kennst, kannst du hundert Schlachten ohne eine einzige Niederlage gewinnen. Wenn du nur dich selbst kennst, aber nicht deinen Gegner, kannst du gewinnen oder verlieren. Wenn du weder dich selbst noch deinen Feind kennst, wirst du dich immer selbst in Gefahr bringen.«

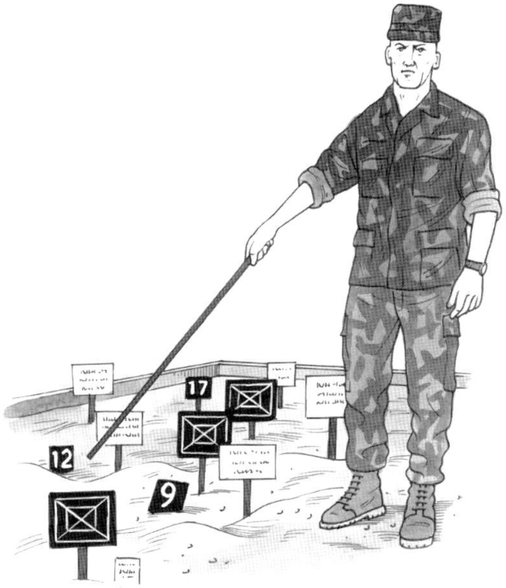

TAKTISCHE AUSBILDUNG

Die Schulung mithilfe des Sandkastens ist ein probates Mittel, um den Prozess der Entscheidungsfindung und taktische Überlegungen zu trainieren. Soldaten können so ihre eigenen Positionen und Aktionen dreidimensional üben.

Prozessorientierte Problemlösung bei der US Army

1. Erkennen und definieren Sie das Problem.
2. Sammeln Sie Fakten und stellen Sie Hypothesen auf.
3. Definieren Sie den Endzustand und stellen Sie Kriterien auf.
4. Entwickeln Sie mögliche Lösungen.
5. Analysieren und vergleichen Sie mögliche Lösungen.
6. Entscheiden Sie sich für eine Lösung und setzen Sie sie um.
7. Analysieren Sie die Lösung unter dem Aspekt der Effektivität.

4 TRAINING

In der Ausbildung beim Militär wird das Fundament für die mentale Stärke eines Soldaten gelegt. Ein militärisches Ausbildungsprogramm verändert einen Zivilisten. Sein Blick auf die Welt und darauf, wie er mit ihr umgeht, ist danach nicht mehr der gleiche.

Das Training beim Militär unterscheidet sich von jeder anderen Ausbildung im zivilen Leben. Es erfüllt viele unterschiedliche Ziele, die von der Unterweisung der Rekruten im Umgang mit modernen Sturmgewehren bis zur Anleitung zum Überleben in der Wildnis reichen. Wenn man aber ein durchgängiges, alles verbindendes Thema sucht, so ist es das Ziel, den Rekruten eine militärisch geprägte Geisteshaltung einzuimpfen. Soldaten müssen aufgrund ihres Berufes auf eine Art und Weise denken, die in der zivilen Welt keine Parallelen hat. Sie müssen zum Beispiel in der Lage sein, Gewalt anzuwenden, um taktische Ziele zu erreichen. Und sie müssen in der Lage sein, Befehle zu befolgen, selbst wenn diese Befehle sie großer Gefahr aussetzen. Sie müssen das, was wir als wunderschöne Landschaft wahrnehmen, als Gelände sehen, das voller taktischer Gefahren und Möglichkeiten steckt. Soldaten müssen sich darüber hinaus eine große Vertrautheit mit Waffen erarbeiten, deren Besitz sie im zivilen Leben für viele Jahre ins Gefängnis bringen würde. Vor allem ist das militärische Training aber dazu gedacht, aus den Rekruten Krieger zu machen. Tatsächlich entwickelten die amerikanischen Streitkräfte im Jahr 2003 ein »Kriegerethos-Programm«, das die Kernprinzipien des Kampf- und Kriegsgeistes in den Streitkräften verankern soll. Eines der Ergebnisse dieses Programms war eine modifizierte Version des sogenannten Soldier's Creed, einer Art Glaubensbekenntnis der Soldaten, das diese während des Appells herausbrüllen, wenn sie der Armee und ihrem Land Treue und Gefolgschaft schwören.

Im Vergleich zu der Vorgängerversion des Soldier's Creed liegt in der neuen Version die Betonung sehr viel deutlicher auf dem professionellen Einsatz von Fähigkeiten und Waffen. Es beschreibt ein zielstrebiges Individuum, das allergrößtes Vertrauen in seine kämpferischen Fähigkeiten hat. Es ist bereit, sich ohne Zögern in den Horror des blutigen Nahkampfs zu stürzen, um sich selbst, seine Kameraden und sein Land zu schützen. Die Zeilen 4–6 zeigen eine unerschütterliche Hingabe an die Einsatzmission. Persönliche Bedürfnisse und Belange werden der Erfüllung der Aufgabe vollkommen untergeordnet. (Die Zeilen 4–7 sind der Hauptbeitrag zu dem Bekenntnis aus dem Kriegerethos-Programm.) Gleichzeitig ist der Krieger ein Teamplayer, für den das Wohl seiner Teammitglieder über allem steht. Das geht so weit, dass er sich verpflichtet, im Fall des Falles ihre Körper nicht auf dem Schlachtfeld zurückzulassen.

Andere Nationen haben ähnliche Bekenntnisse oder Trainingsprogramme, die auf ähnlichen Grundsätzen basieren. Wie aber schafft man es, die Haltung von Männer und Frauen aus zivilen Zusammenhängen so umzuformen, dass sie diese sehr speziellen Werte verinnerlichen? In

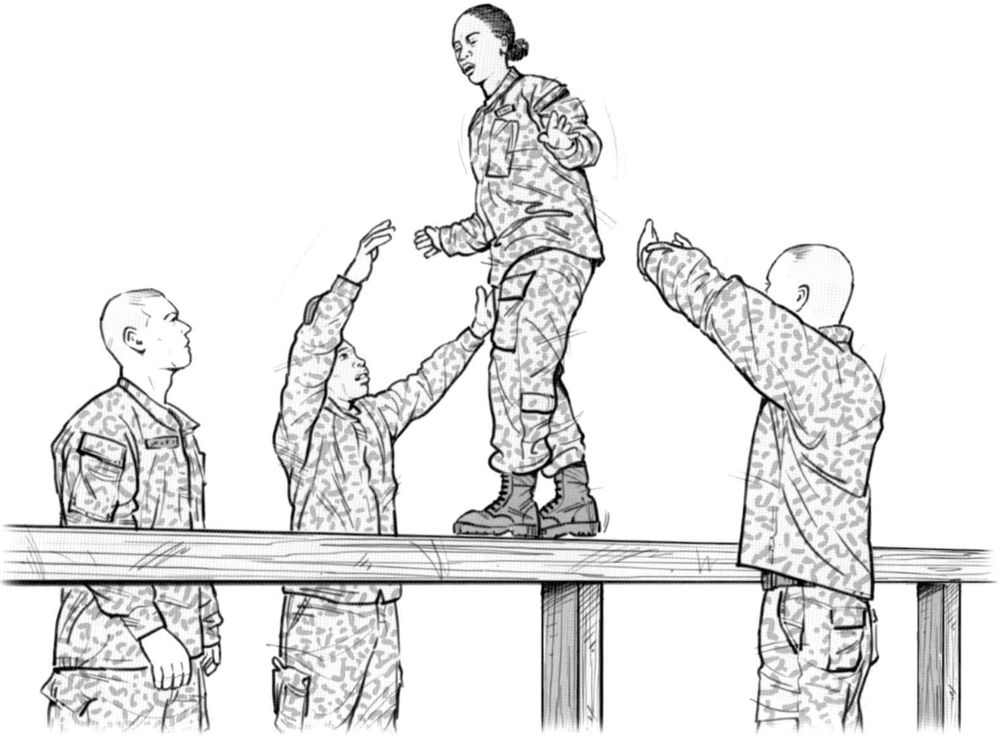

DEM TEAM VERTRAUEN

Das US Militär schärft seinen Soldaten von Anfang an Fähigkeiten ein, die die Teamentwicklung fördern. Es ist nachgewiesen, dass Soldaten als Mitglieder einer eng verbundenen Truppe stärker sind. Hier kann eine Soldatin mit verbundenen Augen über einen Balken laufen, weil sie darauf vertrauen kann, dass ihre Teammitglieder auf sie aufpassen und sie auffangen, falls sie fällt.

diesem Kapitel werden wir einen Blick auf die verschiedenen mentalen Strategien und Ziele werfen, die das möglich machen.

Disziplin

Eines der Schlüsselelemente des militärischen Trainings ist das Ziel, dem Soldaten Disziplin und Gehorsam so einzuimpfen, dass er Befehle von Vorgesetzten befolgt, auch wenn sie ihn direkter Gefahr aussetzen. Allerdings sind junge Menschen sind heutzutage weniger ehrerbietig und respektvoll als früher. Daher kann es problematisch sein, ihnen die notwendige Akzeptanz für Disziplin und Gehorsam in einer streng hierarchischen Struktur zu vermitteln – und zwar so zu vermitteln, dass sie sie sogar willkommen heißen. Strenge Ausbilder, die sogenannten »Drill Instructors«, loten die Reaktionen der Rekruten auf diesen Zwang zur Disziplin aus. Ob es sich da um das korrekte Bettenmachen in Übereinstimmung mit Militärvorschriften handelt oder um die schnelle Reaktion auf taktische Anweisungen – sie verlangen den Rekruten viel ab. Diesen mag das Beharren der Ausbilder auf winzigen Details in Bezug auf das Aussehen oder die militärische Etikette als pedantisch erscheinen. Aber die Aus-

Das Glaubensbekenntnis eines US Soldaten

In seiner neuen Form schließt das Glaubensbekenntnis den Kriegerethos-Kodex ein:
Ich bin ein amerikanischer Soldat.
Ich bin ein Krieger und Mitglied eines Teams.
Ich diene dem amerikanischen Volk und lebe nach den Werten der US Army.
Ich werde immer die Mission an die erste Stelle setzen.
Ich werde niemals eine Niederlage akzeptieren. Ich werde niemals aufgeben.
Ich werde niemals einen gefallenen Kameraden zurücklassen.
Ich bin diszipliniert, körperlich und geistig hart im Nehmen, gut trainiert und beherrsche den Drill und meine Aufgaben als Krieger.
Ich halte meine Waffen, meine Ausrüstung und mich selbst instand.
Ich bin ein Experte und ich bin ein Profi.
Ich bin jederzeit bereit in den Einsatz zu gehen und die Feinde der Vereinigten Staaten von Amerika im Nahkampf anzugreifen und zu zerstören.
Ich bin ein Beschützer der Freiheit und der amerikanischen Lebensweise.
Ich bin ein amerikanischer Soldat.

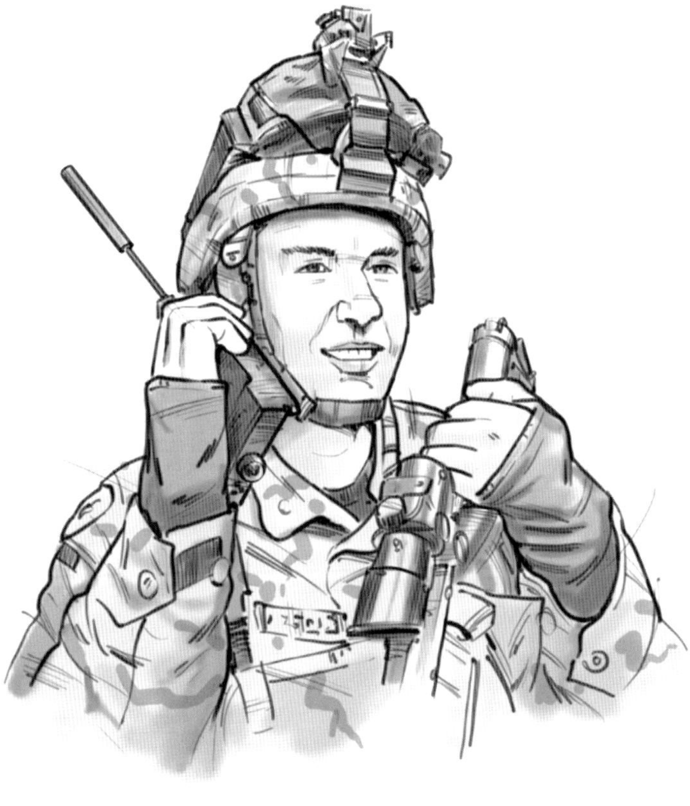

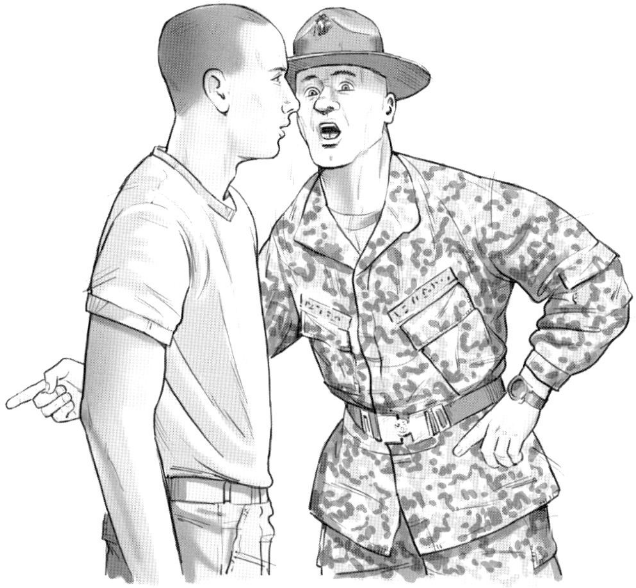

DISZIPLIN ENTWICKELN

Disziplin ist die Hauptvoraussetzung, sowohl die Grundausbildung als auch das folgende Leben beim Militär zu überleben. Das System ist zwar oft hart und anstrengend bis zur Erschöpfung, doch es zieht Soldaten heran, die selbst unter gravierendem Stress noch klar denken können.

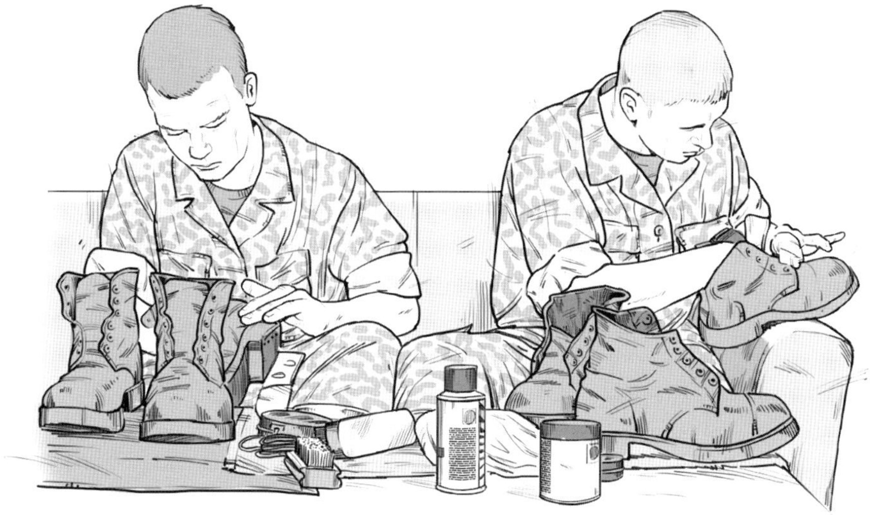

BEFEHLE BEFOLGEN

Jeder Befehl, sei er auch noch so unbedeutend, muss während der militärischen Ausbildung buchstabengetreu ausgeführt werden. Erfüllt ein Soldat nicht die hohen Anforderungen, die an ihn gestellt werden, wird in der Folge möglicherweise die ganze Einheit bestraft. Soldaten haben daher einen zusätzlichen Anreiz, Aufgaben ordentlich und korrekt zu bewältigen.

bilder wissen, dass jemand, der bei Details diszipliniert und gehorsam ist, unter hohem Druck – wie zum Beispiel im Gefecht – mit genauso viel Disziplin agiert. Sie suchen nach starken Charakteren, die sich mit großem Engagement jeder Aufgabe widmen, die sich ihnen stellt.

Ein weiteres entscheidendes Ziel militärischer Disziplin ist es, aus einem Individuum einen Teamplayer zu machen. In der Grundausbildung vieler Berufsarmeen können die Regelverletzungen eines einzigen Soldaten zur Bestrafung des ganzen Trupps oder Zuges führen. Diese Haltung fördert Teamverantwortung – keiner kann seine Pflichten vernachlässigen, ohne seinen Kameraden zu schaden. Dieses System hat zur Folge, dass ein Rekrut entweder schnell aus dem Trainingsprogramm ausscheidet oder aber sich dem Wohl seiner Kameraden genauso verpflichtet fühlt wie seinem eigenen. Dies ist genau die Haltung, die die Ausbilder fördern wollen.

Trainingsprogramm

Der neue Soldat, der sich erst an die eiserne Disziplin beim Militär gewöhnen muss, empfindet das Training wahrscheinlich als erbarmungslos brutal, insbesondere wenn die Ausbilder großen Druck ausüben und mit hoher Intensität agieren. Die Rekruten werden angebrüllt, nachts aus dem Schlaf – und aus dem Bett – gerissen und dazu gezwungen, todlangweilige, erschöpfende

Erfolg im Gefecht

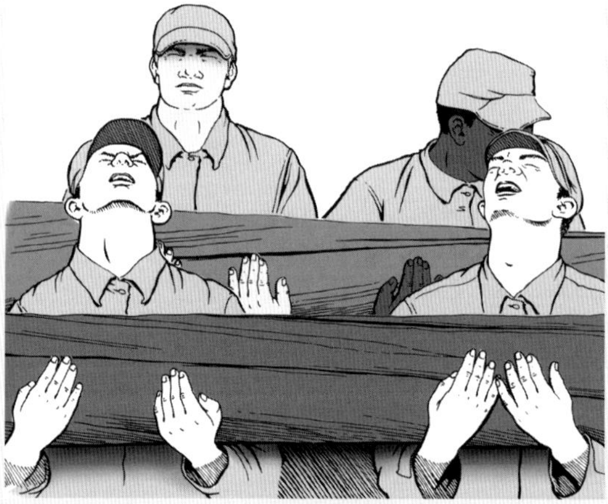

Jeder Soldat, jeder Unteroffizier und jeder Offizier hat eine Hauptaufgabe – gut ausgebildet und bereit zu sein, die Kriege seiner Nation zu führen und zu gewinnen. Erfolg im Krieg ist kein Zufall, sondern das unmittelbare Ergebnis von hartem, realistischem und anspruchsvollem Training. Die US Army existiert, um Krieg zu verhindern und, wenn Abschreckung versagt, den Frieden durch einen Sieg im Gefecht wiederherzustellen, wo auch immer amerikanische Interessen bedroht werden. Um das zu erreichen, müssen die Streitkräfte in der Lage sein, die ihnen übertragenen strategischen, operationellen und taktischen Missionen auszuführen. Damit Abschreckung funktioniert, müssen potenzielle Feinde mit absoluter Sicherheit wissen, dass die US Army die glaubwürdige und nachweisliche Fähigkeit hat, mobil zu machen, Truppen zu entsenden und jeden Konflikt aufrechtzuerhalten, bis er siegreich beendet ist. Das Training ist der Prozess, in dem Mensch und Material zur Durchsetzung dieser erforderlichen Fähigkeiten verschmolzen werden. Die US Army hat gegenüber dem amerikanischen Volk die Verpflichtung, seine Soldaten mit der Gewissheit in den Krieg ziehen zu lassen, dass sie überleben und Erfolg haben werden. Dies ist eine Verpflichtung, die nur durch rigoroses und realistisches Training, das den höchsten Anforderungen genügt, erfüllt werden kann.

US Army FM 7-0, *Training the Force* (22. Oktober 2002)

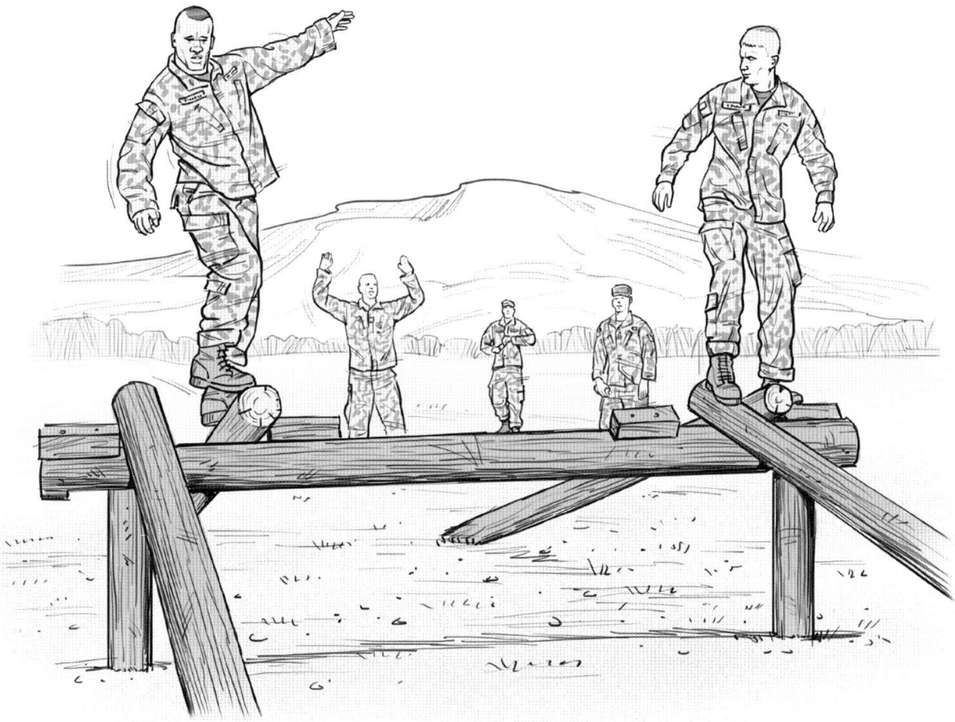

IM WETTBEWERB MITEINANDER

Hier wetteifern US-Rekruten darum, als Erster einen Hindernisparcours zu beenden. Die Aufgabe ist wichtig, denn jeder Rekrut muss den Parcours vollständig durchlaufen, um die Ausbildung zu bestehen. Dennoch werden die besten Rekruten dafür sorgen, dass auch ihre Teamkameraden erfolgreich durch den Parcours kommen. Manchmal verzichten sie dafür sogar darauf, als erster durch das Ziel zu gehen.

Routineaufgaben zu erledigen, während sie gleichzeitig Befehle buchstabengetreu ausführen müssen. Für Rekruten bei den Eliteeinheiten ist die Situation noch um einiges schlimmer, insbesondere, wenn man den Schlafentzug hinzurechnet. Während des berühmt-berüchtigten US Army Ranger School Trainings zum Beispiel bekommen die Soldaten über einen Zeitraum von mehreren Wochen durchschnittlich nur etwa drei bis vier Stunden Schlaf pro Nacht. Ein Ergebnis des Schlafmangels ist eine deutliche Abnahme der kognitiven Funktionen, so dass die Soldaten Schwierigkeiten haben, selbst einfachste Befehle zu verstehen und zu behalten.

Jeder Rekrut – sei es bei den Spezialeinheiten oder in einer normalen Einheit – muss die gnadenlose Disziplin während der Trainingsphase willkommen heißen anstatt sie zu fürchten. Die Ausbilder suchen nicht nur nach Leuten, die sich äußerlich leicht disziplinieren lassen, sondern vor allem nach solchen, die Selbstdisziplin zeigen. Es geht darum, sich selbst im Griff zu haben und ohne Druck von außen selbständig das zu tun, was richtig oder erforderlich ist. Deshalb ist ein selbstbewusster und reflektierter Rekrut nicht nur sklavischem Gehorsam verpflichtet, sondern beweist, dass er die Prinzipien des disziplinierten Verhaltens tief verinnerlicht hat. Das Glaubensbekenntnis der Ausbilder beim US Marine Corps erlaubt einen Einblick in die mentale Haltung der Drill Instructors und ihrer Ziele:

Diese Rekruten sind mir anvertraut. Ich werde sie nach bestem Wissen und Gewissen ausbilden. Ich werde sie zu straff disziplinierten, körperlich fitten Marines ausbilden, die in allem Wesentlichen geschult und umfassend mit der Liebe zum Corps und zu ihrem Land indoktriniert sind. Ich werde ihnen mit eigenem Beispiel vorangehen und die höchsten Maßstäbe an ihr persönliches Verhalten, ihre Moral und ihre professionellen Fähigkeit anlegen. US Marine Corps, *Drill Instructor's Creed*

Das Wort »indoktrinieren« klingt in zivilen Ohren vielleicht beunruhigend, weil es nach roboterhafter Programmierung klingt. Aber in Wirklichkeit wollen weder das Marine Corps noch andere moderne Streitkräfte Soldaten, die Automaten sind. Der letzte Satz des Bekenntnisses trifft den Kern der Sache eher. Er weist darauf hin, dass die Ausbilder junge Männer und Frauen erziehen wollen, die in allen Aspekten ihres Lebens Maßstäbe setzen.

Die folgenden Ratschläge von Soldaten, die den Prozess selbst durchlaufen haben, sind wertvoll, um das harte Ausbildungsregime im Trainingslager für Rekruten oder anderen Trainingslagern zu überstehen.

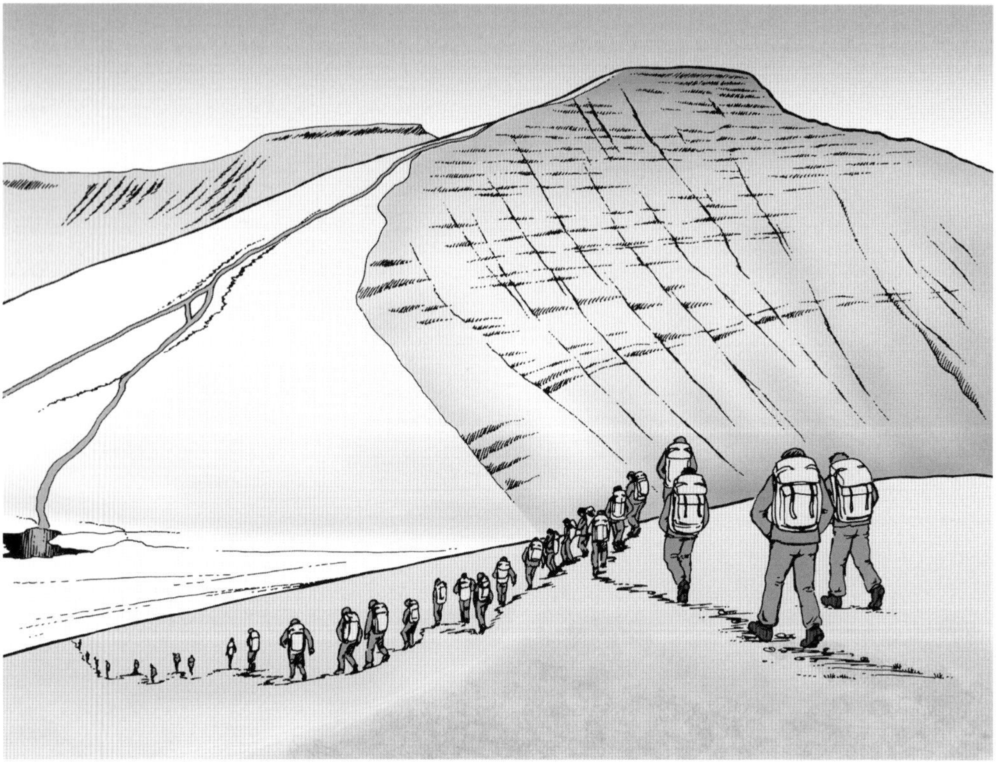

LEISTUNGSMARSCH

Ein Leistungsmarsch ist ein anspruchsvoller Ausdauertest, bei dem Rekruten einen kilometerlangen Marsch mit Gepäck und voller Ausrüstung absolvieren müssen. Das Tempo reicht von schnellem Gehen bis zu langsamem Laufen. Das kostet im Laufe der Stunden sehr viel Energie.

- Melden Sie sich nie freiwillig für irgendetwas, aber erfüllen Sie jeden Befehl so, dass es höchsten Ansprüchen genügt.
- Bleiben Sie während des Trainings immer hochkonzentriert. Überlegen Sie stets, wie ein Befehl am effizientesten zu erfüllen ist.
- Helfen Sie einander bei der Erfüllung Ihrer Pflichten, außer Sie haben andere Befehle. Machen Sie Disziplin zu einer kooperativen Teamaufgabe.
- Zeigen Sie sofort Enthusiasmus und Einsatz, wenn Sie einen Befehl erhalten. Jedes Zögern oder Anzeichen von mürrischer Laune wird nur noch mehr Bestrafung nach sich ziehen.
- Betrachten Sie das Training wie ein ernsthaftes Spiel – verlieren Sie Ihren Humor nicht und behalten Sie das große Ziel konzentriert im Auge – das Bestehen der Ausbildung.
- Nehmen Sie jeden Tag so wie er kommt und geben Sie immer Ihr Bestes.
- Ruhen Sie sich so oft wie möglich aus.

Aggression

Der Begriff Aggression wird in der heutigen Gesellschaft nicht gerne verwendet, weil stets das Bild eines stumpfsinnigen, gewalttätigen Menschen mitschwingt, dessen Emotionen außer Kontrolle sind. Eine moderne Armee hat aber für ein solches Individuum keine Verwendung. Seine unüberlegten Handlungen könnten für seine Kameraden den Tod bedeuten. Vielleicht würde er sogar Gräueltaten verüben, die ganze Divisionen in Verruf bringen. Das Militär fordert von seinen Soldaten kontrollierte Aggression – also die Fähig-

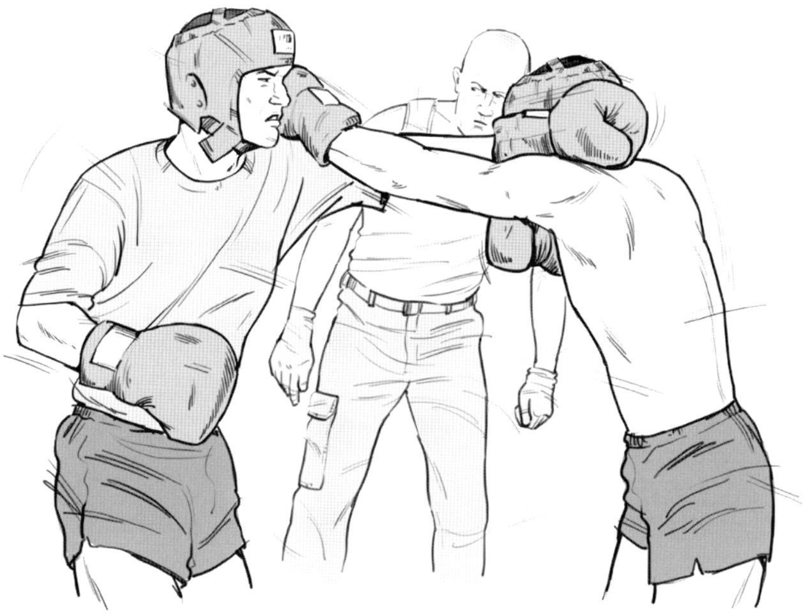

MILLING – BOXEN OHNE REGELN

Milling ist eine Form der Mutprobe, die vom britischen Fallschirmregiment und anderen Eliteeinheiten praktiziert wird. Sie besteht daraus, für eine Minute mit aller Kraft auf den Kopf eines Gegners einzuschlagen und umgekehrt dessen Schläge auszuhalten. Die anwesenden Ausbilder achten nicht auf die Boxtechnik, sondern nur darauf, ob die Kandidaten furchtlos sind.

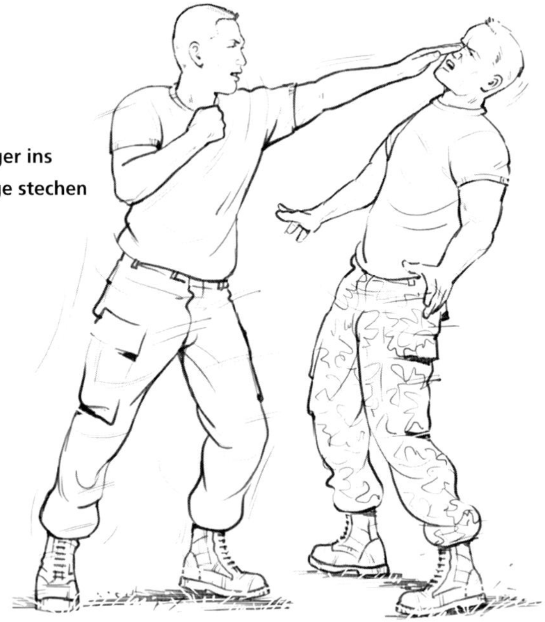

Finger ins Auge stechen

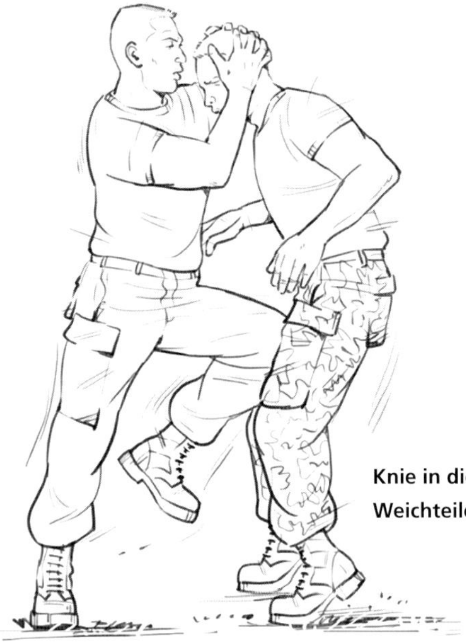

Knie in die Weichteile

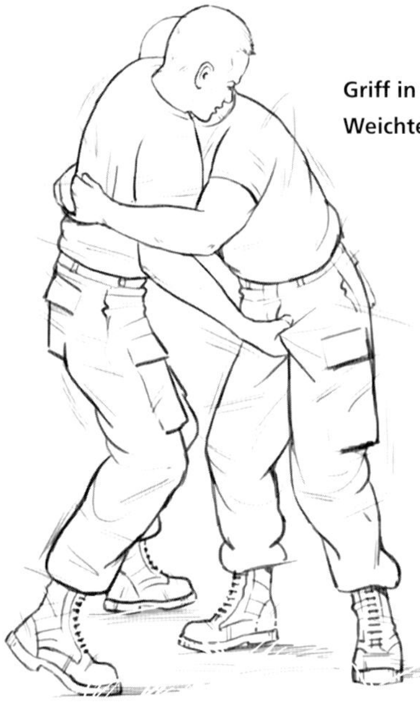

Griff in die Weichteile

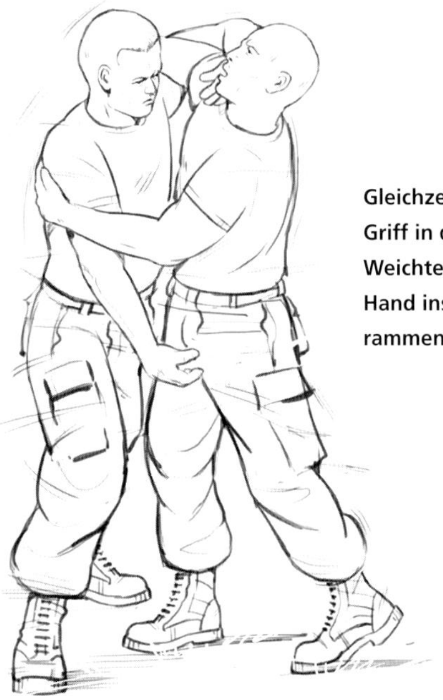

Gleichzeitig: Griff in die Weichteile – Hand ins Gesicht rammen

SCHMUTZIGE TRICKS BEIM NAHKAMPF OHNE WAFFEN

Der Nahkampf ohne Waffen ist eine Trainingseinheit, bei der sich die Soldaten in kontrollierter Aggression üben. Beides – die Aggression und die Kontrolle über sie – sind gleich wichtig. Der Soldat soll den Gegner zerstören oder kampfunfähig machen, doch zugleich sollen alle Aktionen so eindeutig klar und kontrolliert wie möglich sein.

keit, mit gezielter Gewalt gegen einen definierten Feind vorzugehen, ohne das Bewusstsein für taktische und operationelle Erfordernisse zu verlieren. Wenn Friedenssicherung die Aufgabe ist, müssen Soldaten in der Lage sein, innerhalb von Minuten von aggressivem Handeln auf vernunftgesteuerte Verhandlungen umzuschalten. Das ist für viele Soldaten, die gerade aus dem Teenager-Alter heraus sind, keine einfache Leistung.

Um kontrollierte Aggression aufzubauen, ist das Training im unbewaffneten Kampf ein Schlüsselelement. Dieses Training kann je nach Einheit und Nationalität stark brutale Züge annehmen. Das britische Fallschirmspringer-Regiment trainiert seine Rekruten mit dem sogenannten »Milling«. Das ist eine Art des Boxens, bei der zwei Rekruten für eine Minute mit aller Kraft auf den Kopf des jeweils anderen einschlagen. Es geht nicht darum zu zeigen, dass man boxen kann, sondern darum, ob man hartnäckig, aggressiv und hart im Nehmen ist, wenn man gleichzeitig Schläge ein- und Schmerzen wegstecken muss. Wenn ein Soldat Anzeichen von Schwäche zeigt, beginnt das Ganze wieder von vorne. In vielen anderen Eliteeinheiten schließt das Training im unbewaffneten Kampf unerwartete Angriffe auf die Rekruten durch die Ausbilder ein, um Mut und Standhaftigkeit der Soldaten zu testen. In den sowjetischen Speznas-Spezialeinheiten grenzen diese Übungen – so sagen die, die es absolviert haben – ans Lebensbedrohliche. Bei einigen Übungen wird ein einzelner Speznas-Rekrut von mehreren Angreifern gleichzeitig attackiert und muss eine Übungseinheit durchstehen, die häufig mit gebrochenen Knochen, Blutungen und Bewusstlosigkeit endet. Westliche Armeen scheuen sich vor solch übertrieben brutalen Methoden – zumindest offiziell. Trotzdem war gezielte Brutalität bis vor kurzem ein integraler Bestandteil des Trainings. Ein Artikel in The Tuscaloosa News vom 8. Januar 1973 warf ernsthafte Fragen über die Grausamkeiten im Training des US Marine Corps auf:

Wir haben Beweise dafür gesammelt, dass Rekruten bei den Marines getreten und geschlagen und mit Gewehrkolben zusammengeknüppelt wurden. Sie wurden gezwungen, Fußböden mit der Zunge zu

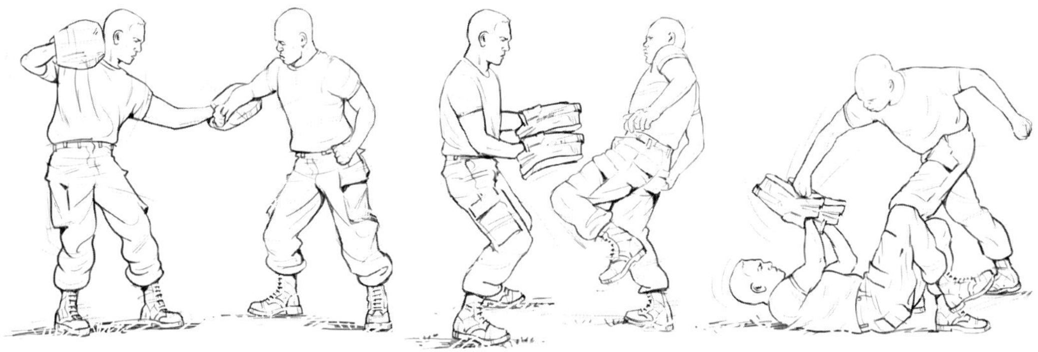

TRAINING MIT DER PRATZE (SCHLAGPOLSTER)

Schlagpolster (Pratzen) sind äußerst vielseitig einsetzbare Trainingsgeräte. Sie können sowohl für Knie- und Ellbogenschläge als auch Hiebe verwendet werden. Tritte können ebenfalls so trainiert werden, wenn auch nicht mit voller Stärke. Die Polster können auch in ungewöhnlichen oder schwierigen Situationen verwendet werden, zum Beispiel, wenn man vom Boden aus schlagen möchte oder auf einen am Boden liegenden Gegner einschlagen will.

säubern, stundenlang nackt vor einem Standspiegel zu stehen und andere, noch erniedrigendere Dinge zu ertragen. Mehrere Rekruten haben uns erzählt, dass sie gezwungen wurden, in Habacht-Stellung im Bett zu liegen und um Krieg zu beten.
Sprecher des Marine Corps bestätigten, dass das Training rau ist, bestritten aber, dass es barbarisch oder sadistisch ist. »Das Training muss einen Marine darauf vorbereiten, seine Mission unter den herausforderndsten Umständen im Kampfeinsatz zu erfüllen, aber es löscht nicht das moralische Empfinden oder die menschlichen Gefühle eines Individuums aus.« The Tuscaloosa News (8. Januar 1973)

Der Bericht führte weiter aus, dass das US Marine Corps in den fünf Jahren zuvor während des Kampfeinsatztrainings 63 Todesfälle zu verantworten hatte, während bei der Armee, die sieben Mal so viele Rekruten trainiert, nur 35 Soldaten während des Trainings starben.
Viele übertriebene Brutalitäten im Training sind in den letzten zwei Jahrzehnten in der westlichen Welt abgeschafft worden. US Marine Corps Ausbilder zum Beispiel sind von ihrer legendär fantasievoll-vulgären Ausdrucksweise abgerückt, mit der sie Rekruten beschimpft haben. Ein Blick auf die alten Zeiten ermöglicht die Eröffnungsszene in Stanley Kubricks Film »Full Metal Jacket« aus dem Jahr 1987, in der der ehemalige Marines-Ausbilder Ronald Lee Emery den Senior DI Gunnery Sergeant Hartman brillant verkörpert. Trotzdem sterben alte Traditionen nur langsam aus. Im November 2005 gab es einen öffentlichen Aufschrei in Großbritannien, als in einem Video zu sehen war, wie Soldaten der britischen Royal Marine Commandos einander nackt in einer Art Initiationsritus bekämpfen. An einer Stelle sieht man, wie ein Unteroffizier einem anderen Soldaten ins Gesicht tritt und dieser bewusstlos wird.

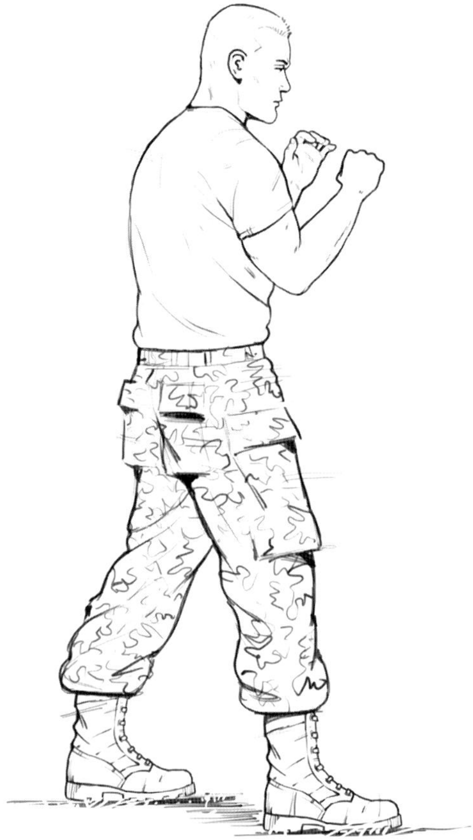

KAMPFGEIST

Das Trainieren der Kampfbereitschaft ist ein zentraler Teil der militärischen Ausbildung. Hier nimmt ein Soldat die Grundstellung ein, so dass sein Körper die optimale Haltung für einen Kampf ohne Waffen hat. Dieses Training vermittelt Selbstbewusstsein und kämpferische Fähigkeiten.

So ein Verhalten ist natürlich inakzeptabel. Trotzdem gibt es keinen Zweifel daran, dass Soldaten im Kampfeinsatz in der Lage sein müssen, Aggressionen freizusetzen. Viele müssen das während des Trainings erst lernen. Der unbewaffnete Kampf und hartes körperliches Training können über weite Strecken ihren Teil dazu beitragen. Hier lernt der Soldat, seinen Körper ohne zu zögern mit vollem Einsatz für einen bestimmten Zweck einzusetzen – und seinen Geist, der nicht

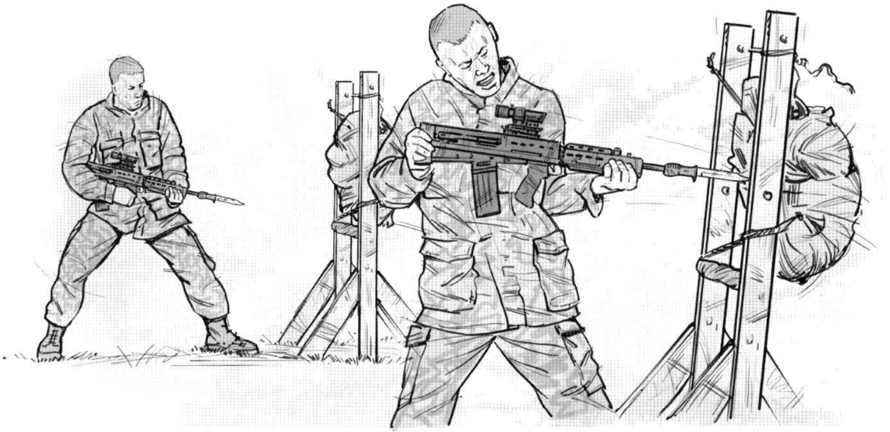

NAHKAMPFTRAINING MIT DEM BAJONETT

Obwohl das Bajonett in der modernen Kriegsführung kaum noch benutzt wird, spielt es im Training eine Rolle. Der aggressive Angriff mit dem Bajonett zeigt den unbedingten Willen, den Gegner auf kurzer Distanz zu attackieren, zu verletzen und letztlich zu besiegen. Ausbilder achten auf den unbedingten Willen hinter der Attacke – den bedingungslosen Wunsch, das Ziel zu zerstören, statt es nur zu verletzen.

Das Wesen des Nahkampfes mit dem Bajonett (1943)

Der Wille, den Gegner zu stellen und ihn im Nahkampf zu zerstören, ist das Wesen des Kampfes mit dem Bajonett. Er entsteht aus dem Selbstvertrauen, dem Mut und der wilden Entschlossenheit des Kämpfers und ist das Ergebnis rigorosen Trainings. Durch das Training wird der Kampfinstinkt des einzelnen Soldaten geweckt und bis zur Perfektion entwickelt. Der Wille, das Bajonett zu benutzen, entsteht, wenn der Soldat es mit Leichtigkeit zu handhaben beginnt und wächst proportional mit seinem zunehmenden Selbstbewusstsein. Wenn er sein körperliches Können perfektioniert und unerschütterliches Vertrauen in seine Waffe und deren Beherrschung hat, erreicht das Training das Wesen des Kampfes mit dem Bajonett – die wildentschlossene und unerbittliche Zerstörung des Feindes. Die entmutigende Furcht des Feindes vor dem Bajonett gesellt sich der zerstörerischen Kraft jeder Bombe, Artilleriegranate, Kugel und Handgranate hinzu, die den Angriff mit dem Bajonett unterstützt und ihr vorausgeht.

War Department, FM 23–25, *Bayonet* (7. September 1943), S.1

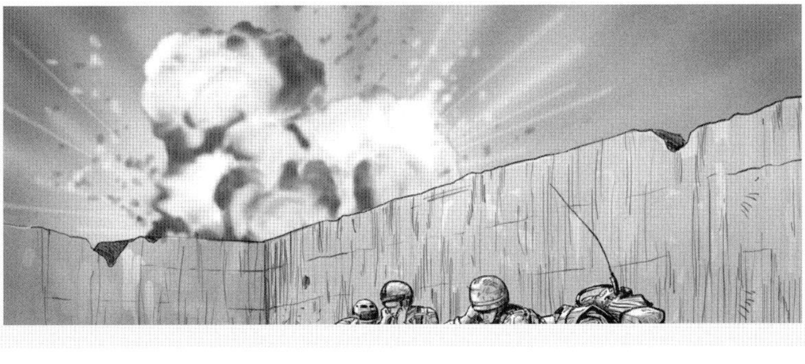

immer willig ist, zieht er mit. Um es ganz klar zu sagen: Das Training lehrt Männer und Frauen auch zu töten. Die Rechtfertigung gründet in einer einfachen Logik. Es ist eine Binsenweisheit, dass der Soldat oder seine Kameraden vom Feind getötet werden, wenn sie den Feind nicht zuerst töten. Appelle an den Patriotismus weisen außerdem darauf hin, dass das Töten einem hehren Zweck dient – zum Beispiel dem Schutz des Heimatlandes, der Verbreitung eines nachahmenswerten politischen Systems oder bestimmter Werte.

In einigen Nationen wurden im Laufe der Geschichte Soldaten mit kruden Vorstellungen über ihre Gegner indoktriniert. Gegner wurden als nicht-menschlich abgestempelt, ihre Zerstörung deshalb für gerechtfertigt und ohne moralische Bedenken für möglich, ja, sogar notwendig erklärt. Ungeheuerliche Beispiele dafür sind die schlimmsten Exzesse des Naziregimes im Zweiten Weltkrieg, als Osteuropäer und Juden von Hitler und seinen Helfershelfern als Untermenschen klassifiziert und millionenfach abgeschlachtet wurden. Zum Glück sind solche Beispiele unmenschlicher Vorurteile in modernen Armeen zumindest offiziell selten geworden. Trotzdem gibt es immer noch viele militärische Anführer, die den Soldaten gegenüber anklingen lassen, dass die Streitkräfte ihrer Nation denen anderer Nationen kämpferisch und intellektuell überlegen sind. Trotz allem ist es kein natürlicher Akt für ein menschliches Wesen, ein anderes menschliches Wesen zu töten. Soldaten also in die Lage zu versetzen, es effizient und mit geringen moralischen Bedenken zu tun, erfordert einiges an psychologischer »Neuverdrahtung«.

Das Töten trainieren

Eine bewährte Methode, den Geist des Kriegers in einem Soldaten zu wecken, besteht darin, seine Identifikation mit der kriegerischen Identität der Gruppe zu fördern. Von dem Moment an, in dem ein Rekrut die Grundausbildung beginnt, wird sein Leben von einheitlichen militärischen Werten und der Weltsicht eines Kriegers geprägt. Er ist umgeben von Waffen, Uniformen, gepanzerten Fahrzeugen, Marschierenden und militärischen Taktiken. Außerdem ist er von dem Wunsch beseelt, sich in einem Konflikt zu beweisen. (Der Wunsch junger Soldaten, in einem Krieg zu kämpfen, wird in der zivilen Welt häufig unterschätzt. Es ist nicht ungewöhnlich, dass Soldaten aus Enttäuschung weinen, wenn andere Einheiten in eine Kriegszone verlegt werden, sie selbst aber zuhause bleiben müssen.)

Das Ergebnis dieser Immersion in die militärische Welt ist, dass Soldaten sich letzten Endes mit den Gruppenwerten und militärischen Traditionen identifizieren und über ihre zivilen Werte eine Art mentale Rüstung legen. So sind sie in der Lage, mit außergewöhnlichem Einsatz zu kämpfen und auch zu töten. Psychologen haben herausgefunden, dass dies zum Teil mit dem bekannten Phänomen des Gruppenzwangs zu tun hat, der ein Individuum dazu bringt, seine Persönlichkeit der Gruppenidentität unterzuordnen. (Gruppenzwang ist eine Erklärung dafür, dass eigentlich besonnene Menschen plötzlich an einem Aufstand teilnehmen.) Der Hang zum Gruppenzwang muss von Offizieren unter Kontrolle gehalten werden, denn er ist vielfach der Auslöser für im Krieg verübte Gräueltaten (siehe nächstes Kapitel). Trotzdem dient er einem guten Zweck, wenn er Individuen dazu bringt, ihre natürliche Zurückhaltung aufzugeben, um mit großem Einsatz gemeinsam für ein Ziel zu kämpfen.

Ein weiteres Element des Aggressionstrainings ist das Training mit dem Bajonett, das sich viele Jahre für diesen Zweck bewährt hat. Denn hier übt der Soldat buchstäblich seine Verwandlung in eine wilde, grausame Persönlichkeit. (In der modernen Kriegsführung kommt das Kämpfen mit dem Bajonett so gut wie nicht mehr vor.

Eine bemerkenswerte Ausnahme fand am 14. Mai 2004 statt, als Soldaten der Argyll und Sutherland Highlanders in Al Amara im Irak eine Truppe irakischer Aufständischer angriff und etwa 28 Feinde im erbitterten Mann-zu-Mann Kampf töteten. Der Wert des Bajonett-Trainings liegt daher nicht in der praktischen Anwendung des Gelernten im Kampfeinsatz. Der Wert des Bajonett-Trainings besteht darin, dass es den Kampfgeist des Soldaten weckt. Es bringt ihn dazu, seine Menschlichkeit vorübergehend abzulegen und die schiere Brutalität zu erleben, die man braucht, um ein anderes menschliches Wesen in der direkten Konfrontation zu töten. Es spornt den Soldaten auch an, sich dem Feind aus nächster Nähe zu stellen. Das ist eine wichtige Fähigkeit, ohne die zum Beispiel die Sicherung von Gelände und Städten unmöglich ist.

Beim Bajonett-Training attackieren Soldaten normalerweise Sandsäcke, die menschliche Formen haben können, aber nicht müssen. Dabei stoßen sie laute Schreie aus und stechen die Klinge des Bajonetts tief in das Zielobjekt. Die Ausbilder ermutigen die Soldaten in der Vorstellung, dass sie auf einen Feind losstürmen, den sie ohne Mitleid töten. Die Ausbilder suchen Soldaten, die den Moment umarmen und das Rüstzeug für gezielte Gewalt mitbringen.

Automatische Reaktionen

Ein Aspekt des modernen Aggressionstrainings hat tatsächlich sehr wenig mit Emotionen zu tun. Es handelt sich um die einfache Praxis der Wiederholung. Unter Stress neigt das Gehirn dazu, auf instinktive, automatische Reaktionen zurückzugreifen statt auf solche, die von komplexen Gedankengängen gesteuert werden. Intensives, sich stets wiederholendes Training scheint auf den ersten Blick immer wieder das Gleiche zu sein. Aber durch dieses Training erlernt der Soldat eine Reihe von praktischen Reaktionen, die so in Fleisch und Blut übergehen, dass er im tatsächlichen Kampf nicht mehr über sie nachdenken muss, sondern einfach handeln kann. Es ist zum Beispiel lebenswichtig für Soldaten zu lernen, wie sie schnell und sicher von einer Deckung zur nächsten gelangen, wenn sie unter Beschuss sind. Ein Mantra, mit dessen Hilfe ihnen das richtige Vorgehen erleichtert wird, ist dieses: »Ich komm hoch, ich beweg mich, er sieht mich, runter.« Dieser Satz – im richtigen Tempo laut gesprochen – dient dem Soldaten als Richtschnur dafür, wie lange er sich ungeschützt bewegen kann, bevor der Feind ihn entdeckt und auf ihn schießt. Wenn der Soldat in der Grundausbildung diese Anweisung buchstäblich hunderte Male wiederholt und befolgt, dann wird sie ihm in Fleisch und Blut übergehen, so dass er sie im

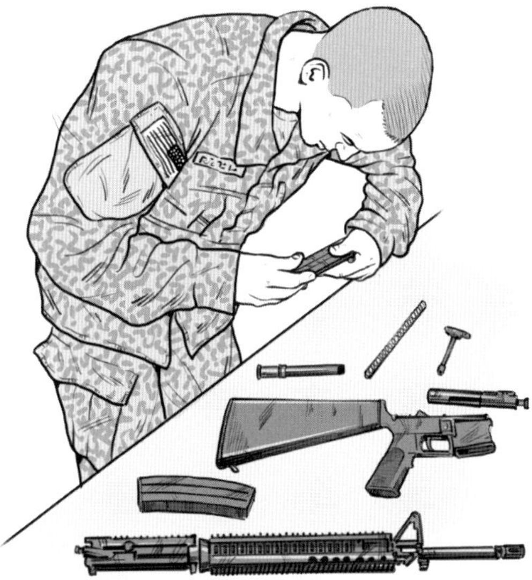

EINE WAFFE ZERLEGEN

Für einen Soldaten ist die detaillierte Kenntnis seiner Waffe entscheidend. Das schließt das Wissen darüber, wie sie funktioniert und instand zu halten ist, ein. Die Pflege und die Handhabung der Waffe sollten ihm zur zweiten Natur werden, fast so, als sei sie eines seiner Gliedmaßen.

Gefecht automatisch anwendet. Wenn um ihn herum die Geschosse einschlagen, wird das Training – hoffentlich – »übernehmen« (diesen Ausdruck benutzen Soldaten oft, wenn sie über das Verhältnis zwischen Training und tatsächlichem Kampfeinsatz sprechen) und ihm vernünftige und automatische Reaktionen vorgeben.

Das gleiche Prinzip gilt – in noch stärkerem Maße – auch für die Handhabung von Schusswaffen. Die Soldaten müssen tausende Schuss Munition auf ein sich immer wieder veränderndes Ziel abgeben. Die physische Beziehung zwischen dem Soldaten und seiner Waffe muss fast genauso natürlich und symbiotisch werden wie die Beziehung des Soldaten zu seinen eigenen Gliedmaßen. Der Akt, das Fadenkreuz auf eine menschliche Form zu richten und dann den Abzug zu betätigen, muss instinktiv erfolgen. Dann wird auch im Kampfeinsatz jeder Soldat an der Front seine Waffe abfeuern – und zwar treffsicher.

Realistisches Training

Man kann Soldaten zahlreiche logische Gründe präsentieren, die für einen Krieg sprechen. Das muss aber nicht heißen, dass der Soldat im Falle eines Einsatzes auch wirklich in der Lage sein wird zu kämpfen. Es ist eine ganz simple Tatsache, dass Krieg eine Überlastung aller Sinne mit sich bringt. Die massive Kampf-oder-Flucht-Reaktion, die dadurch ausgelöst wird, kann den motiviertesten Soldaten hilflos machen. Ein britischer Soldat, der am 6. Juni 1944 an der D-Day-Landung der Alliierten an den Stränden der Normandie beteiligt war, erzählte später einmal, wie schockiert er über das Verhalten seines Vorgesetzten war. Sein Sergeant, im Trainingslager in England ein furchteinflößender, kräftiger Mann, wurde plötzlich katatonisch und weinerlich, als er in Frankreich in richtige Kämpfe verwickelt wurde. Der Schock war einfach zu groß. In der Nachkriegszeit nach 1945 beschäftigten sich viele psychologische Stu-

Das Glaubensbekenntnis eines Schützen der US Marines

Dies ist mein Gewehr. Es gibt viele wie dieses, aber dieses ist meins. Mein Gewehr ist mein bester Freund. Es ist mein Leben. Ich muss es meistern, so wie ich mein Leben meistern muss.

Mein Gewehr ist ohne mich nutzlos. Ohne mein Gewehr bin ich nutzlos.

Ich muss mein Gewehr richtig abfeuern. Ich muss besser schießen als mein Feind, der versucht, mich zu töten. Ich muss ihn erschießen, bevor er mich erschießt. Das werde ich...

Mein Gewehr und ich wissen, was in diesem Krieg zählt. Es sind nicht die Patronen, die wir abschießen, das Geräusch unseres Feuerstoßes, noch der Rauch, den wir machen. Wir wissen, dass es die Treffer sind, die zählen. Wir werden treffen ...

Mein Gewehr ist menschlich, so wie ich, weil es mein Leben ist. Daher werde ich es kennenlernen wie einen Bruder. Ich werde seine Schwächen, seine Stärken, seine Bauteile, sein Zubehör, sein Visier und seinen Lauf kennenlernen. Ich werde mein Gewehr sauber und bereithalten, so wie auch ich sauber und bereit bin. Wir werden Teil voneinander werden. Das werden wir...

Diesen Schwur leiste ich vor Gott. Mein Gewehr und ich sind Verteidiger meines Landes. Wir sind die Meister meines Feindes. Wir sind die Retter meines Lebens.

So sei es, bis der Sieg Amerika gehört und bis es keinen Feind mehr gibt, sondern Frieden!

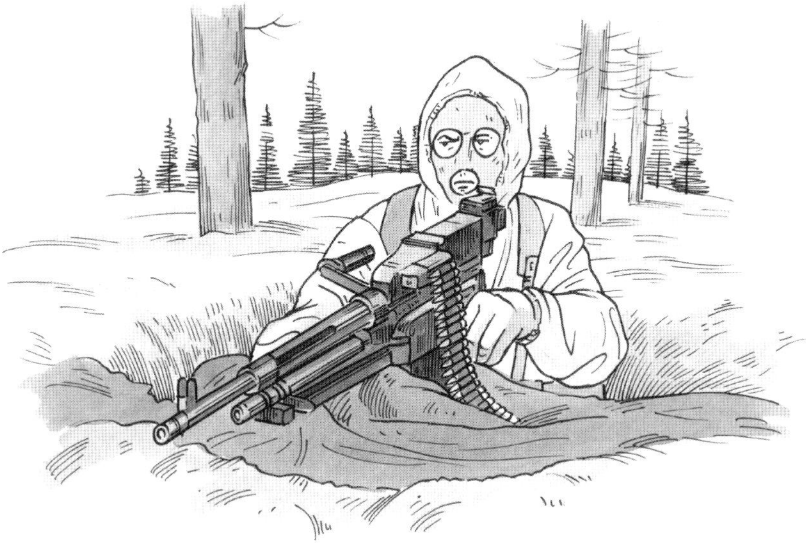

VERTEIDIGUNGSSTELLUNG

Eine Verteidigungsstellung über einen langen Zeitraum zu halten ist sowohl eine physische als auch eine mentale Herausforderung für einen Soldaten. Er muss trotz Langeweile und Umwelteinflüssen die ganze Zeit konzentriert und aufmerksam bleiben. Einheitsführer sollten regelmäßige Schichtwechsel einplanen, damit Wachposten nach einigen Stunden auf ihren Posten abgelöst werden.

dien mit der Frage, warum manche Soldaten kämpften, andere aber nicht. Einige der Schlussfolgerungen schockierten die militärische Führung. S.L.A. Marshalls Buch *Men against Fire: The Problem of Battle Command* von 1947 stellte fest, dass nur 15 % aller Soldaten der alliierten Truppen im Zweiten Weltkrieg ihre Waffen im Kampfgeschehen tatsächlich abfeuerten. Er fand deutliche Unterschiede in den Persönlichkeiten derer, die bereit waren, ihre Waffen abzufeuern (sie bezeichnete er als »Kämpfer«) und jenen, die nicht bereit waren zu schießen (sie bezeichnete er als »Nicht-Kämpfer«). Kämpfer eröffneten das Feuer normalerweise gleich zu Beginn des Kampfes und feuerten während des gesamten Gefechts. Nicht-Kämpfer hingegen eröffneten das Feuer wenn überhaupt nur in außergewöhnlichen Situationen. Marshall führte seine Forschungen in anderen Kriegsgebieten – hauptsächlich in Korea von 1950–53 – fort. Er fand heraus, dass hier mehr als 50 % aller Soldaten ihre Waffen abfeuerten. Er schloss daraus, dass militärische Führer auf das Problem aufmerksam geworden waren und deshalb ihre Männer besser auf die Gefechte vorbereitet hatten.

Obwohl es Unstimmigkeiten in Marshalls Forschungen gibt und sich viele Fragen ergeben, bleibt sein Buch dennoch aufschlussreich und stellt relativ ehrlich die Idee infrage, dass alle Soldaten natürliche Krieger sind. (Man muss allerdings berücksichtigen, dass die Armeen des Zweiten Weltkriegs hauptsächlich aus eingezogenen Wehrpflichtigen bestanden, nicht aus Berufssoldaten.) Marshall behauptete, dass nicht etwa die Angst vor dem Getötet-Werden die Hauptursache für die Verweigerung im Kampf war, sondern die Angst vor dem Töten. Die Angst vor dem Versagen stand an zweiter Stelle.

Mentale Lähmung

Während des Zweiten Weltkriegs und danach begannen Psychologen zu verstehen, dass die fast

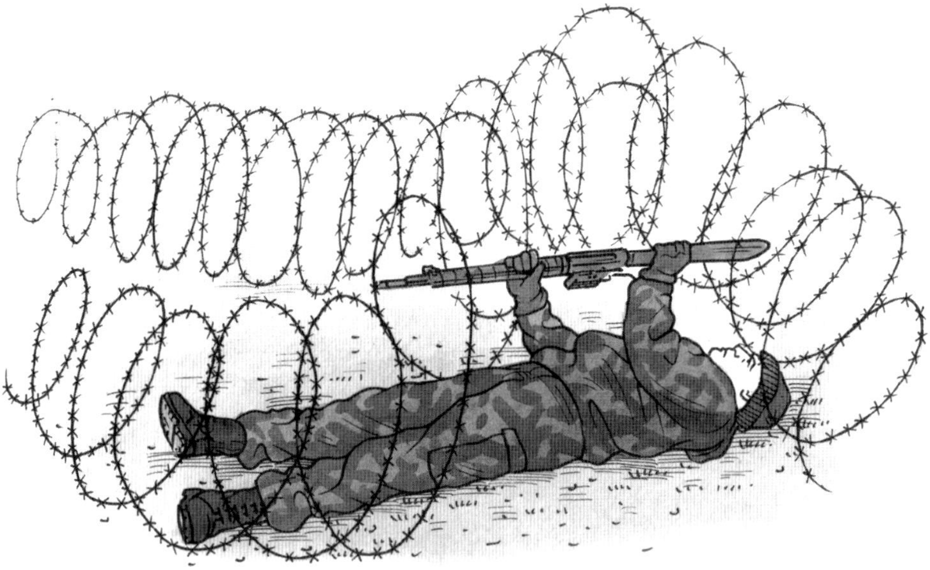

REALISTISCHES TRAINING AUF DER KAMPFBAHN

Das aktuelle militärische Ausbildungstraining ist sehr viel realistischer als in früheren Jahren. Studien, die während des Zweiten Weltkriegs durchgeführt wurden, haben gezeigt, dass ein Soldat eine umso bessere Leistung im echten Gefecht erbringt, je härter und realistischer sein Training war.

schon surreale Fremdartigkeit des Krieges und das damit verbundene Trauma zu mentaler Lähmung führen können. Militärische Führungskräfte erkannten, dass Soldaten bereits im Training möglichst realistische Kampferfahrung, sammeln sollten – allerdings ohne die damit einhergehenden tatsächlichen Gefahren. Wenn das Training so realistisch wie möglich gestaltet ist, wirkt es wie eine Art »Immmunisierung« oder buchstäbliche Kampf-Erprobung gegen die Erfahrungen eines echten Gefechts. In der sicheren Trainingsumgebung werden Soldaten mit allen Formen von Stress vertraut gemacht, die im Krieg auf sie zukommen, so dass sie in einem realen Kampfeinsatz trotz hoher Stresspegel noch funktionieren können. Die »Immunisierung« soll Soldaten nicht nur effizienter im Kampfeinsatz machen, sondern sie auch gegen PTBS schützen.

Wie schon im dritten Kapitel angesprochen ist das Gehirn mehr oder weniger ein riesiges Datenablagesystem. Macht ein Mensch eine neue Erfahrung, wird diese Erfahrung mit den bereits gespeicherten verglichen, um zu überprüfen, ob schon eine Handlungsvorgabe existiert. Je nachdem wie gut eine vorherige Datei zum neuen Erlebnis passt, versetzt sie den Menschen in die Lage, die neue Situation zu bewerten und entsprechend zu reagieren. Wenn es nur wenig gibt, was mit der neuen Erfahrung zu vergleichen ist, findet das Gehirn die ähnlichste Erfahrung und legt dann auf dieser Basis der Ereignisse eine neue Datei an. Kampfeinsätze sind aber von Natur aus so weit außerhalb des normalen menschlichen Erlebens, dass es keine vergleichbare Erfahrung gibt. Es scheint also zunächst so, als gebe es nur wenige Möglichkeiten, Soldaten auf dieses Erlebnis vorzubereiten. Hier kann die Immunisierung greifen. Im Kern lebt die Immunisierung davon, dass das Training für den Kampfeinsatz so realistisch wie menschenmöglich gestaltet wird, ohne tatsächlich jemanden zu verletzen oder töten. Rudimentäre Formen der Immunisie-

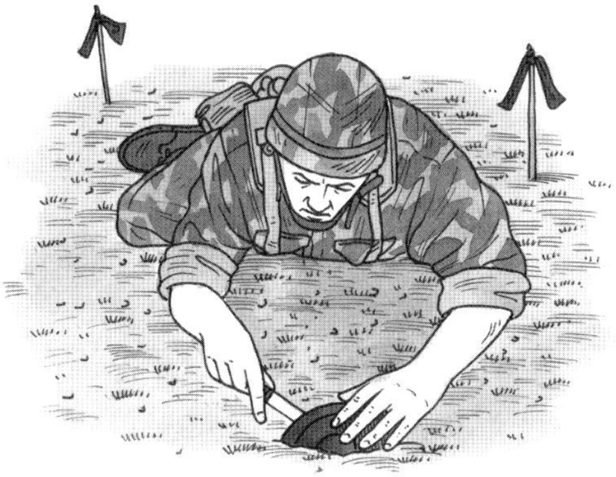

REALISTISCH TRAINIEREN

Hier räumt ein Soldat ein Minenfeld als Teil seines Trainings. Solche Übungen werden häufig unter zusätzlich stressigen Bedingungen durchgeführt. Dazu gehören nahe Explosionen, ein stetiger Strom gebrüllter Anweisungen und herbe Strafen für Fehler.

rung bestanden im Zweiten Weltkrieg aus Übungen, bei denen die Soldaten auf dem Bauch unter Stacheldraht entlang robben mussten, während über ihnen Maschinengewehrfeuer die Luft zerschnitt. Donner- und Blitzattrappen explodierten um sie herum, um die Bombardierung durch Granaten zumindest andeutungsweise zu simulieren. Das US Marine Corps präparierte zusätzlich den Boden mit stinkendem Abfall und rohem Fleisch, um die Erfahrung noch realistischer und blutiger zu gestalten.

Simulierter Kampf

Man muss bedenken, dass die Immunisierung nur erfolgreich sein kann, wenn die Gefahren so real wie möglich simuliert werden. Das be-

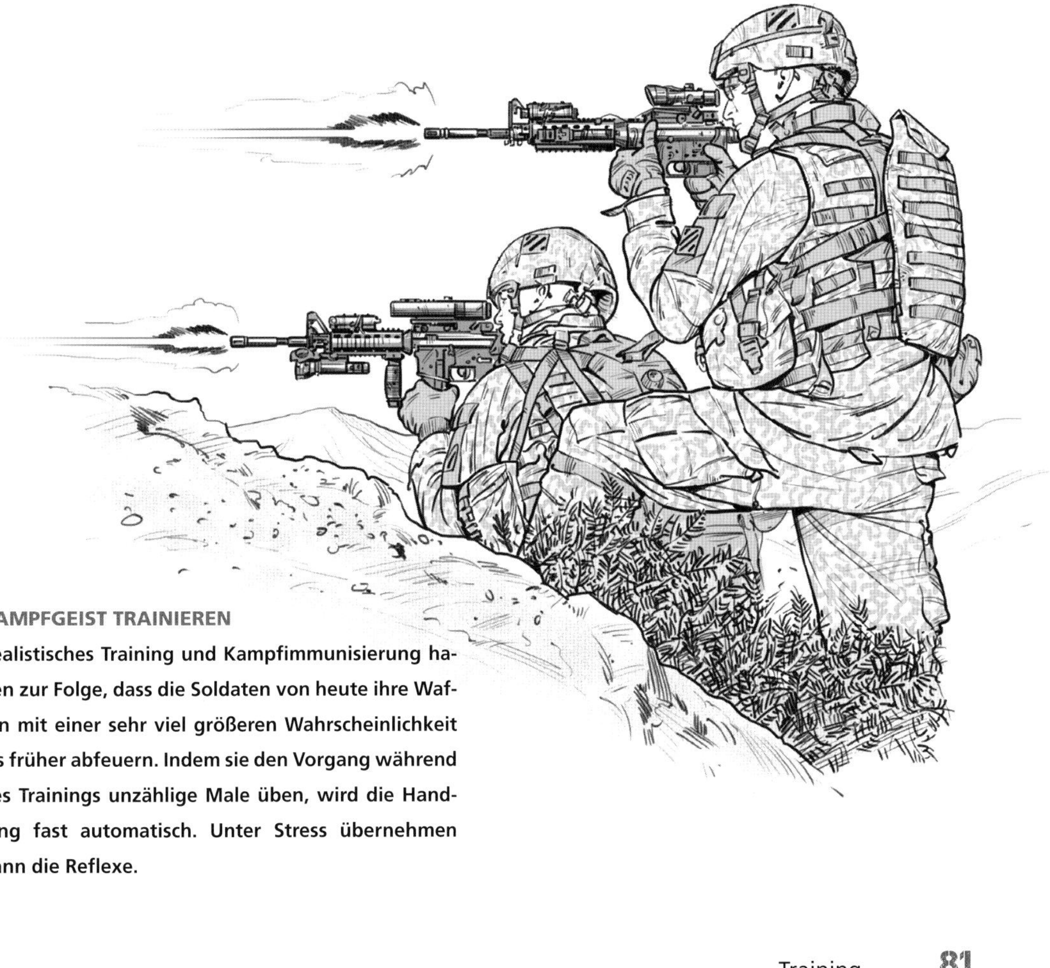

KAMPFGEIST TRAINIEREN

Realistisches Training und Kampfimmunisierung haben zur Folge, dass die Soldaten von heute ihre Waffen mit einer sehr viel größeren Wahrscheinlichkeit als früher abfeuern. Indem sie den Vorgang während des Trainings unzählige Male üben, wird die Handlung fast automatisch. Unter Stress übernehmen dann die Reflexe.

deutet, dass der Soldat möglichst echter Gefahr ausgesetzt werden muss. Kugeln, die nur wenige Zentimeter über seinen Kopf hinweg fliegen, stellen solch eine Gefahr dar. Denn nur, wenn die Gefahr real ist, kann der Soldat sich an den Adrenalinschub gewöhnen und lernen mit ihm umzugehen. Das Prinzip kann in jüngerer Zeit auch in Aktion beobachtet werden, wenn die britische SAS die Befreiung einer Geisel aus den Händen von Terroristen im sogenannten »Killing House« trainiert. Das »Killing House« ist das maßstabsgerecht aufgebaute Innere eines Hauses, das als Übungsort dient, wenn mit scharfer Munition geschossen wird. In einer Übung sitzt eine Geisel (ein unbewaffneter SAS Soldat) auf dem Boden und ist von seinen terroristischen Entführern umgeben (lebensgroße Pappfiguren). Das SAS Team stürmt den Raum mit atemberaubender Geschwindigkeit. Es benutzt Blendgranaten, um sich Zutritt zu verschaffen. Diese zünden einen grellen Blitz und verursachen einen lauten Knall, sind jedoch nicht tödlich. Der Lärm und der Rauch aber sind intensiv, der Raum ist anschließend stockdunkel. Diesen Moment der Verwirrung nutzt das Einsatzteam, um die Terroristen aus nächster Nähe mit kurzen Feuerstößen aus MP5 Maschinenpistolen unschädlich zu machen. Die Geisel muss unbeweglich sitzen bleiben, wenn sie nicht von einer der umherfliegenden Kugeln getroffen werden will. Für alle Beteiligten ist diese Übung fast so real wie ein wirklicher Kampfeinsatz, allerdings ohne den tatsächlichen Verlust von Menschenleben.

Diese Art der Immunisierung hat inzwischen ein Niveau erreicht, das vor 20 Jahren noch undenkbar gewesen ist. In den USA stellen private Unternehmen für Soldaten Übungsumgebungen als exakte Nachbauten der zurzeit aktuellen Kriegsschauplätze zur Verfügung. Hier müssen die Soldaten in einem Umfeld, das dem ähnelt, in das sie wahrscheinlich verlegt werden, mit Einheimischen umgehen, die nur die Landessprache sprechen (sie werden von entsprechenden Schauspielern dargestellt) und sich in und um Gebäude und Dörfer bewegen, die sorgfältig und gewissenhaft sowohl innen als auch außen den Behausungen vor Ort nachempfunden sind. Im simulierten Kampf explodieren riesige und betäubend laute Detonationen ohne Warnung, um IEDs, also Sprengfallen zu simulieren. Raketen, die über das Gebiet fliegen, simulieren russische RPGs (Panzerbüchsen). Der Gegner benutzt nur Waffen, die auch der tatsächliche Feind im Feld hat, so wie beispielsweise das rus-

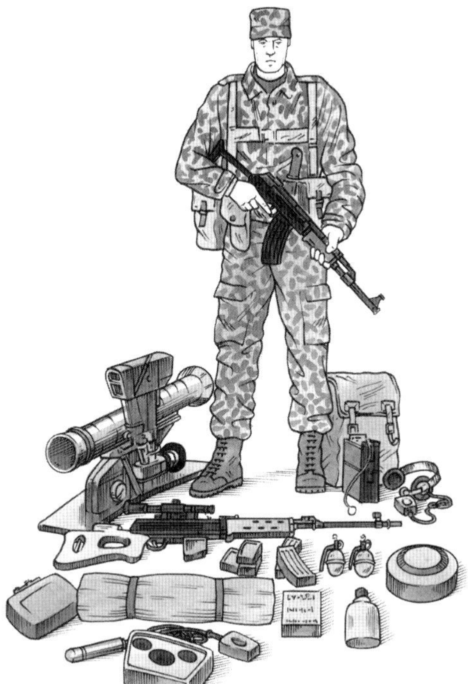

SPEZNAS-AUSRÜSTUNG

Die Speznas-Ausrüstung besteht aus einer Panzerfaust, Granaten, einem Scharfschützengewehr, Kommunikationsgeräten, Minen und Verpflegung. Ein Soldat braucht organisatorische Fähigkeiten und technisches Verständnis, um den geeigneten Ausrüstungsgegenstand zum richtigen Zeitpunkt korrekt einzusetzen.

sische Maschinengewehr AK47. Beide Seiten feuern entweder mit Platzpatronen oder Übungsmunition. Die Gewehre sind mit Lasersensoren auf den Uniformen der Soldaten gekoppelt. Wenn ein Soldat getroffen wird, wird der Treffer an der korrekten Stelle angezeigt. Im Gegensatz dazu handelt es sich bei der Übungsmunition um echte Munition, die eine akkurate ballistische Flugbahn bis zu einer Reichweite von etwa 50 Meter hat. Wenn ein Ziel getroffen wurde, hinterlässt die Munition eine sichtbare Farbmarkierung. Sie kann auch verletzen und hinterlässt dann schmerzhafte Hämatome. Diese eher geringe Verletzung trägt trotzdem zum Adrenalinausstoß und damit zum Immunisierungseffekt bei.

Ultrarealistisches Training

Die Entwicklung von zunehmend echt aussehender Theaterschminke in den letzten Jahren bietet den Unternehmen, die sich auf diese Art der Immunisierung spezialisiert haben, die Möglichkeit, Soldaten jetzt mit außerordentlich echt aussehenden Kriegsverletzungen zu konfrontieren. Die Palette reicht von Schussverletzungen bis zu vollen Amputationen. (Um die Szenarien noch realistischer zu machen, werden letztere häufig von Menschen dargestellt, die tatsächlich Gliedmaßen verloren haben.) Darüber hinaus kommen sogenannte »Cut-Suits« zum Einsatz. Dabei handelt es sich um Ganzkörperanzüge, die für chirurgische Eingriffe geöffnet werden können und den Blick auf echt aussehende Organe und Innereien freigeben. Sie erlauben es Feldärzten ihre im Einsatz benötigten medizinischen Fähigkeiten in ultrarealistischem Detailreichtum zu üben.

Für einen Soldaten ist es wichtig, dass er sich ohne Vorbehalte in das Immunisierungstraining begibt. Die Illusion, dass es sich um reale Ereignisse handelt, darf nicht durchbrochen werden. Indem er sich mit ganzem Einsatz in die Illusion begibt, kann er sich mental auf das vorbereiten, was ihn in einem echten Kampfeinsatz erwartet. Das wird seine Überlebenschancen dramatisch erhöhen.

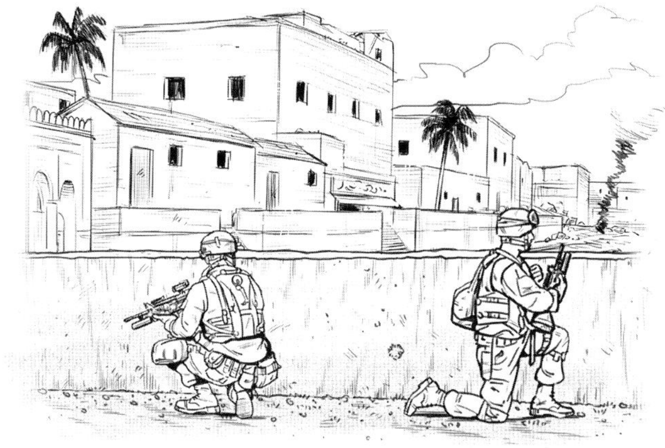

HÄUSERKAMPF

Der Häuserkampf ist das beste Beispiel für einen maximal chaotischen Konflikt. Sie sind hier mit feindlichen militärischen Kräften konfrontiert, die das Gelände und die Umgebung sehr viel besser kennen als Sie. Sie müssen außerdem berücksichtigen, dass es zu Kollateralschäden unter der zivilen Bevölkerung kommen kann. Zuletzt müssen Sie die moralisch komplexe Frage bedenken, wie Feinde von Freunden zu unterscheiden sind. Gute Kommunikation und klare Einsatzregeln sind hilfreich, um den richtigen Zeitpunkt für das Eingreifen zu bestimmen.

Die Ethik des Kriegers

Ein entscheidendes Paradoxon liegt dem militärischen Training zugrunde. Auf der einen Seite werden Soldaten so trainiert, dass sie extreme Gewalt anwenden und auch töten. Auf der anderen Seite erwartet das Militär von seinen Angehörigen, dass sie zu enormer Zurückhaltung, kultureller Sensibilität und sogar Mitleid fähig sind. Soldaten ohne diese Qualitäten stoßen die einheimische Bevölkerung vor den Kopf und treiben immer mehr freiwillige Rekruten in die Arme des Feindes. Noch wichtiger ist in diesem Zusammenhang die traurige Wahrheit, dass Soldaten, die die Empathie aus ihrem mentalen Vokabular streichen, größere Gefahr laufen, die Art von Gräueltaten zu verüben, die dunkle Schatten über eine ganze Mission werfen und sie in Misskredit bringen können. Aus diesem Grund wird in einer guten militärischen Ausbildung auch immer ethisches Verhalten mit der Einhaltung von Werten und Normen gefördert und gefordert, die die Soldaten dann als Botschafter ihres Landes und ihres Anliegens vertreten.

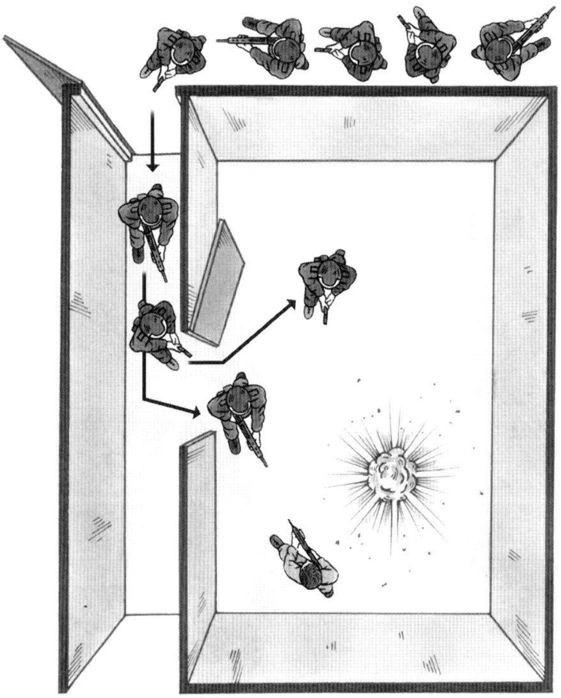

ERSTÜRMUNG EINES RAUMS

Ein Antiterror-Team der britischen Special Forces erstürmt einen Raum, indem es zunächst eine Blendgranate zündet und sich dann aggressiv Zutritt verschafft. Ständiges Training lässt die für einen solchen Angriff nötige Schnelligkeit in Fleisch und Blut übergehen.

In den zurückliegenden Jahren wurde in der britischen Armee viel über ein Konzept gültiger Werte und Normen beraten. Anschließend wurde das Konzept nach einer festgelegten Vorgehensweise unter den Soldaten verteilt. In diesem Sinne stellt das Papier *The Values and Standards of the British Army* (2008) fest, dass sich die Armee sowohl bei der Kriegsführung als auch bei der Friedenssicherung von moralischen Richtlinien leiten lässt:

> *Die Werte und Normen der Armee sind keine abstrakten Ideen und werden nicht nur durch die Anforderungen des Krieges bestimmt. Werte sind die moralischen Prinzipien, von denen wir uns leiten lassen – der immaterielle, nicht wirklich greifbare Charakter und Geist – die uns helfen, die Menschen zu werden, die wir sein sollten. Normen sind die verbindlichen Maßstäbe, die festlegen, wie wir uns verhalten sollten und an denen wir unser Verhalten messen und bewerten. Sie stimmen überein mit und spiegeln die moralischen Werte und ethischen Prinzipien, die die Grundlage jeder anständigen Gesellschaft sind. Es ist wichtig, sie in diesem größeren Zusammenhang zu erklären, denn es ist lebenswichtig, dass Soldaten diese Werte und Normen verstehen und in der Lage sind, sie in den komplexen Einsätzen von heute anzuwenden. Aus diesem Grund muss die Formulierung dieser Werte und Normen unbedingt mit einem entsprechenden und kontinuierlich beispielhaften Verhalten der Vorgesetzten aller Dienstgrade einhergehen. Unsere Werte und Normen haben immer und überall Gültigkeit – sei es im Einsatz, in den Unterkünften, privat zuhause oder täglich nach Dienstende.* British Army, *Values and Standards of the British Army* (2008)

In der zitierten Passage sind Werte und Normen in der Armee wichtig und gehören zusammen. Die Normen sind die konkreten Verhaltensmaßregeln, anhand derer sich die Werte der Truppe nach innen und außen zeigen. Einer der wichtigsten Punkte des Papiers bezieht sich auf die Rolle der militärischen Vorgesetzten, deren Verhalten als überragend wichtig für die Verbreitung verbindlicher Werte und Normen bewertet wird. Sie müssen mit kontinuierlich beispielhaftem Verhalten vorangehen.

Die Bedeutung dieses Punktes wird weiter untermauert, wenn man weiß, dass es bei vielen Vorfällen, bei denen Soldaten Gräueltaten begehen, eine Gemeinsamkeit gibt: eine schwache Führung. Wenn Soldaten zu ihren Vorgesetzten aufschauen, weil sie das Ideal der militärischen Werte und Normen verkörpern, dann ist die Wahrscheinlichkeit groß, dass sie diesem Beispiel nacheifern wollen. Ähnlich wie große Unternehmen im zivilen Leben haben auch Militäreinheiten eine gemeinsame interne Kultur, die sich von der Führungsspitze bis in die unteren Ränge fortsetzt.

Wenn man nach einem Beispiel für vorbildliches Führungsverhalten im Kampfeinsatz sucht, kann man kaum ein besseres finden als die Rede von Lieutenant Colonel Tim Collins vom 1st Battalion, Royal Irish Regiment, British Army. Er hielt sie am 19. März 2003 in Kuwait vor seinen Männern und Frauen am Vorabend der Invasion des Irak. Seine Rede wurde für ihre kriegerische Haltung berühmt, aber mehr noch für die ihr innewohnende Menschlichkeit. Das zeigt der folgende Auszug:

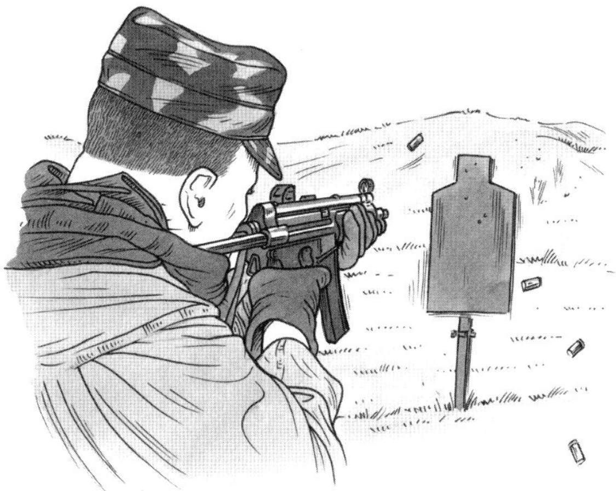

SCHNELLE REAKTIONSFÄHIGKEIT

Die Aufgabe, während einer Schnellfeuer-Übung blitzschnell zwischen feindlichen und zivilen Zielen zu unterscheiden, trainiert die Reaktionsfähigkeit der Soldaten. Das Schießen soll so zur zweiten Natur werden.

Verpflichtung (1898)

Meine Herren, Sie haben nun den Scheidepunkt erreicht. Wenn einer von Ihnen es nicht ernst meint, dann muss er es jetzt sagen. In einer Stunde schon ist es zu spät, um einen Rückzieher zu machen. Wenn Sie erst einmal dabei sind, gibt es kein Zurück. Sie müssen jeden Dienst, der Ihnen übertragen wird, ohne Zögern ausführen, unabhängig von den Schwierigkeiten oder der Gefahr, die damit einhergeht. Sind Sie zum Wachdienst in der Garnison eingeteilt, müssen Sie ihn erledigen. Wenn ein Fieber Sie schwächt, müssen Sie bereit sein. Wenn es der Nahkampf ist, müssen Sie begierig darauf sein. Sie müssen reiten und schießen können und wissen, wie man im Freien lebt. Absoluter Gehorsam gegenüber jedem Befehl ist Ihre erste Lektion. Egal was kommt – Sie dürfen nicht kneifen. Denken Sie darüber nach – Sie alle. Wenn jemand einen Rückzieher machen will – wir werden ihn gerne gehen lassen. Denn andere stehen bereit, um seinen Platz einzunehmen.

Theodore Roosevelt, *Remarks to Recruits*, 1898

Der Feind sollte nicht daran zweifeln, dass wir seine Nemesis sind und seine rechtmäßige Zerstörung herbeiführen werden. Es gibt viele Kommandeure in der Region, die Flecken auf ihrer Seele haben und die die Feuer der Hölle im Auftrag von Saddam schüren. Er und seine Truppen werden für das, was sie getan haben, von dieser Koalition zerstört werden. Im Sterben werden sie wissen, dass ihre eigenen Taten sie an diesen Punkt gebracht haben. Zeigt ihnen kein Erbarmen.

Es ist ein großer Schritt, einem anderen Menschen das Leben zu nehmen. Es darf nicht leichtfertig geschehen. Ich kenne Männer, die in anderen Konflikten ohne Not Leben ausgelöscht haben. Ich kann Euch versichern, dass sie für den Rest Ihres Lebens mit dem Kainsmal gezeichnet sind. Wenn sich jemand ergibt, dann denkt daran, dass sie nach internationalem Recht dieses Recht haben und sorgt dafür, dass sie eines Tages zu ihrer Familie zurückkehren.

Diejenigen aber, die kämpfen wollen, nun, es ist unser Bestreben, alle zufriedenzustellen.

Wenn ihr dem Regiment oder seiner Geschichte durch übereifriges Töten oder durch Feigheit schadet, denkt daran, dass Eure Familien darunter leiden werden. Ihr werdet gemieden werden, wenn euer Verhalten nicht den höchsten Ansprüchen genügt, denn eure Taten werden euch folgen und von der Geschichte nicht vergessen werden. Wir werden weder über unsere Uniform noch unsere Nation Schande bringen.

Das mächtige Kernstück dieses Auszugs ist Collins' Warnung gegen unnötige Gewalt. Er betont diesen Punkt nicht nur aus einer moralischen Perspektive, sondern auch aus einer psy-

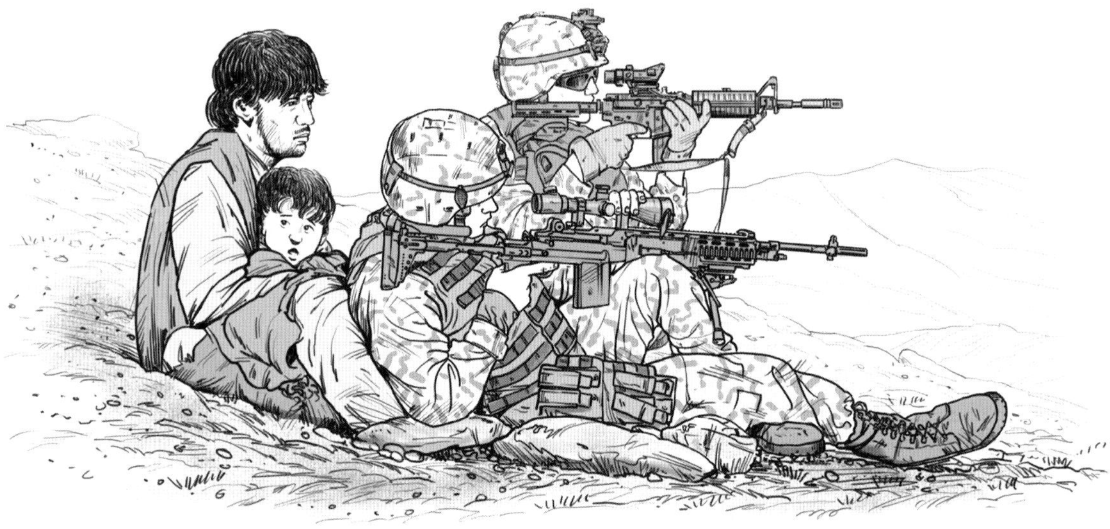

SCHUTZ VON ZIVILISTEN

Hier schützen US Soldaten Zivilisten mit dem eigenen Körper, um sie bei einem Angriff zu verteidigen. Sie zeigen so beispielhaft ihre ultimative Verpflichtung gegenüber Ihrem Land und den Werten, die sie repräsentieren.

Militärische Tugenden

Die militärischen Tugenden sind keine Klasse für sich, sondern »Tugenden, die quer durch alle Gesellschaftsschichten Tugenden sind … aber doch Tugenden, die wie Juwelen eine Fassung haben, eine Fassung aus Blut und Eisen.« Zu diesen Tugenden gehören Qualitäten wie Tapferkeit, seelische Stärke und Loyalität. In einem militärischen Zusammenhang muss in Bezug auf diese Tugenden bedacht werden, dass sie nicht nur eine moralische Bedeutung, sondern auch einen Zweck haben. Die entscheidende Aufgabe einer bewaffneten Streitkraft ist der Kampf im Gefecht. Ist auf beiden Seiten die Waffentechnik gleich hoch entwickelt, wird dennoch normalerweise die Seite gewinnen, auf der die genannten Qualitäten höher ausgeprägt sind. Das gilt selbst dann, wenn der Gegner stärker ist, aber weniger von diesen Qualitäten vorweisen kann. Man will natürlich hoffen, dass diese Tugenden sich quer durch alle Gesellschaftsschichten ziehen, zumal sie mit großem erzieherischem Aufwand als erstrebenswert vermittelt werden. Im militärischen Berufsstand aber sind sie unverzichtbar für das erfolgreiche Funktionieren. Die ganze Struktur im Leben eines Soldaten – das Training, die Dienststrukturen – ist bewusst so aufgebaut, dass diese Tugenden gefördert werden und dies nicht nur, weil sie moralisch erstrebenswert sind, sondern weil sie zur militärischen Effizienz beitragen.
Lt. Gen Sir John Hackett, *The Profession of Arms*, *The 1962 Lees Knowles Lectures*

chologischen. Diejenigen, die die gezogene Grenze überschreiten, werden für den Rest ihres Lebens von ihren Taten mental und sozial verfolgt werden. Darüber hinaus können solche Taten Schande über die Familie und die Einheit des Soldaten bringen. Dieser Appell an die nötige Zurückhaltung hat sein Gegengewicht allerdings in der Bestätigung, dass die Soldaten kämpfen und töten müssen, wenn es notwendig ist. Die Schlussfolgerung, die die Soldaten aus dieser Rede ziehen sollen, ist eindeutig: diejenigen, die um Gnade bitten, sollen sie erhalten, während diejenigen, die Widerstand leisten, zerstört werden.

Das Papier *The Values and Standards of the British Army* zählt die folgenden Qualitäten in jeder Kategorie auf. Abgekürzt handelt es sich um:

Werte:

- Selbstlosigkeit
- Einsatz
- Mut
- Disziplin
- Rechtschaffenheit
- Loyalität
- Respekt für andere

Normen

- Gesetzeskonformes, angemessenes Verhalten
- Absolute Professionalität
- Anwendung der Werte und Normen im Training, in Führungsfunktionen etc.
- Mögliche Disziplinarmaßnahmen (Service Test)

Die hier genannten Verhaltensmaßregeln ähneln denen, die die militärische Führung anderer Berufsarmeen auch vorgibt. Wie alle Lebensphilosophien muss auch diese täglich praktiziert werden, damit sie dem einzelnen Soldaten zur zweiten Natur wird. Der Vorteil solcher Regeln ist, dass der Soldat die Notwendigkeit für Gewaltausübung in einen größeren Zusammenhang stellen und so die grundsätzliche Ehrenhaftigkeit des Dienstes an der Waffe für sich bewahren kann. Jeder Soldat muss diese Werte und Normen verinnerlichen, weil er sie für richtig hält und nicht etwa, weil er Angst vor Bestrafung hat. Das macht das Dokument der British Army ebenfalls klar:

Wo das Endresultat nicht monetärer Gewinn oder Verlust, sondern der Tod oder die Verstümmelung von Menschen einschließlich Kameraden ist, müssen alle Soldaten verstehen, dass sie sich auf eine bestimmte Art und Weise verhalten müssen, statt einfach blind den Regeln zu folgen. Werte und Normen können aufgezwungen und mit Hilfe disziplinarischer Maßnahmen durchgesetzt werden. Es ist aber die Selbstdisziplin, die Soldaten aller Dienstgrade dazu ermutigt, sich an die Werte und Normen zu halten, weil sie den diesem Verhalten innewohnenden Wert selbst erkennen.

Die Förderung solch reifer und umsichtiger Individuen ist das Ziel jedes guten militärischen Trainings und sollte die gesamte militärische Karriere begleiten.

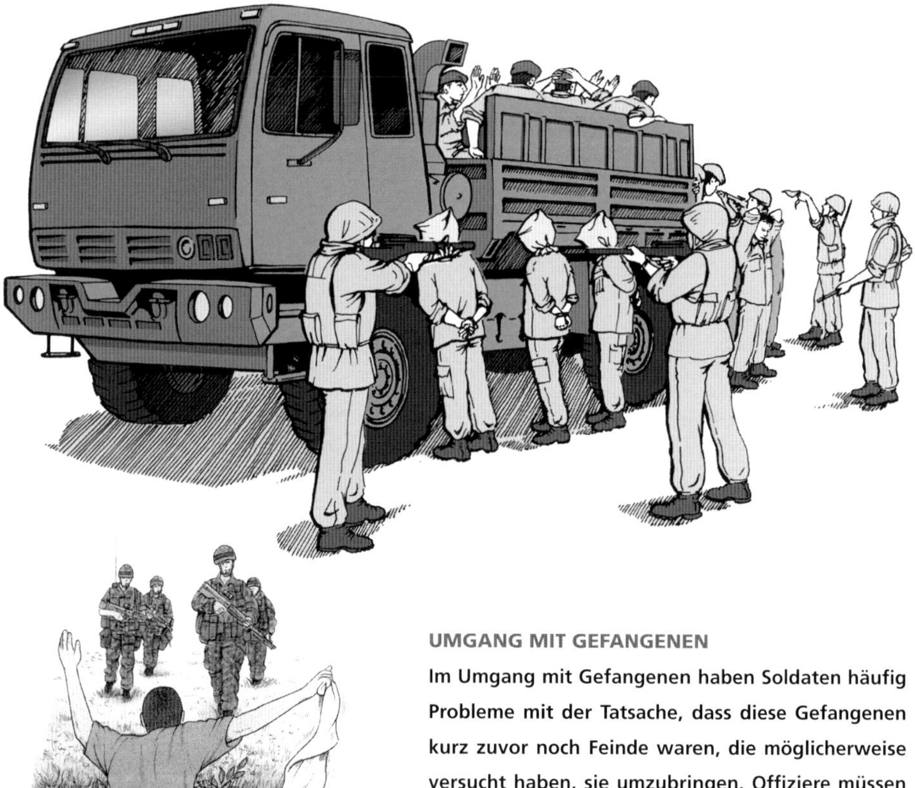

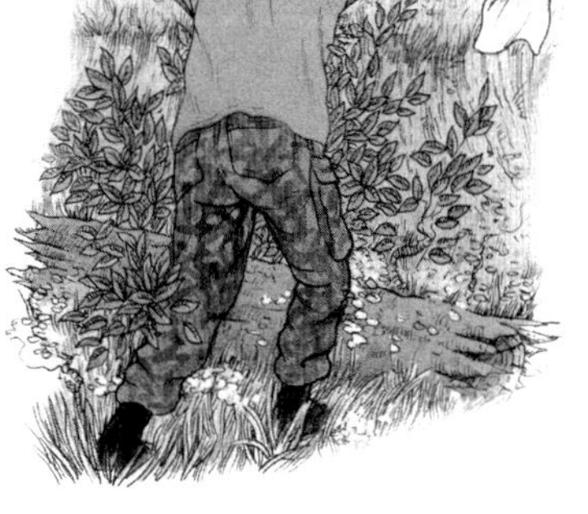

UMGANG MIT GEFANGENEN

Im Umgang mit Gefangenen haben Soldaten häufig Probleme mit der Tatsache, dass diese Gefangenen kurz zuvor noch Feinde waren, die möglicherweise versucht haben, sie umzubringen. Offiziere müssen in dieser Situation, wenn die Stimmung noch sehr angespannt ist, die Kontrolle übernehmen und jedem Soldaten der Einheit klare Anweisungen hinsichtlich des Umgangs mit den Gefangenen geben.

5 DEN GEGNER BESIEGEN

In Gefechtssituationen muss der Soldat mental stets vollkommen fokussiert sein, selbst dann noch, wenn das Adrenalin droht zu übernehmen.

Der bewaffnete Kampf ist ohne Zweifel eine der größten emotionalen Herausforderungen, mit denen ein Mensch konfrontiert werden kann. Ein Soldat muss sich aber trotz der unumgänglichen Konfrontation mit dem Tod und den gewalterfüllten Eindrücken des Krieges völlig auf den Ausgang der Mission und sein Überleben konzentrieren, statt angesichts des gewaltigen Drucks mental abzuschalten. Die tatsächliche Kampferfahrung ist – anders als in vielen Hollywoodfilmen dargestellt – ein ungeheuer chaotisches Erlebnis. Eine der besten Studien zu diesem Thema und zu der Praxis von Kriegsführung im Allgemeinen ist das dünne Büchlein *Warfighting* (Kriegsführung) von General A. M. Gray, Kommandeur des US Marine Corps von 1987–1991. *Warfighting* ist ein nachdenkliches Werk sowohl über das Wesen des Gefechts als auch über die Herausforderungen, denen sich Armeen gegenübersehen, die den Feind bezwungen haben. Ein Schlüsselbegriff, der im Laufe des Buches immer wieder vorkommt, ist der Begriff Friktion. Damit sind die Reibungsverluste gemeint, die durch den Kampf zwischen Gegnern entstehen – eine Mischung aus Verzögerungen, Trägheit und Missverständnissen. Gray definiert Friktion folgendermaßen:

Eigentlich scheint Krieg also ein einfaches Unterfangen zu sein. Aber in der Praxis ist die Kriegsführung ein schwieriges Unternehmen, weil unzählige Faktoren Einfluss auf den Verlauf nehmen. Diese Faktoren wurden unter dem Begriff Friktion zusammengefasst, die Clausewitz so beschrieb:

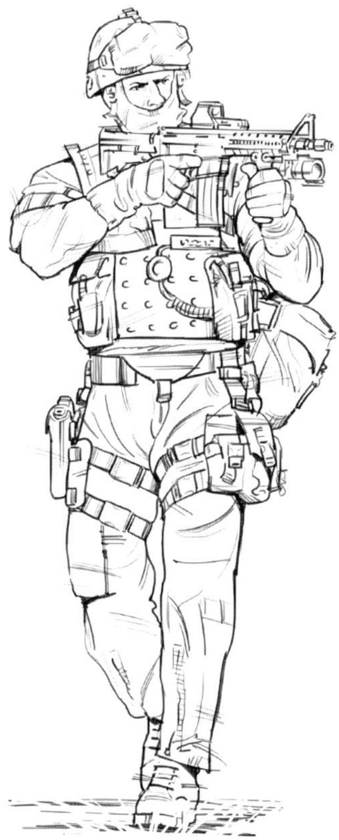

FOKUSSIERT INS GEFECHT

Wer eine klare Vorstellung von seiner Mission hat, kann fokussiert ins Gefecht ziehen. Offiziere und Unteroffiziere sollten die Soldaten glasklar über die Ziele aufklären und der Soldat selbst muss die volle Verantwortung für seinen Teil der Mission übernehmen.

Es ist alles im Kriege sehr einfach, aber das Einfachste ist schwierig. Friktion ist die Kraft, die sich jeder Planung widersetzt. Sie macht das Einfache schwierig und das Schwierige scheinbar unmöglich. Das eigentliche Wesen des Krieges, also der Zusammenstoß zwischen diametral entgegengesetzten Zielen, sorgt für Reibung. Man darf niemals aus den Augen verlieren, dass der Gegner kein lebloses Objekt ist, sondern eine unabhängige und sehr lebendige Kraft. Der Feind will sich unserem Willen widersetzen und uns seinen eigenen Willen aufzwingen. Es ist das dynamische Wechselspiel zwischen seinem und unserem Willen, das den Krieg schwierig und komplex macht. Unter diesen Umständen entsteht Friktion in Hülle und Fülle.

MCDP 1, *Warfighting,* S.5

Grays Hinweis auf den »unabhängigen und sehr lebendigen Feind« ist entscheidend. Da es im Krieg um so viel geht, wird der Feind selbstverständlich alle seine Ressourcen, seine Technologie, seine Feuerkraft, seine Intelligenz und seinen Kampfgeist aktivieren, um die Versuche ihn zu bezwingen zu vereiteln. Unter solchen Umständen können klares Denken und emotionale Kontrolle den Ausschlag geben und über Sieg oder Niederlage entscheiden. Das gilt umso mehr, wenn Verwirrung und mentales Chaos in die gegnerischen Reihen getragen werden können.

Dieses Kapitel beschäftigt sich daher mit der Frage, wie man mit der Friktion im Gefecht umgeht. Genauer gesagt werden wir uns mit den psychologischen Aspekten des Kampfeinsatzes beschäftigen, die von der Selbstkontrolle bis zur Kontrolle der Reaktionen des Feindes auf bestimmte Maßnahmen reichen.

Wir werden außerdem der düsteren Frage nachgehen, was es braucht, um jemanden zu töten und wie man damit umgeht, dass das von einem verlangt wird. Letztlich soll betrachtet werden, wie man verhindert, dass das für ein Kriegsziel autorisierte Töten in Gräueltaten und Unmenschlichkeit umkippt.

Tapferkeit

Unabhängig davon wie qualifiziert und kompetent sie sind – fast alle Soldaten geben zu, dass sie bei der Aussicht auf einen Kampfeinsatz Furcht empfinden, selbst wenn sie gleichzeitig euphorisch sind. (Der unverwüstliche US Army Kommandeur General H. Norman Schwarzkopf bemerkte einmal: »*Ich hatte in jedem Krieg, an dem ich teilgenommen habe, Angst.*«) Diese Furcht ist typischerweise eine Mischung aus der Sorge vor Tod oder Verwundung, die sich mit der Furcht vor einem mentalen Zusammenbruch verbindet. Dieser könnte nämlich dazu führen, dass man seine Kameraden im Stich lässt oder – noch schlimmer – dafür verantwortlich ist, dass einige von ihnen getötet werden. Wie wir an anderer Stelle in diesem Buch feststellen (siehe Kapitel 7), kann Furcht einen tiefgreifenden Effekt darauf haben, ob ein Soldat funktioniert. Zunächst einmal löst Furcht eine ganze Reihe von physiologischen Reaktionen im Körper aus. Sie können den Soldaten von der Situation um ihn herum ablenken und seine Fähigkeit zur klaren Beurteilung der Lage drastisch einschränken. Die größte Gefahr, die von Furcht in einem Kampfeinsatz ausgeht, ist aber, dass sie dem Gegner erlaubt, das Tempo und damit die Entwicklung der Mission zu diktieren. Außerdem kann jeder militärische Führer bestätigen, dass Furcht hochgradig ansteckend ist. Schon der Anblick eines einzigen Mannes, der unter dem Druck zusammenbricht, ruft wahrscheinlich mitfühlende Reaktionen bei den anderen in seiner Nähe hervor. Deshalb werden Soldaten mit ernsthaften psychologischen Problemen meis-

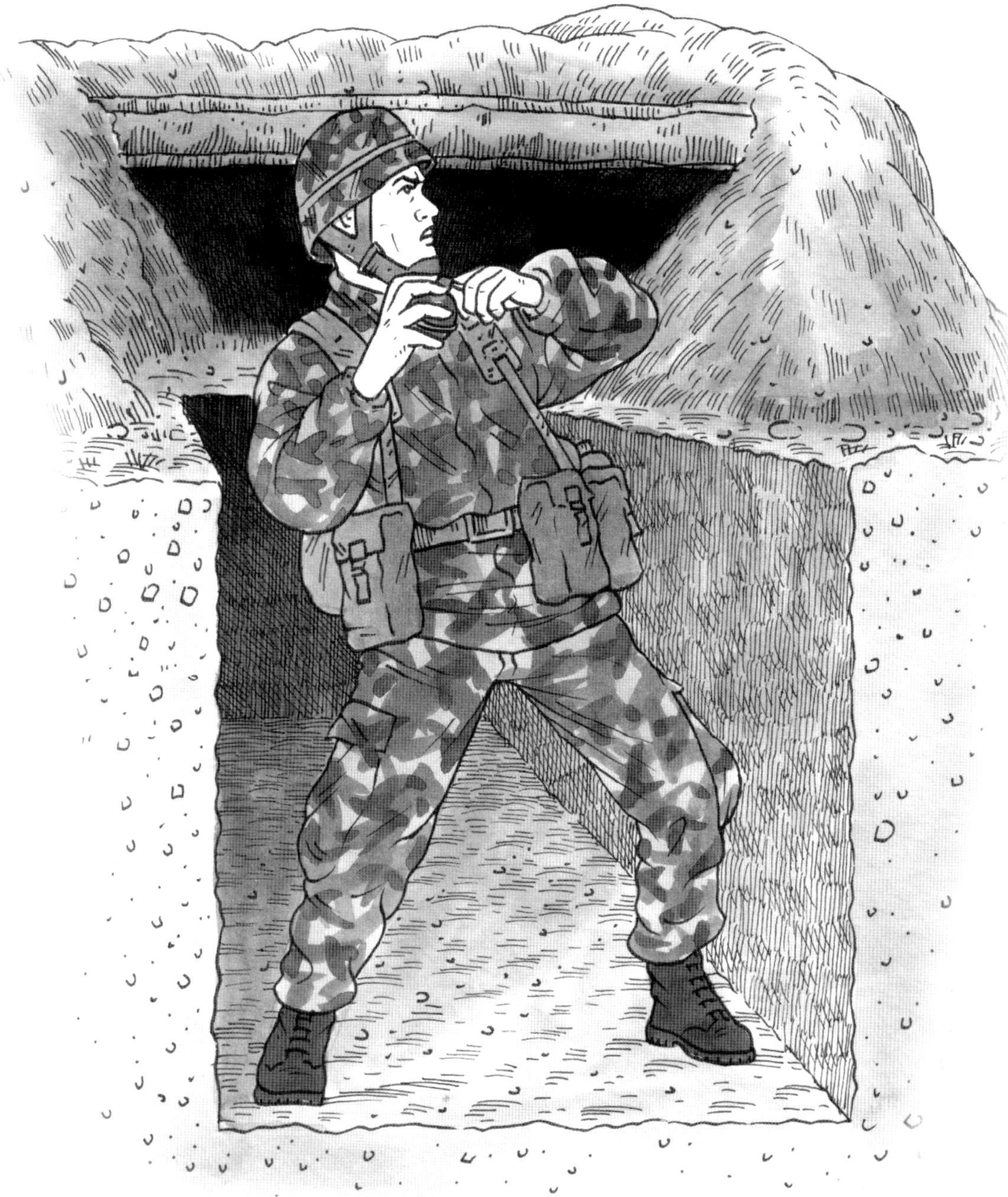

TAPFERKEIT ENTSTEHT BEIM HANDELN

Tapferkeit entsteht oft nicht durch Willensanstrengung, sondern dadurch, dass der Soldat einfach handelt. Hier zwingt sich ein Soldat aufzustehen und eine Handgranate zu werfen, um seine mentale Lähmung zu durchbrechen.

Körperliche Auswirkungen von Furcht

Körperfunktionen – Der Soldat kann buchstäblich die Kontrolle über seine Blase oder seinen Darm verlieren. Starkes Zittern – eine normale körperliche Reaktion auf Furcht – kann die Feinmotorik beeinträchtigen. Das kann ernste Folgen haben, wenn das Überleben des Soldaten von der erfolgreichen Bedienung einer komplexen Waffe oder eines Ausrüstungsgegenstandes abhängt.
Sicht – Bei enormer Furcht können das periphere Sichtfeld des Soldaten und seine Tiefenwahrnehmung stark eingeschränkt sein. Das Gehirn produziert dann einen Tunnelblick-Effekt, bei dem sich das Auge auf die nächstgelegene Gefahr konzentriert. Diese eingeschränkte Sichtweise kann dazu führen, dass der Soldat sich entwickelnde Gefahren nicht bemerkt.
Gehör – Furcht kann dazu führen, dass Geräusche nur noch gedämpft oder wie aus weiter Entfernung wahrgenommen werden. Das führt dazu, dass der Soldat Probleme hat, Befehle oder Meldungen des Funkverkehrs zu verstehen. In manchen Situationen scheint es, als ob das Gehör sich völlig abschaltet. Probleme mit dem Gehör werden häufig durch nahe Explosionen oder Gewehrfeuer verschlimmert.
Das Denken – Furcht führt dazu, dass das Blut aus den vorderen, für das Denken zuständigen Teilen des Gehirns abgezogen wird. Das erschwert rationales Denken und kann außerdem dazu führen, dass die Zeitwahrnehmung verlangsamt wird.

tens umgehend aus dem Gefecht abgezogen, bevor ihr Zustand einen größeren Einfluss auf die Kampfmoral der anderen ausübt.
Major-General J.F.C. Fuller, einer der einflussreichsten britischen Militärtheoretiker des 20. Jahrhunderts, hat die Prinzipien von Furcht klar und deutlich in seinem Buch *The Foundations of the Science of War* (1926) dargelegt. Er stellt fest, dass »*Furcht den Willen verwirrt und indem sie den Willen verwirrt, lähmt sie den Verstand. Die Gedanken zerstreuen sich in alle Richtungen, statt sich auf ein bestimmtes Ziel zu konzentrieren.*« Die mentale Verwirrtheit, die durch Furcht ausgelöst wird, ist eine große Bedrohung in einer akuten Kampfsituation, ja, sogar für einen ganzen Feldzug. Das zeigt das folgende Beispiel.
Nach zunehmenden politischen und militärischen Spannungen in Afghanistan verließen im Januar 1842 unter der Führung des bejahrten Major-General William Elphinstone etwa 4500 Soldaten der East India Company zusammen mit etwa 12.000 Zivilisten (Ehepartner, Dienstboten, Kinder etc.) Kabul, um sich im 140 km entfernten Jalalabad in Sicherheit zu bringen. Dieser Marsch, der unter furchtbaren winterlichen Bedingungen durch die Berge führte, war von Anfang an nicht durchdacht. Afghanische Stammeskrieger verübten aus dem Hinterhalt ununterbrochen Überfälle und Plünderungen auf den Zug. Furcht und Chaos griffen um sich. Der britische Zusammenhalt brach unter der schwachen Führung auseinander. Es kam zu Desertationen, Massakern und Selbstmorden. Furcht war – neben der militärischen Situation – gleichermaßen für die Auflösung der Kolonne verantwortlich. Mehr als 16.000 Menschen wurden von den Afghanen getötet. Der einzige Überlebende, der in Jalalabad ankam, war der Chirurg William Brydon. Er erreichte den britischen Standort auf einem sterbenden Pferd. Ein Stück seines Schädels war mit einem Schwertstreich abgetrennt worden. Als er gefragt wurde, wo die Armee sei, antwortete er

mit schwacher Stimme: »Ich bin die Armee.«
In der Geschichte gibt es unzählige andere Beispiele für das, was passiert, wenn im Kampf die Furcht um sich greift. Sie kann selbst unter erfahrenen Soldaten maßloses Durcheinander und selbst Niederlagen auslösen. Trotzdem weist Fuller darauf hin, dass Furcht auch eine sinnvolle Berechtigung hat und dass es Mittel und Wege gibt, mit ihr umzugehen:

> *Auf der anderen Seite schützt Furcht den Körper. Sie ist das Barometer für Gefahr. Wächst die Gefahr oder wird sie kleiner? Ist sie groß oder gering? Furcht, insbesondere physische Furcht, sollte diese Fragen beantworten. So wissen wir, dass wir mit Gefahr konfrontiert sind und können uns gegen sie wappnen. Während moralische Furcht meist mit Hilfe des Verstandes überwunden werden kann, wird physische Furcht mit Hilfe von Tapferkeit, die auf physischen Mitteln beruht, überwunden.*
>
> Fuller, *The Foundations of the Science of War*, 1926

Fuller weist zu Recht darauf hin, dass Furcht einen Zweck erfüllt, indem sie uns auf legitime Gefahren aufmerksam macht, auf die wir reagieren müssen. Die Herausforderung unter stressigen Gegebenheiten liegt daher darin, die durch die Furcht freigesetzte Kraft zusammen mit der Fähigkeit zum klaren Denken zu nutzen. Nur so ist man besser als der Gegner. Im Grunde ist Fuller der Meinung, dass in jedem Kampf der größte Gegner in uns selber wohnt.

Was man unter Tapferkeit versteht

Bevor wir uns den psychologischen Methoden zuwenden, mit deren Hilfe man äußere Feinde besiegt, wollen wir uns denen zuwenden, mit denen wir die inneren besiegen können. Vielen von diesen Methoden haben wir schon in Kapitel 3 kennengelernt, aber nun wenden wir uns der Tapferkeit genauer zu.

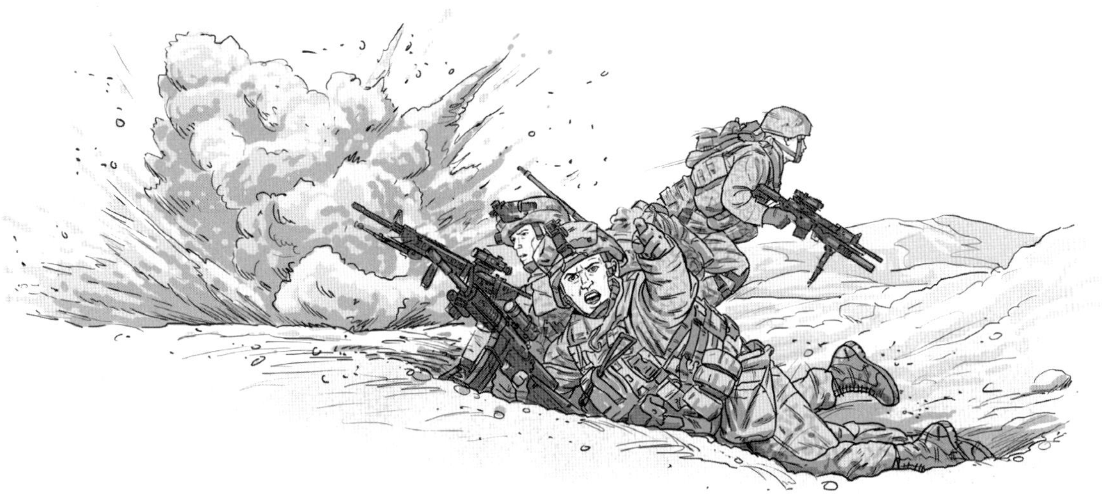

BEFEHLE ERTEILEN

Eine Einheit der US Army gerät in Afghanistan unter Beschuss. Der Soldat im Vordergrund erteilt denen, die um ihn herum sind, rasche Befehle. Solche klar denkenden Personen können im Gefecht den Ausschlag für Sieg oder Niederlage geben. Wenn sie Befehle erteilen, sprechen sie in klaren, kurzen Sätzen, die nicht missverstanden werden können. Nichts von dem, was sie sagen, darf Raum für Interpretationen bieten.

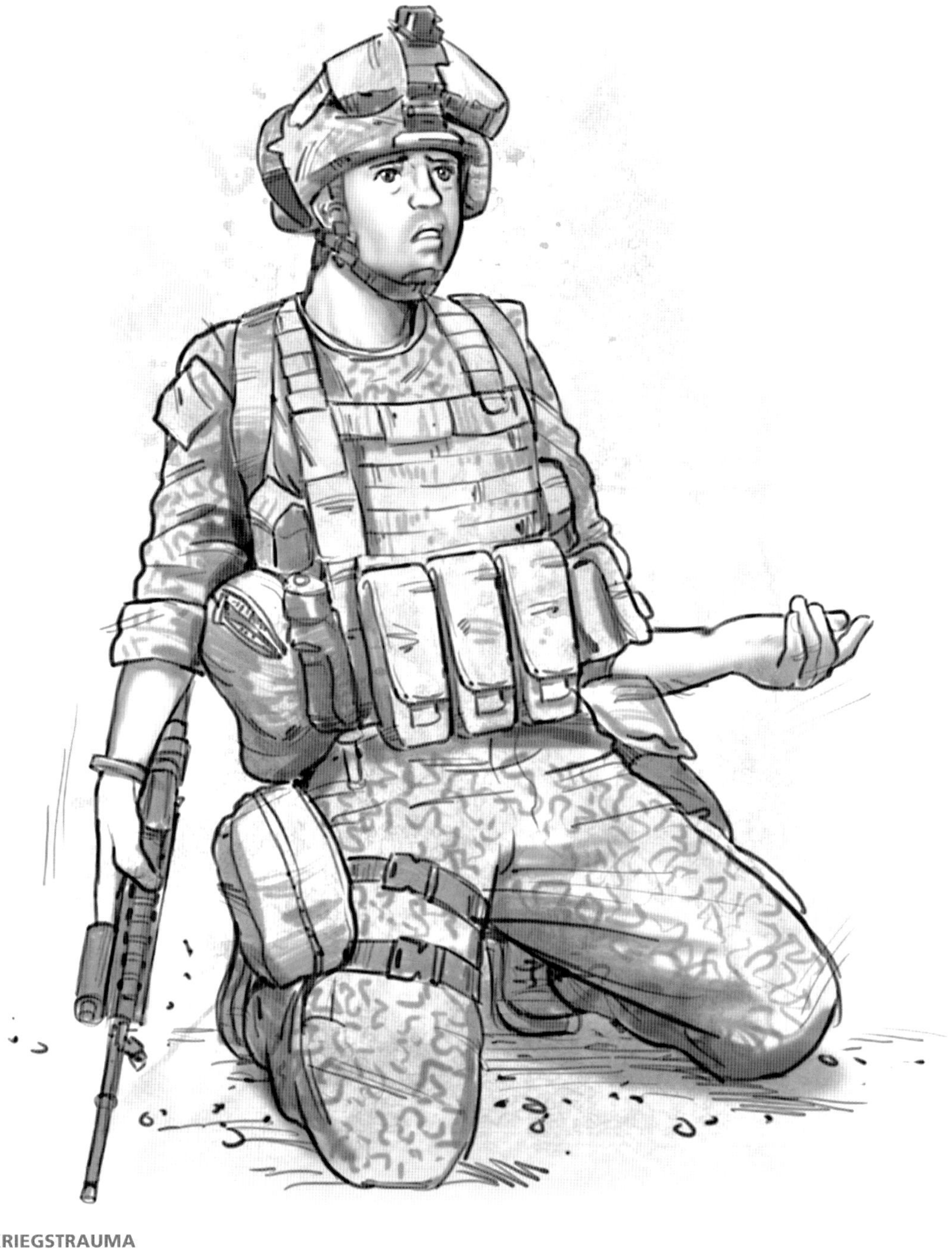

KRIEGSTRAUMA

Wenn ein Soldat in traumatische Situationen gerät oder Zeuge von ihnen wird, kann das zu einer Reizüberflutung führen. Dieser Soldat hat kurzfristig seine mentalen und körperlichen Fähigkeiten eingebüßt. In diesem Zustand benötigt er ebenso viel Hilfe wie ein körperlich Verwundeter und sollte sofort aus dem Gefecht abgezogen werden.

Es ist in vielen Situationen lebenswichtig, dass man die Fähigkeit besitzt, sein inneres Reservoir von Tapferkeit anzuzapfen. Es ist ein weit verbreitetes Missverständnis, dass tapfere Menschen ohne Furcht sind oder keinen Selbsterhaltungstrieb haben. Letztere sind zum Glück ohnehin selten, denn Menschen ohne Furchtempfinden können andere leicht in gefährliche Situationen manövrieren. Tatsächlich ist Tapferkeit die Fähigkeit, trotz der lähmenden Auswirkungen von Furcht weiter handlungsfähig zu bleiben.

Im Jahr 1927 hielt Major C.A. Bach von der US Army eine Rede vor Offiziersanwärtern im Zweiten Trainingscamp in Fort Sheridan in Illinois. In einer Schlüsselpassage sprach er über Tapferkeit:

> *Tapferkeit aber ist das moralische Rückgrat, die Festigkeit im Geist, die, obwohl sie die Gefahr richtig einschätzt, den Verstand*

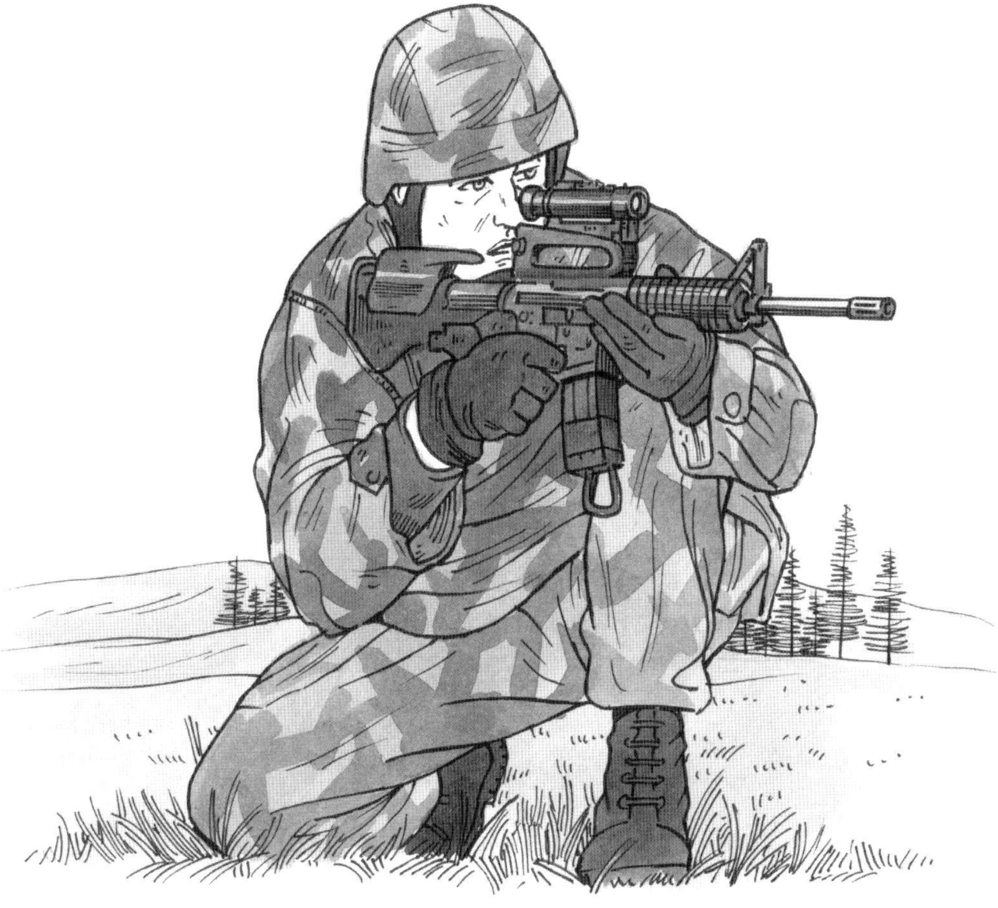

AUF DAS ZIEL FOKUSSIERT BLEIBEN

Mentaltraining wie Meditation und Visualisierung können Ihnen helfen, negative Gedanken oder Ablenkungen zu blockieren, wenn es darauf ankommt. Dieser Soldat ist hochkonzentriert auf sein Ziel fixiert. Er zeigt trotz der Furcht, die er empfinden muss, völlige mentale Kontrolle. Sein Blick ist fest, sein Griff an der Waffe ruhig, seine Körperhaltung ist perfekt ausbalanciert.

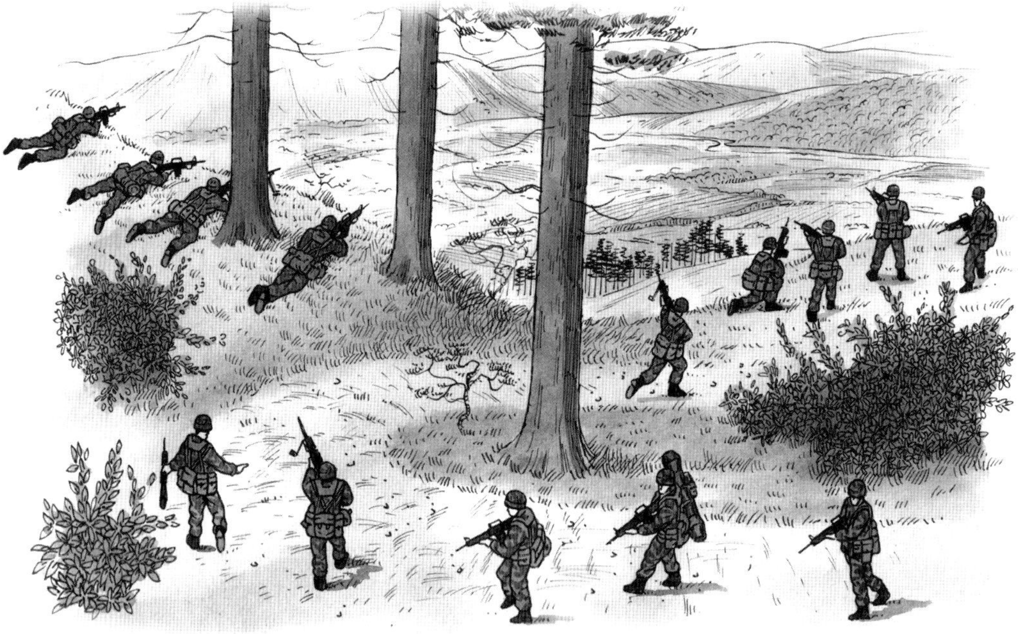

GEGENSEITIGE MOTIVATION IM TEAM

Wenn man im Team trainiert, lernt man die Stärken jedes einzelnen kennen und kann sie nutzbringend einsetzen. Die Teammitglieder lassen sich von der Tatsache, dass sie nicht nur für sich selbst, sondern für das ganze Team kämpfen, motivieren. Der Zusammenhalt einer Einheit entsteht durch das Teilen taktischer Informationen und dadurch, dass sie bei Manövern immer wieder trainiert wird.

> *nicht einbüßt. Mut ist körperlich. Tapferkeit ist mental und moralisch. Ihnen ist vielleicht am ganzen Körper kalt, Ihre Hände zittern, Ihre Beine beben, Ihre Knie geben fast nach – das ist Furcht. Wenn Sie trotzdem vorwärts gehen, wenn Sie Ihre Männer weiter gegen den Feind führen, obwohl Ihr Körper Sie im Stich zu lassen droht, dann sind Sie ein tapferer Mensch.*
> Major C. A. Bach, 1917

Bach stellt fest, dass Tapferkeit nicht die Abwesenheit von Furcht bedeutet, sondern die Fähigkeit, ihre Auswirkungen zu Gunsten eines höheren Gutes fast zu ignorieren. Jeder Soldat hat seine ganz eigene Art, dies zu bewerkstelligen, aber die folgenden Methoden sind ziemlich verbreitet:

- Trainieren Sie hart und realistisch (wie im vorherigen Kapitel beschrieben). Das macht Sie gegen die mental belastenden Auswirkungen des Kampfeinsatzes immun.
- Vergewissern Sie sich, dass Sie Ihre Befehle glasklar verstanden haben. Teilen Sie im Kampfgeschehen ihre Gesamtmission in individuell überschaubare Handlungsabschnitte ein, zum Beispiel das Erreichen der Deckung oder das Eröffnen des Sperrfeuers. Konzentrieren Sie all Ihre Kraft darauf, jede einzelne Aufgabe nacheinander zu erfüllen. So werden Sie nicht von der Gesamtmission überwältigt.
- Motivieren Sie sich gemeinsam als Team. Obwohl jeder einzelne vielleicht Angst verspürt, können Sie zusammen Ihr Vertrauen in Ihre Fähigkeiten bestärken. Das allein macht schon Mut. Sprechen Sie selbstbewusst und

klar und drücken Sie durch Ihre Körpersprache Entschlusskraft aus, selbst wenn Sie das gekünstelt und wie ein Schauspieler tun. Das hilft nicht nur Ihnen dabei, sich tapferer zu fühlen, sondern auch den anderen, die um Sie herum sind.

- Glauben Sie an sich selbst und an Ihr Team. Sie sind alle perfekt ausgebildete Soldaten. Bestätigen Sie das noch einmal für sich und zeigen Sie dann dem Gegner, was in Ihnen steckt.
- Lassen Sie negative Gedanken kommen und gehen. Vieles in unserem Kopf lässt sich nicht kontrollieren. Lassen Sie sich deshalb nicht zu sehr von beunruhigenden mentalen Bildern beeinflussen. Beobachten Sie sie, ohne ihnen zu viel Bedeutung zuzuschreiben und lassen Sie sie ziehen.
- Tun Sie es einfach! Werfen Sie sich der Erfahrung eines Kampfeinsatzes in die Arme. Je mehr Sie von sich selbst verlangen, um Ihre Ziele zu erreichen, desto größer wird Ihr Selbstbewusstsein im Gefecht. Werden Sie aber nicht zu selbstsicher – Soldaten beobachten oft, dass Rekruten und erfahrene Veteranen mit größerer Wahrscheinlichkeit verwundet oder sogar getötet werden.

Die Bedürfnisse des Gegners attackieren

Wenn wir gewinnen wollen, müssen wir in der Lage sein, in einem ungeordneten Umfeld zu agieren. In der Tat müssen wir angesichts von Chaos nicht nur effektiv kämpfen, sondern wir sollten versuchen, bei unseren Feinden für Chaos zu sorgen und das als Waffe gegen sie einzusetzen. (Gray, *Warfighting*, S.12).

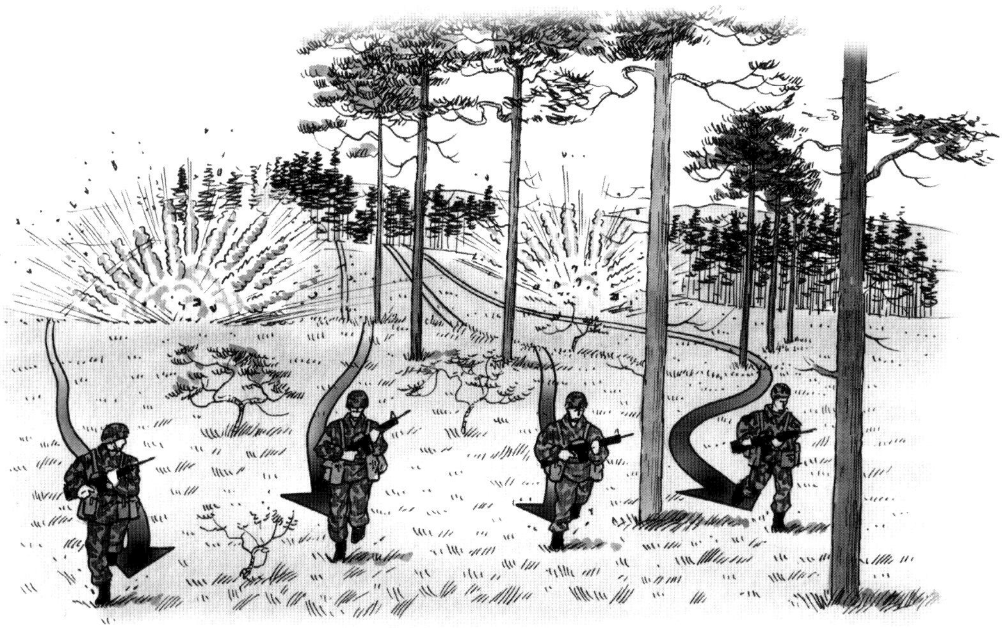

GRUPPENANGRIFF

Trotz des Lärms und des Schocks durch die Explosionen hinter ihnen sieht keiner der Soldaten zurück oder zögert. Sie behalten das bei, was die Marines Tempo nennen – eine operationelle Geschwindigkeit, mit der sie auf den Feind zustürmen und ihn überwältigen.

PHYSIOLOGISCHE BEDÜRFNISSE

SICHERHEITSBEDÜRFNISSE

SOZIALE BEDÜRFNISSE WIE LIEBE UND ZUGEHÖRIGKEIT

INDIVIDUALBEDÜRFNISSE WIE ACHTUNG UND SELBSTACHTUNG

SELBSTVERWIRKLICHUNG

BEDÜRFNISPYRAMIDE

Die Maslowsche Bedürfnispyramide beschreibt menschliche Bedürfnisse in der hierarchischen Struktur, die zeigt, wie sie aufeinander aufbauen. Dieses Wissen kann genutzt werden, um den Feind zu unterminieren und zu besiegen.

Ein großer Teil des Warfighting-Handbuches widmet sich den Methoden, mit denen eine Armee dem Feind auf dem Schlachtfeld die eigenen Bedingungen diktieren kann. Das gelingt nicht zuletzt durch die Kontrolle des gegnerischen mentalen Zustandes. Erreicht man die mentale Kontrolle über eine Armee, heißt das nicht selten, dass die physische Kontrolle bald folgt. Das aber erfordert detailliertes Wissen über den Feind und das, was wichtig für ihn ist.

Diesem Thema kann man sich am besten mithilfe eines Blicks auf das berühmte psychologische Modell nähern, das als Maslows Bedürfnispyramide bekannt wurde. Sie wurde im Jahr 1943 von Abraham Maslow in seiner Arbeit »A Theory of Human Motivation« vorgestellt. Maslow postulierte, dass menschliche Bedürfnisse in einem hierarchischen Modell dargestellt werden können. Die grundlegendsten physiologischen Bedürfnisse (Atmen, Essen, Schlaf etc.) befinden sich an unterster Stelle, die höchsten Funktionen (Kreativität, logisches Denken, Moral etc.) an der Spitze. Diese hierarchische Struktur wird meistens in Form einer Pyramide wiedergegeben, obwohl Maslow selbst dieses Bild nicht benutzte. Jedenfalls werden die Bedürfnisse in fünf grundlegende Kategorien in aufsteigender Ordnung eingeteilt. Auch in einem militärischen Bezugsrahmen lohnt es sich, diese Bedürfnisse zu verstehen. Denn wenn man die Fundamente unterminiert, auf denen die Bedürfnisse aufgebaut sind, kann man den Zusammenhalt des Feindes zum Kollabieren bringen.

Die Methoden, mit denen man die Fundamente langsam, aber sicher zerstören kann, sind vielfältig und reichen von subtilen psychologischen Maßnahmen bis zu direkter und massiver Gewalt.

Physiologische Bedürfnisse

Physiologische Bedürfnisse sind die Grundbedürfnisse des menschlichen Körpers – Atmen, Essen, Wasser, Verdauung, Schlaf und so weiter.

Die einfachste Art, diesen Bedürfnissen die Grundlage zu entziehen, ist die Anwendung massiver Feuerkraft – also das Töten oder Verwunden von gegnerischen Soldaten. Aber es gibt auch andere Methoden, um die physischen Bedürfnisse des Feindes zu destabilisieren. Wenn der Nachschub des Gegners bedroht werden kann – durch Überfälle, Einkesseln, Beschuss oder Bombardierung aus der Luft, dann lässt sich buchstäblich die Ernährung und damit die Gesundheit des Feindes massiv einschränken. Dies war besonders während der Belagerungen im Mittelalter gängige Praxis. In diesem Wettbewerb ging es hauptsächlich darum, wer zuerst aufgeben musste, weil seine physiologischen Bedürfnisse nicht mehr erfüllt werden konnten. Die Belagerung von Harfleur von August bis September 1415 durch den englischen König Heinrich V. zwang den Stadtkommandanten nach einem Monat zur Aufgabe, da die Bewohner Harfleurs am Verhungern waren. Der Ausgang der Belagerung war aber knapp, denn Heinrichs britische Truppen waren ebenfalls sehr geschwächt. Die schlechten sanitären Zustände während der Belagerung führten zur Durchfallerkrankung Ruhr (The Bloody Flux – Der Blutige Ausfluss), an der Hunderte von Menschen erkrankten und starben.

Die Kriegsführung mit Mitteln der Logistik gilt heutzutage als eine der wichtigsten Kompo-

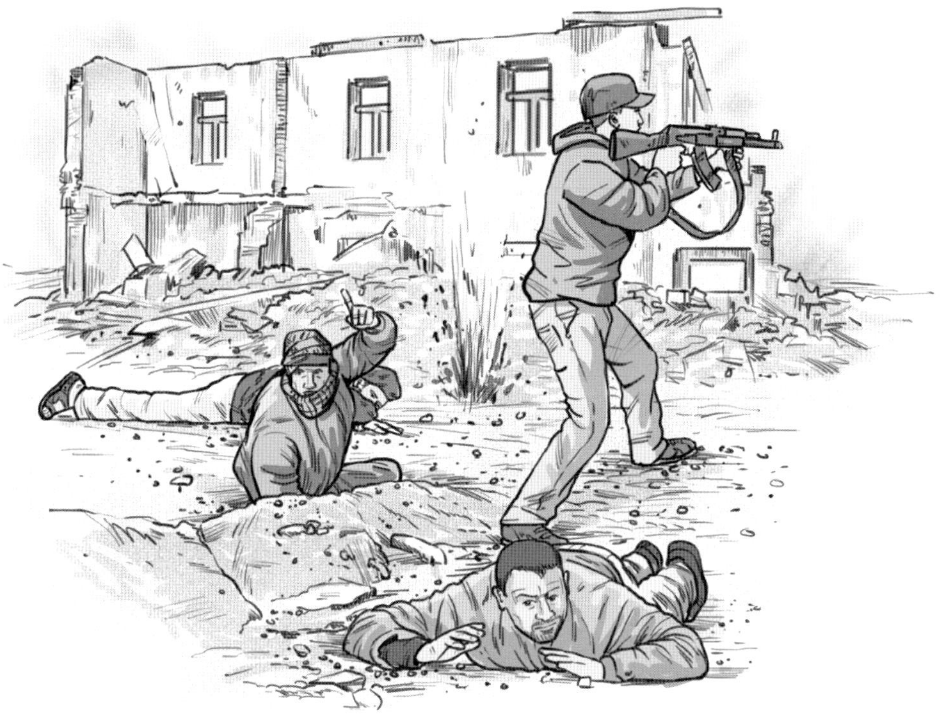

DEN FEIND SCHWÄCHEN

Hat man erst einmal verstanden, warum und wovor man sich fürchtet und was einen demotiviert, kann man daraus eine wertvolle Lehre ziehen. Es ist nämlich mehr als wahrscheinlich, dass der Gegner ganz ähnlich fühlt. Entzieht man dem Gegner also den Zugang zu Grundbedürfnissen, ist er möglicherweise gefügiger und lässt sich leichter beherrschen.

nenten, um den Feind zu besiegen. Ein großer Teil des Erfolges von Hitlers Blitzkrieg im Zweiten Weltkrieg war durch die schnellen Überfälle auf die feindlichen Nachschublinien begründet. Die französische Maginot-Linie wurde zum Beispiel zunächst umgangen, um dann im Juni/Juli 1940 von den Deutschen eingekesselt zu werden. Deshalb wurden nur 10 der 50 Hauptstellungen in Kämpfen erobert. Die Mehrheit musste aufgeben, weil sie von der restlichen französischen Armee und ihrem Nachschub abgeschnitten worden war. Während des Kampfes um Singapur im Februar 1942 war einer der Hauptgründe für den Zusammenbruch des britischen Widerstandes die Eroberung der Hauptwasserleitung der Insel durch die Japaner. (In Anbetracht der sehr kurzen Zeit, die Menschen ohne Wasser überleben können, kann sich eine Militäraktion, die mit der Kontrolle über die Wasserversorgung endet, schnell auszahlen.) In der Nachkriegszeit kann der Vietnamkrieg als Beispiel dienen. Hier hatten die USA große Probleme, abgelegene Dschungelgebiete zu halten. Die Schwierigkeiten mit der Logistik und die Probleme mit den benötigten großen Mannstärken verhinderten die langfristige Stationierung von Truppen. Das Gleiche gilt heute für Afghanistan.

Ein weiteres Grundbedürfnis des Gegners, das zielführend angegriffen werden kann, ist das Schlafbedürfnis. Mit Hilfe von anhaltenden Störoperationen wie sporadischem nächtlichem Beschuss oder häufigen Überfällen werden die Schlafrhythmen des Feindes nachhaltig unterbrochen und der Druck konstant aufrechterhalten. Auf die Auswirkungen von Schlafentzug wurde weiter oben bereits hingewiesen. Ein Gegner, der an Schlafentzug leidet, büßt Ge-

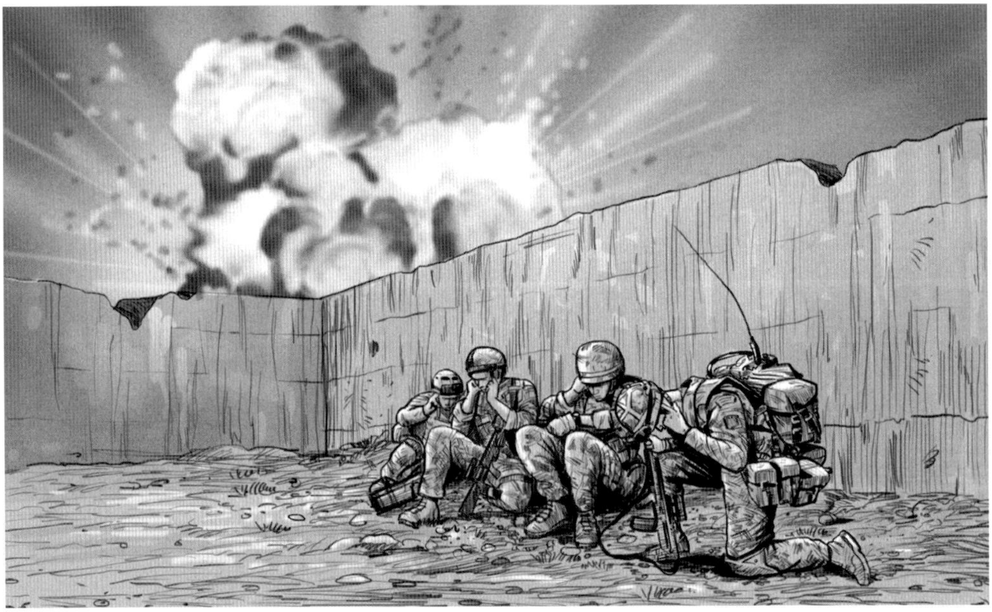

MIT NÄCHTLICHEN STÖRANGRIFFEN DAS SCHLAFBEDÜRFNIS ANGREIFEN

Hier wird nächtlicher Artilleriebeschuss eingesetzt, um den Gegner in seiner schwächsten Stunde zu treffen. Im Zweiten Weltkrieg konnte man sehen, dass Dauer-Artilleriebeschuss ein ausgezeichnetes Mittel sein kann, um selbst den widerstandsfähigsten Gegner im Laufe einiger Tage zu desorientieren und zu schwächen.

US PSYOP

Die Aufgabe von PSYOP (Psychologische Kriegsführung) ist die Beeinflussung des Verhaltens gegnerischer Zielgruppen (Target Audiences -TAs) zur Unterstützung amerikanischer nationaler Interessen. PSYOP erreicht dieses Ziel durch die Weitergabe ausgewählter Informationen oder die Beratung bei Aktionen, die die Gefühle, die Motive, das objektive Denken und schließlich das Verhalten gegnerischer Zielgruppen beeinflussen. Verhaltensänderungen sind das Kernziel von PSYOP Missionen. Obwohl sie sich mit den mentalen Prozessen der Zielgruppen beschäftigen, zeigt sich der Erfolg von PSYOP Missionen in tatsächlich nachweisbaren Verhaltensänderungen der gegnerischen Zielgruppen. Dieser direkte Zusammenhang zwischen Beeinflussung und Verhalten unterscheidet PSYOP von anderen nachrichtendienstlichen Fähigkeiten und Aktivitäten. Damit besitzt PSYOP ein Alleinstellungsmerkmal innerhalb der nachrichtendienstlichen Operationen (Information Operations – IO) und ist eine IO Kernkompetenz.

1–6 Als eine der Kernfähigkeiten von IO wird PSYOP hauptsächlich zum Einsatz gebracht, um für entscheidende Operationen Gelegenheiten zu schaffen oder zu wahren. PSYOP unterstützt sowohl die physischen als auch die nachrichtendienstlichen Aspekte der Kriegsführung. PSYOP stellt einem Kommandeur die Mittel für den Einsatz einer nicht letalen Fähigkeit über alle militärischen Einsatzbereiche hinweg zur Verfügung – von Frieden über Konfliktsituationen zu Krieg und Post-Konflikt-Situationen. PSYOP verbreitet sowohl im Krieg als auch im Frieden Informationen zu einem definierten Zweck. So informiert und beeinflusst PSYOP gleichzeitig. Wenn PSYOP richtig eingesetzt wird, rettet es das Leben eigener und feindlicher Kräfte, seien sie militärisch oder zivil.

Department of the Army, FM 3-05.30, *Psychological Operations*, 1-2

sundheit und Kampfmoral sowie die Fähigkeit zum klaren Denken ein. Es ist kein Zufall, dass amerikanische und andere Streitkräfte laute Heavy Metal Musik als Mittel der psychologischen Kriegsführung (PSYOP) nutzen, um gegen Verteidiger vorzugehen, die sich verschanzt haben. Manuel Noriega, der Militärgouverneur von Panama, der sich in der Botschaft des Heiligen Stuhls verschanzt hatte, wurde im Jahr 1998 zehn Tage lang von amerikanischen PSYOP-Einheiten mit Rockmusik beschallt, bis er aufgab. Mit dieser Musik wurden auch Gefangene malträtiert, die durch Schlafentzug gefoltert wurden. Auch hier zeigte sich, wie wirkungsvoll diese Methode ist, um den Widerstandswillen eines Gegners zu brechen. Im Zusammenhang mit dem Angriff auf die Grundbedürfnisse darf der wichtigste Punkt nicht vergessen werden. Alle anderen Bedürfnisse oberhalb der physiologischen Grundbedürfnisse werden ebenfalls destabilisiert, weil das Fundament ins Wanken gerät. So hat zum Beispiel ein hungernder Mensch vermutlich kein großes Selbstwertgefühl mehr, wenn sich sein Zustand zunehmend verschlechtert. Das ist die brutale Wahrheit des Krieges, aber sie kann ausgenutzt werden, um ihn schneller zu beenden.

Sicherheitsbedürfnisse

Die Sicherheitsbedürfnisse sind eng verknüpft mit den physiologischen Grundbedürfnissen. Allerdings geht es im Grunde mehr um die Wahrnehmung von Sicherheit, also darum, wie sicher sich ein Individuum in seinem Umfeld fühlt. Eine Kriegszone ist fraglos für alle Beteiligten ein unsicheres Umfeld. Aber wenn der

Feind die Hauptlast der Unsicherheit tragen muss, er sich der Feuerkraft und den Manövern des Gegners hilflos ausgeliefert fühlt, dann bricht seine Kampfmoral ein. Waffen können besonders gravierende Auswirkungen auf die Wahrnehmung von Sicherheit haben. Die Untersuchung der psychologischen Auswirkungen moderner Waffen begann im Ersten Weltkrieg, als ganze Klassen neuer Waffen und Munition in den Schlachten getestet wurden und die Sterblichkeitsrate exorbitant zunahm. Die Forschung wurde auch im Zweiten Weltkrieg fortgesetzt. Die Alliierten führten an den Kriegsschauplätzen in Nordafrika Studien zu der Frage durch, welche Waffen die Menschen besonders fürchteten und wie sie sich über einen gewissen Zeitraum an diese Waffen gewöhnten. Sie kamen zu faszinierenden Ergebnissen.

Die Waffen, die von 97 % aller Befragten als am furchteinflößendsten eingestuft wurden, waren Granatfeuerwaffen (Artillerie und Mörser) und Bombardierungen durch Flugzeuge. Beim ersten Kontakt mit diesen Waffen im Krieg wurden Luftangriffe von 50 % der Beteiligten als besonders alarmierend eingestuft. 20 % empfanden Artilleriefeuer als die bedrohlichste

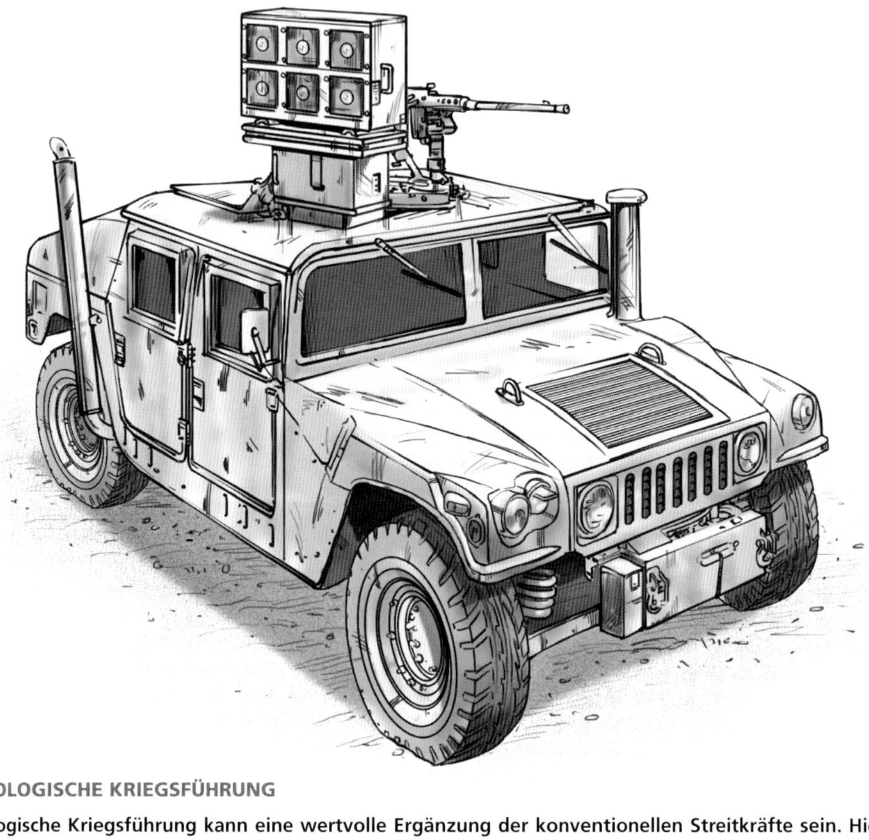

PSYCHOLOGISCHE KRIEGSFÜHRUNG

Psychologische Kriegsführung kann eine wertvolle Ergänzung der konventionellen Streitkräfte sein. Hier sehen wir einen Humvee der US Army, der mit Lautsprechern ausgestattet ist. Über diese können Nachrichtensendungen ausgestrahlt werden. Sie können aber auch zur Beschallung mit ununterbrochenem extremem Lärm genutzt werden, um den Feind durch Schlafentzug zu schwächen. Solche aggressiven Ausstrahlungen wurden von den US Spezialeinheiten während der amerikanischen Invasion von Panama im Jahr 1989 benutzt.

Waffe. Allerdings hatten sich diese Einschätzungen schon 11 Tage nach Beginn der Kampfhandlungen verändert, weil die Soldaten dann die Auswirkungen und auch die Fähigkeiten der gegen sie eingesetzten Waffen kannten. Artillerie war sowohl präzise als auch zerstörerisch, Sturzkampf-Bombardierungen waren zwar laut und furchterregend, aber bei weitem nicht so effektiv wie Artilleriefeuer. Weitere Studien zeigten, dass die Hauptgründe für die Angst vor Waffen mit der Präzision, der Schnelligkeit der Feuerstöße und der Lautstärke zusammenhingen.

Verheerender Angriff

Die Waffentechnik, die das Sicherheitsempfinden untergräbt, hat sich seit dem Zweiten Weltkrieg weiterentwickelt. Die Koalitionstruppen, die im Jahr 1991 irakische Truppen aus Kuwait vertreiben wollten, nutzten auf ihrem Feldzug eine große Anzahl Mehrfachraketenwerfer-Artilleriesysteme (MLRS). Eine einzige Raketensalve aus einem dieser Systeme war dazu in der Lage, buchstäblich alles im Umkreis von einem Quadratkilometer zu zerstören. Die panischen irakischen Soldaten gaben der Waffe den Namen »Black Rain« aufgrund der vielen tausend tödli-

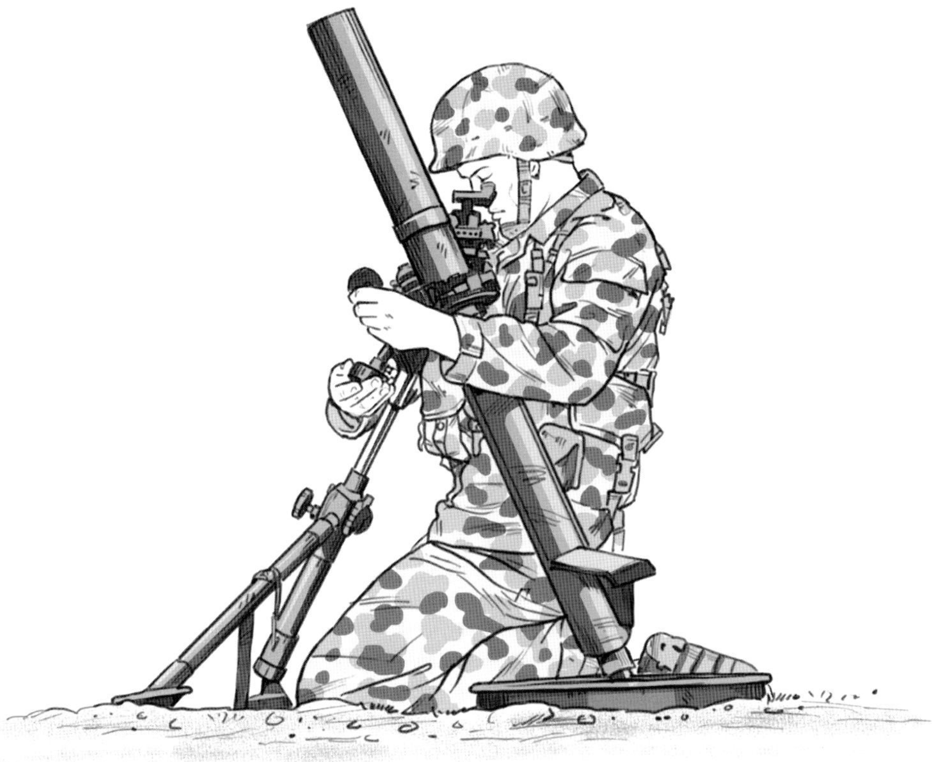

SCHWERE GESCHÜTZE

Schwere Artillerie und Mörser gelten als die furchterregendsten Waffen, mit denen man im Gefecht konfrontiert werden kann. Im Zweiten Weltkrieg nannten 50% aller befragten Soldaten Artilleriefeuer als die Waffe, die sie am meisten ängstigte. Da 70% aller Verletzten und Toten durch Artilleriefeuer zu Schaden kamen, gab es für diese Furcht sehr gute Gründe.

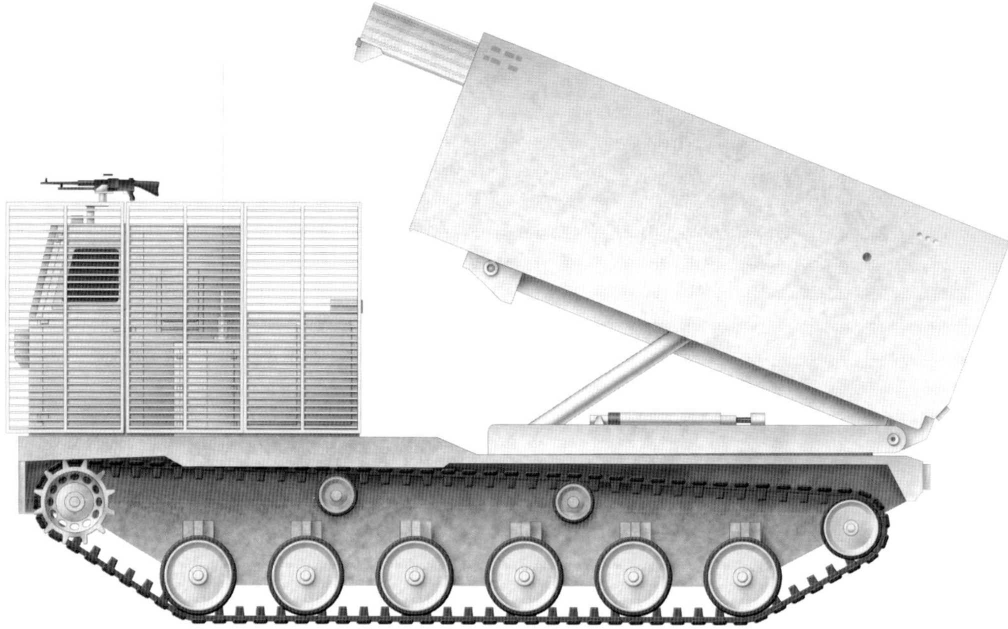

MEHRFACHRAKETENWERFER-ARTILLERIESYSTEME AUF KETTENFAHRGESTELL (GMLRS ROCKET ARTILLERY)

Die verheerenden Schläge durch britische und amerikanische Mehrfachraketenwerfer-Artilleriesysteme waren im Golfkrieg von 1990-91 für die Traumatisierung unzähliger irakischer Soldaten verantwortlich. Da die Raketen im Flug explodierten, nannten die Iraker die Waffe »Black Rain«.

chen Stahlsplitter, die durch die in der Luft explodierende Munition auf sie herabregneten. Wenn dann Bodentruppen in zuvor von MLRS bombardiertem Gelände angriffen, bemerkten sie, dass die Überlebenden mental so traumatisiert waren, dass sie keinen Widerstand mehr leisten konnten. Die meisten hoben einfach nur noch die Hände und ergaben sich.

Es ist außerdem zu beachten, dass das Sicherheitsempfinden nicht nur aufgrund der physischen Bedrohung durch Waffen unterminiert wird. Es gibt viele Arten von Sicherheitsbedürfnis – zum Beispiel finanziell, familiär oder die Sicherheit des Wohnraums. All diese Arten von Sicherheit können durch die moderne Kriegsführung zerstört werden. Die modernsten Armeen der Welt haben Soldaten, die im sogenannten Cyberkrieg geschult sind. Sie attackieren die Computer- und Internetnetzwerke des Feindes oder hacken sich in Schlüssel-IT-Systeme ein. (Möglicherweise musste das iranische Atomwaffenprogramm einen ernsthaften Rückschlag durch den Stuxnet Computerwurm verzeichnen. Dieser Wurm stammt wahrscheinlich aus einem amerikanischen oder israelischen Computerlabor.) Wenn Militärhacker das finanzielle System eines Feindes angreifen, dann beeinträchtigt das die Zahlungen im Bereich des öffentlichen Lebens und damit die finanzielle Sicherheit der Truppe.

Zusammenfassend bleibt festzustellen, dass das Sicherheitsempfinden des Feindes möglichst gleichzeitig von vielen Seiten angegriffen werden muss. Die Attacken sollten mit Schnelligkeit und Tempo durchgeführt werden. Das ist nicht,

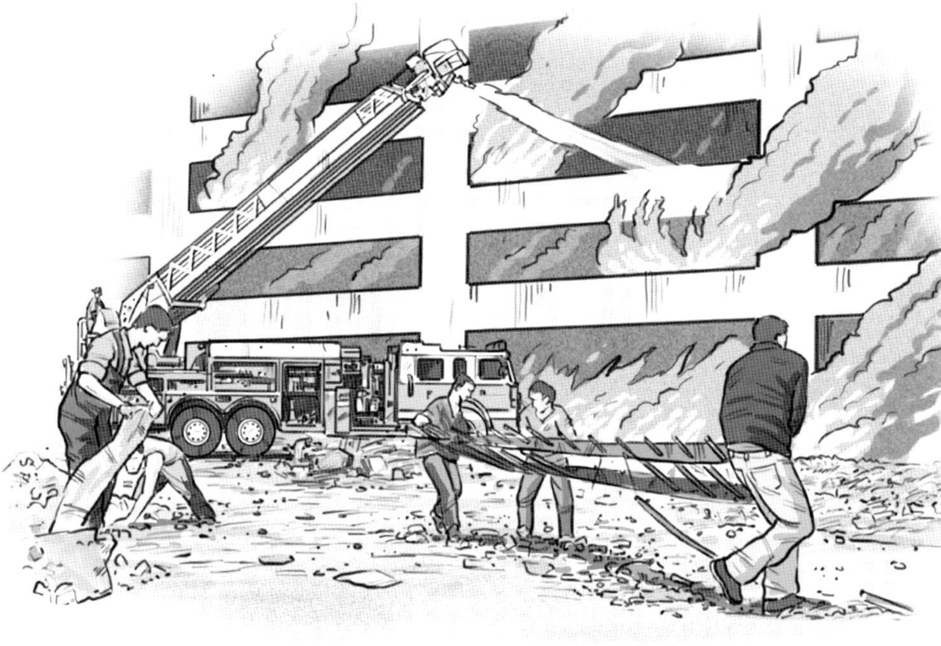

ZERSTÖRUNG DER STÄDTISCHEN INFRASTRUKTUR

Die Zerstörung der städtischen Infrastruktur kann die Entschlossenheit des Gegners ins Wanken bringen. Allerdings hat die strategische Bombardierung im Zweiten Weltkrieg gezeigt, dass diese wahllose Art der Zerstörung selten ausreicht, um den Feind zu besiegen, falls der bereit ist, hochmotiviert Widerstand zu leisten.

wie man meinen könnte, das Gleiche. Schnelligkeit ist die Geschwindigkeit, mit der eine Attacke ausgeführt wird. Tempo ist die Verteilung der Attacken über einen bestimmten Zeitraum. Das Ziel einer Armee und auch des einzelnen Soldaten ist es immer, den Gegner schneller zu treffen als er reagieren kann. Anschließend muss das Tempo der Attacken hoch bleiben, damit sich der Feind nicht eine Minute lang entspannen kann. Auf diese Weise kann er immer nur reagieren, aber nicht mehr die Initiative ergreifen. So wird der Feind nicht nur taktisch ausmanövriert, sondern er wird auch ein beängstigendes Gefühl der Unterlegenheit gegenüber seinen Angreifern entwickeln. Das wiederum wird sein Sicherheitsempfinden weiter beeinträchtigen.

Höhere Bedürfnisse

Die höheren Bedürfnisse nehmen die verbleibenden Stufen in der Bedürfnispyramide ein. Bei ihnen handelt es sich um die gehobenen Funktionen des menschlichen Bewusstseins. Typische Elemente dieser Stufen sind Freundschaft, Familie, Selbstachtung, Vertrauen, Respekt (beides gebend und nehmend), Moral, Kreativität und religiöse Überzeugungen. Diese mögen für die Kriegsführung zunächst nur am Rande interessant erscheinen, aber sie gehören zu den mächtigsten Waffen zur Manipulation des Gegners. Noch einmal soll Gray mit einigen klugen Sätzen zu Wort kommen:

> *Obwohl materielle Faktoren sehr viel einfacher zu messen sind, üben die moralischen und mentalen Kräfte einen größeren Ein-*

Die Auswirkungen von Friktion verringern

Wir sollten selbstverständlich versuchen, selbstverschuldete Friktion zu vermeiden. Der größere Anspruch ist aber, trotz der üblichen Friktion mittleren Ausmaßes effektiv zu kämpfen. Das Mittel der Wahl, um Friktion zu überwinden, ist der Wille. Wir gewinnen die Oberhand über die Friktion durch unsere beharrliche Stärke in Geist und Verstand. Während wir uns bemühen, die Folgen von Friktion zu überwinden, müssen wir gleichzeitig versuchen, das Ausmaß von Friktion bei unseren Feinden so zu erhöhen, dass wir ihre Kampffähigkeit zerstören. Wir sind problemlos in der Lage, zahllose Beispiele von Friktion zu erkennen, aber bis wir sie nicht selbst erlebt haben, können wir ihre Auswirkungen nicht richtig einschätzen. Nur durch Erfahrung können wir die zur Überwindung von Friktion notwendige Willenskraft einschätzen und uns eine realistische Einschätzung dessen erlauben, was im Krieg möglich ist und was nicht. Auch wenn im Training die Gefechtssituation soweit wie möglich nachgestellt wird, muss man sich doch klar machen, dass das Ausmaß an Friktion im Gefecht niemals wirklich dupliziert werden kann.
MCDP 1, *Warfighting*, S. 6

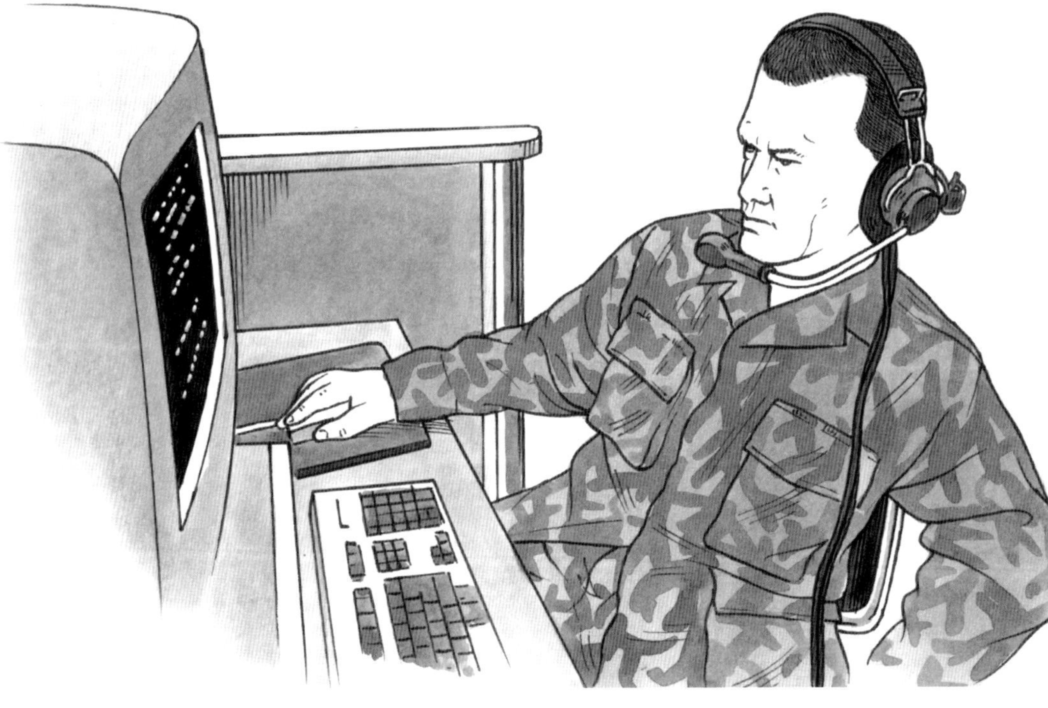

CYBERKRIEG

Moderne Armeen nutzen die Cyberkriegsführung, um die internen Strukturen des Gegners aus sicherer Entfernung anzugreifen. Zukünftige Soldaten werden neue Facetten mentaler Fähigkeiten benötigen, um Cyberattacken abzuwehren. Die wichtigste von ihnen ist technischer Sachverstand.

fluss auf das Wesen und den Ausgang des Krieges aus. Dies soll nicht die Bedeutung der physischen Kräfte herabsetzen, denn diese können im Krieg große Auswirkungen auf die nicht physischen Kräfte haben. So ist zum Beispiel die größte zerstörerische Folge eines Feuers nicht unbedingt die physische Zerstörung, sondern die Auswirkungen, die diese Zerstörung auf die Kampfmoral des Gegners hat.
MCDP 1, *Warfighting,* S.16

Ein Angriff auf die höheren Bedürfnisse des Feindes ist gleichbedeutend mit einem Angriff auf all die Dinge, die jedem einzelnen Soldaten persönlich am Wichtigsten sind, so wie ihre Familie und ihre Selbstachtung. Ein Faktor, der im Zweiten Weltkrieg einen großen Einfluss auf die Kampfmoral der deutschen Soldaten hatte, war die strategische Bombardierung ihres Heimatlandes durch die Alliierten. Millionen von Zivilisten wurden getötet, verwundet oder heimatlos. Die Tatsache, dass sie nichts tun konnten, um geliebte Menschen zu schützen, während sie gleichzeitig konzentriert um ihr eigenes Leben kämpfen mussten, erweckte in den Soldaten ein Gefühl vollkommener Hilflosigkeit und hatte einen niederschmetternden Effekt. Bedenkt man die genannten Zusammenhänge, führt das unweigerlich zu der Erkenntnis, dass im Krieg immer auch Zivilisten angegriffen werden – direkt und indirekt. Denn die Bombardierung von strategischen Infrastrukturzielen wie Gas- oder Wasserversorgung, Elektrizitätswerken, Straßen und Strommasten hat einen tiefgreifenden Effekt auf das mentale Befinden aller Menschen auf der Gegenseite, nicht nur der Soldaten. Wenn Elektrizität und Telefonleitun-

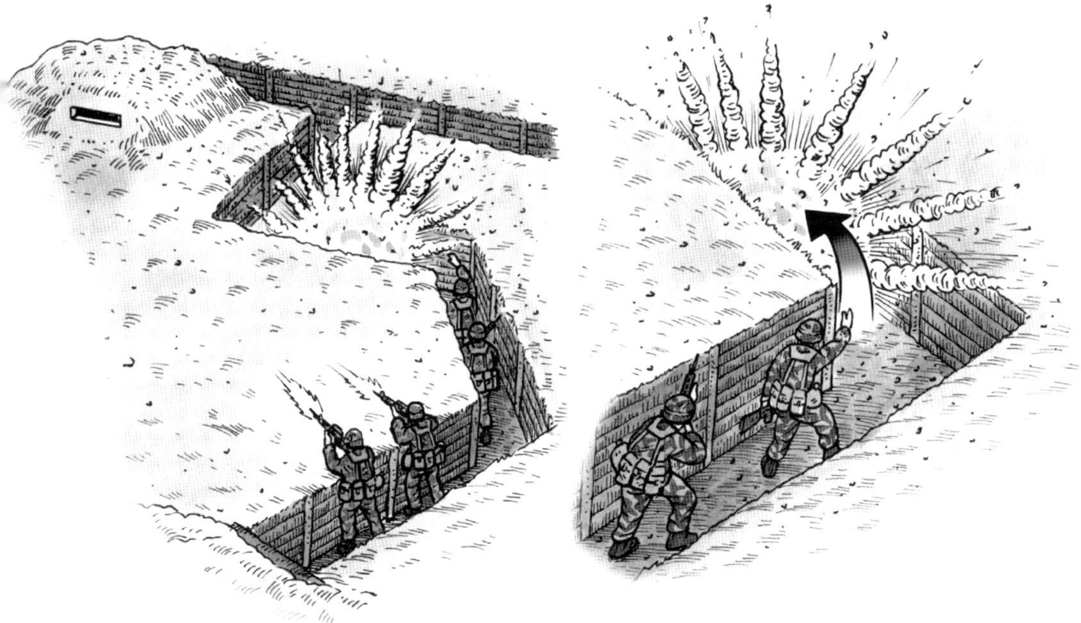

ÜBERRASCHUNGSANGRIFF

Die Schnelligkeit, mit der diese feindliche Hochburg attackiert wird, lässt dem Gegner weniger Zeit zu fliehen oder sich zu verteidigen. Hier benutzt eine Gruppe von Soldaten eine Kombination aus Handgranaten, Gewehrfeuer und schneller Bewegung, um den Schützengraben einzunehmen.

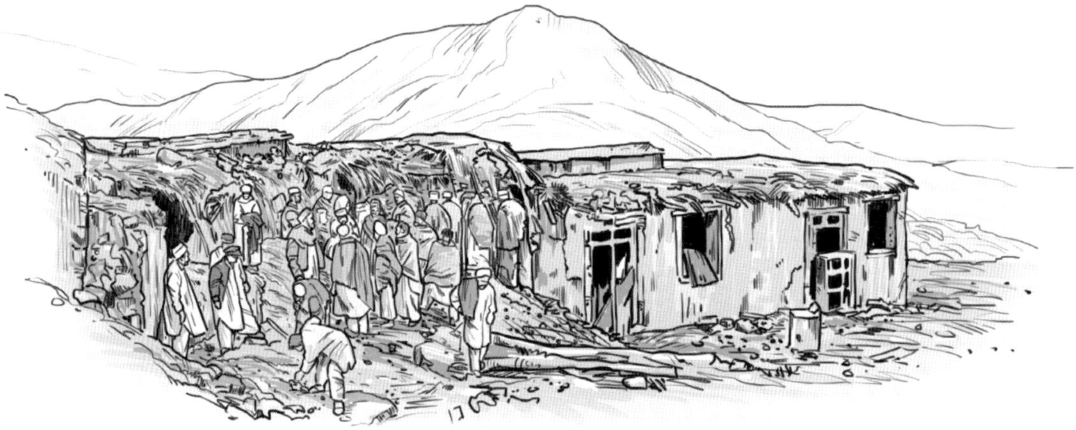

KOLLATERALSCHADEN

Soldaten mussten sich sowohl in Afghanistan als auch im Irak daran gewöhnen, schwere Waffen auch in bewohnten Gegenden mit vielen Zivilisten einzusetzen. Sie müssen den Ernst der Bedrohung gegen die Gefahr von Kollateralschäden bei der Zivilbevölkerung abwägen. Kollateralschäden sind ein Motivationsschub für eine neue Generation von Rekruten bei den Aufständischen. Hier betrachten afghanische Zivilisten die Zerstörung, die ein US Luftangriff hinterlassen hat.

gen ausgeschaltet werden, erhöht das das Gefühl der Isolation des Einzelnen, da die Kommunikation erschwert wird. Noch brutaler ist es, wenn Scharfschützen das Vertrauen einer gegnerischen Einheit in das eigene Können unterwandern, indem sie systematisch die Offiziere und Unteroffiziere töten. Gute militärische Führer sind das Zentrum des Kampfgeistes einer Einheit und sobald sie ausgeschaltet sind, müssen andere, oft weniger fähige und zu Unrecht beförderte Soldaten ihren Platz einnehmen. Sie schwächen dann im Lauf der Zeit die Kampfmoral der Truppe durch ihre Unsicherheit weiter.

Eroberung der Herzen und Köpfe

Auch wichtig für den Sieg über einen Gegner sind die Maßnahmen, die wir heute unter dem Motto »Eroberung von Herz und Verstand« zusammenfassen. In diesem Zusammenhang versuchen die Soldaten, gute Beziehungen zu den Menschen des Landes aufzubauen, in dem sie stationiert sind. Das langfristige Ziel ist es, die Zivilisten so zu beeinflussen, dass sie sich gegen Aufständische oder sogar gegen ihre eigene Armee wenden. Die Briten wandten diese Methode mit großem Erfolg in der sogenannten Malayan Emergency (1948–1960) an. Sie isolierten so kommunistische Guerillakämpfer vom Rest der Gesellschaft und entzogen ihnen damit die moralische und materielle Unterstützung. In Vietnam stellte die US 5th Special Forces Group zahlreiche, so genannte Civilian Irregular Defense Groups (CIDGs) auf. Mitglieder der Einheiten waren vietnamesische Soldaten, die überzeugt worden waren, für die Südvietnamesen gegen den Vietcong (VC) und die Nordvietnamesische Armee (NVA) zu kämpfen. In jüngerer Zeit haben die Koalitionstruppen in Afghanistan viel Geld und Zeit in Infrastrukturprojekte gelenkt, die der lokalen Zivilbevölkerung zugutekommen. Sie hoffen, dass so stabile Gemeinden entstehen, die die Unterstützung der Taliban einstellen.

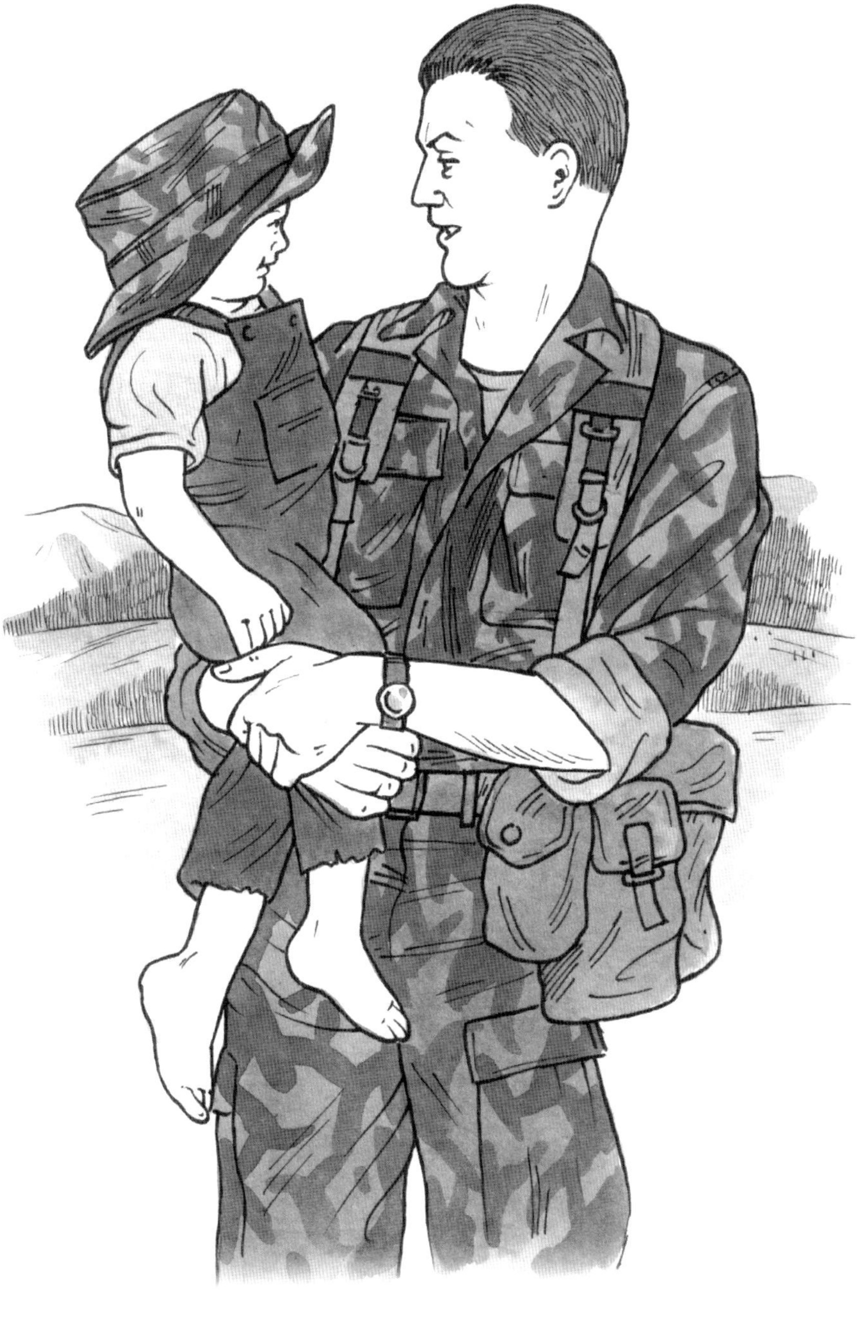

HERZEN UND KÖPFE GEWINNEN

Die Soldaten von heute werden in humanitären Fähigkeiten, Sozialfürsorge und sogar als de facto politische Botschafter geschult. Die wichtigste Fähigkeit eines Soldaten bei einer Friedensmission ist die soziale Anpassungsfähigkeit und die Fähigkeit, sich mit Menschen aller kulturellen und religiösen Hintergründe zu identifizieren.

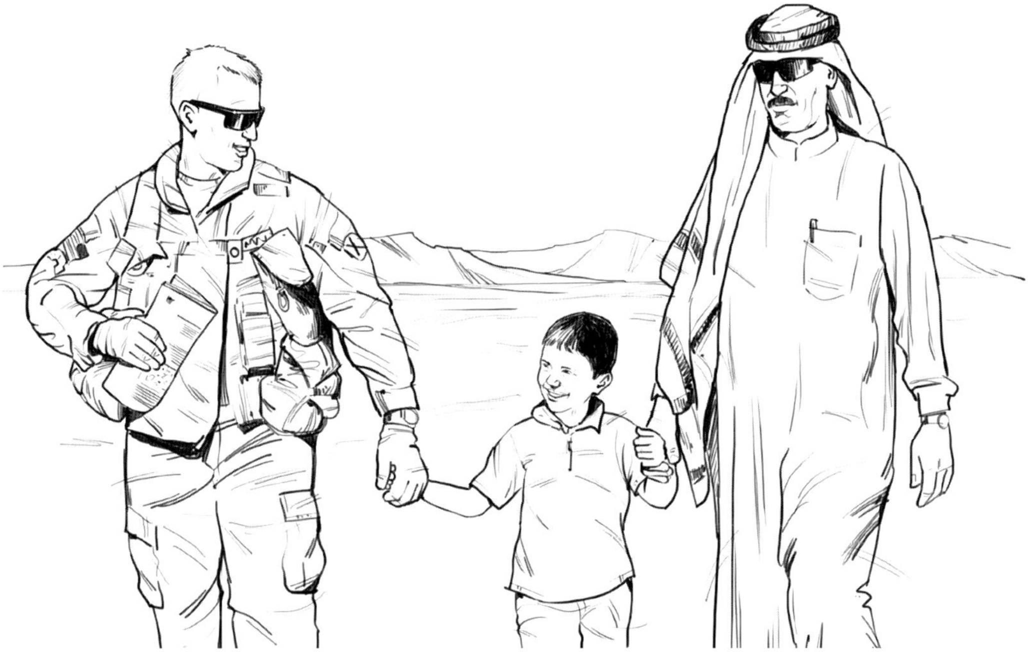

VERBINDUNGSMANN VOR ORT

In einem von Aufständischen ausgelösten Konflikt kann es ausschlaggebend sein, den Gegner zu isolieren und damit in Panik zu versetzen, während man gleichzeitig gute Beziehungen zur lokalen Bevölkerung aufbaut. Soldaten, deren Auftrag die Friedenssicherung ist, müssen daher vor allem in den Gemeinden vor Ort um Vertrauen werben, damit den Aufständischen die Unterstützung der lokalen Bevölkerung entzogen wird.

Den Feind da treffen, wo er am verwundbarsten ist

Wir wollen die Quelle der Stärke des Feindes angreifen, aber wir wollen sie nicht direkt attackieren. Wir werden offensichtlich mehr Erfolg haben, wenn wir unsere Stärke auf eine relative Schwäche des Gegners konzentrieren. Deshalb fragen wir uns auch: Wo ist der Feind verletzlich? Um es in der Sprache des Gefechts auszudrücken: Wir sollten seine Frontlinie, wo all seine Aufmerksamkeit und Stärke gebündelt ist, grundsätzlich meiden. Stattdessen machen wir seine offenen Flanken ausfindig und gehen hinter die Linien, wo er uns nicht vermutet und wir den größten psychologischen Schaden anrichten können. Wir sollten außerdem in einem Moment zuschlagen, in dem er verletzlich ist. Von all den verwundbaren Schwachstellen, die wir potenziell ausnutzen können, sind einige entscheidender für den Gegner als andere. Einige können erheblich zur Niederlage des Gegners beitragen, während andere nur minimalen Nutzen für uns bringen. Deshalb sollten wir unsere Bemühungen auf eine entscheidende Schwachstelle konzentrieren, eine Schwachstelle, die, wenn sie ausgenutzt wird, der Widerstandskraft des Gegners den größten Schaden zufügen wird.
MCDP 1, *Warfighting*, S. 46

Kampagnen unter dem Begriff »Eroberung der Herzen und Köpfe« erfordern Geduld, mentale Reife und Geschick bei der Umsetzung. Es kann lange dauern, bis erste Ergebnisse sichtbar werden. Soldaten müssen lernen, dass die Werte und Ideen ihres Heimatlandes nicht überall gelten und für richtig gehalten werden. Sie müssen sich von der Kultur vor Ort ein Bild machen, um die Prioritäten der Menschen zu erkennen. Eine erfolgreiche Kampagne auf diesem Gebiet kann den Feind direkt ins Herz seiner höheren Werte und Bedürfnisse treffen. Viele junge Männer werden auf der Suche nach Anerkennung Mitglied in einer Gruppe von Aufständischen. Wenn nun aber die Gesellschaft als Ganzes den Aufständischen diesen Respekt entzieht, dann wird die Kampfbereitschaft der jungen Männer schwächer. Zusammenfassend lässt sich sagen, dass eine Armee den Gegner auf allen Ebenen der Bedürfnispyramide attackieren muss, wenn sie den Krieg gewinnen will. Umgekehrt gilt, dass sich eine Invasionsarmee die einheimische Bevölkerung auf eigene Gefahr zum Feind macht.

Das Töten eines Feindes

Die ultimative Art und Weise, Kontrolle über einen Feind zu erlangen, ist natürlich ihn oder sie zu töten. Die Auswirkungen, die diese Tat auf denjenigen hat, der sie verübt, kann nicht in einfachen Sätzen beschrieben werden. Zumindest während der Kampfhandlungen selbst scheinen viele Soldaten wie berauscht – nicht nur durch den Akt des Tötens selbst, sondern allein durch ihre Fähigkeit, extreme Gewalt aus-

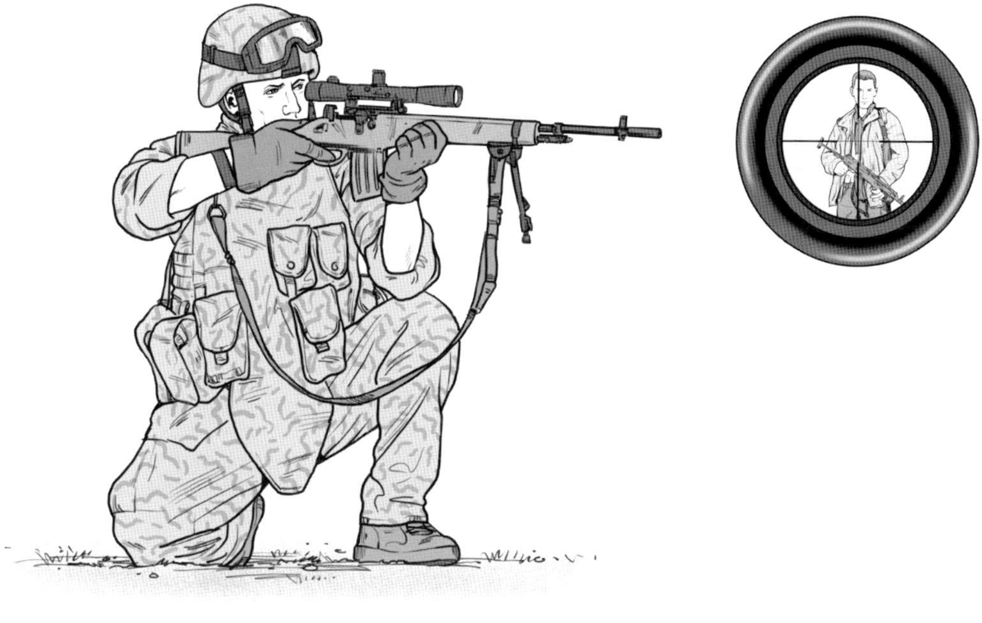

KILLERINSTINKT

Es ist eine große Herausforderung für das Militär, den Killerinstinkt auf der einen Seite zu fördern und zu schärfen und auf der anderen Seite diesen Instinkt unter Kontrolle zu halten, bis er im Einsatz benötigt wird. Soldaten müssen zu jeder Zeit klar zwischen Zivilisten und Kombattanten trennen können, obwohl in einem Gefecht die Grenzen oft verschwimmen.

Soldat stellt Charakter und Disziplin unter Beweis

Am Morgen des 28. Februar 1991, etwa eine halbe Stunde vor dem Waffenstillstand, kam ein T-55 Panzer auf eine US Einheit mit Bradley Schützenpanzern zu, die sich sofort auf einen Angriff mit TOW-Panzerabwehrlenkwaffen vorbereiteten. Eine Fahrzeuggruppe, die aus dem Panzer des Zugführers und dem eines weiteren Kommandanten bestand, nahm den irakischen Tank ins Visier und war kurz davor, zwei tödliche Schüsse abzugeben. Plötzlich sah der unterstellte Kommandant, dass der T-55 Panzer abstoppte und ein Kopf aus dem Kommandoturm auftauchte. Er funkte seinen Zugführer sofort an, dass Feuer zurückzuhalten, weil er dachte, dass der Iraker den Panzer verlassen und sich ergeben wollte.

Die irakische Panzerbesatzung sprang vom Fahrzeug und rannte hinter eine Sanddüne. Der Zugführer spürte, dass etwas sonderbar war und wies den Kommandanten an, das Gebiet um eine nahe Düne herum zu untersuchen, während er selbst ihm mit seinen Waffen Deckung gab. Zur Überraschung aller fand der Kommandant mit seiner Mannschaft 150 feindliche Kombattanten, die sich alle ergaben. Um diese große Anzahl Gefangene handhaben zu können, ließen die Amerikaner sie in einer Schlange Aufstellung nehmen und schleusten sie anschließend durch ein Spalier der amerikanischen Panzerbesatzung, um sie zu entwaffnen und sie nach geheimdienstlich verwertbaren Gegenständen zu durchsuchen. Die Einheit forderte dann eine für Kriegsgefangene zuständige Einheit an, um sie abholen zu lassen. Der Zugführer bereitete sich anschließend auf die Zerstörung des T-55-Panzers vor. Vorher ließ er ihn hinter eine sandige Böschung bringen, um seine eigenen Leute und die Gefangenen vor herumfliegenden Granatsplittern von den Waffen an Bord des Panzers zu schützen. Als der Panzer dann plötzlich explodierte und die Munition an Bord sich entzündete, klang es als würden Gewehre abgefeuert. Die Gefangenen gerieten in Panik, weil sie dachten, die Soldaten würden sie erschießen. Schnell gaben die US Soldaten ihnen zu verstehen, dass das nicht der Fall sei. Einer von ihnen sagte zu den Irakern: »Hey, wir sind aus Amerika, wir erschießen unsere Gefangenen nicht!«

US Army, Army Leadership: *Confident, Competent, and Agile*, FM 6-22 (Oktober 2006) 4-1-4-2

zuüben. Sie fühlen sich lebendig und gleichzeitig mächtig. Ein ehemaliger Soldat, der im Ersten Weltkrieg gekämpft hatte, wurde von Joanna Bourke in ihrem sehr aufschlussreichen Buch *An Intimate History of Killing* mit den folgenden Worten zitiert:

> *Ich dachte, ich sei immun gegen diese Art von Rausch bis ich als Offizier das Kommando über den Grabenmörser, diese in der modernen Kriegsführung wahrscheinlich tödlichste aller Waffen, erhielt… Eines Tages … landete ich einen Volltreffer in einem Feindeslager, sah Körper oder Körperteile in die Luft fliegen und hörte das verzweifelte Schreien der Verwundeten und Flüchtenden. Ich musste mir eingestehen, dass das einer der glücklichsten Momente meines Lebens war.*

Bourke enthüllt in ihrem Buch mit großer Ehrlichkeit, dass Soldaten im Laufe der Geschichte häufig mit übersprudelnder Freude auf das Töten eines Feindes reagierten, denn wenigstens für den Moment fühlten sie sich wie Gott. Natürlich ist das nur eine von vielen möglichen Reaktionen. Manche sind sich nur darüber bewusst, wie wenig sie empfinden, wenn sie jemanden getötet haben. Für sie fühlt sich das genauso an, als wenn sie ein Insekt zerquetscht hätten. Andere wiederum sind durch die Ungeheuerlichkeit ihrer Tat bis in ihre Grundfesten erschüttert und bleiben lebenslang traumatisiert. Die Reaktion ist also bei jedem Menschen unterschiedlich, obwohl sie in bedeutendem Maß durch Training und auch Ideologie beeinflusst werden kann. Auf einer bestimmten Ebene muss das Töten eines Feindes bereitwillig akzeptiert werden, wenn ein Soldat den Job tun soll, für den er ausgebildet wurde. Abgesehen davon hat er sich ja auch und gerade wegen der Aussicht auf den bewaffneten Kampf für eine militärische Laufbahn entschieden. Würde man diese Tatsache verleugnen, hieße das, das Wesen des Soldatentums zu verleugnen. Militärischen Führern obliegt allerdings die Aufgabe, den Prozess des Tötens in die richtigen Bahnen zu lenken, so dass er innerhalb der streng definierten Grenzen bleibt. Wenn diese Kontrolle fehlt, wächst die Gefahr, dass Einheiten sich an Gräueltaten beteiligen.

Horrende Gräueltaten

Ein Blick auf die Geschichte zeigt, dass alle Armeen in kleinerem oder größerem Ausmaß das verübt haben, was heute als Gräueltaten klassifiziert wird. An einem Ende der Skala finden sich die Naziorganisationen SA und SS, deren Todeskommandos buchstäblich Millionen von Menschen in Osteuropa zwischen 1941–1942 als Teil einer autorisierten Politik vorsätzlich umbrachten. Am anderen Ende der Skala sind Vorgänge, die an unzu-

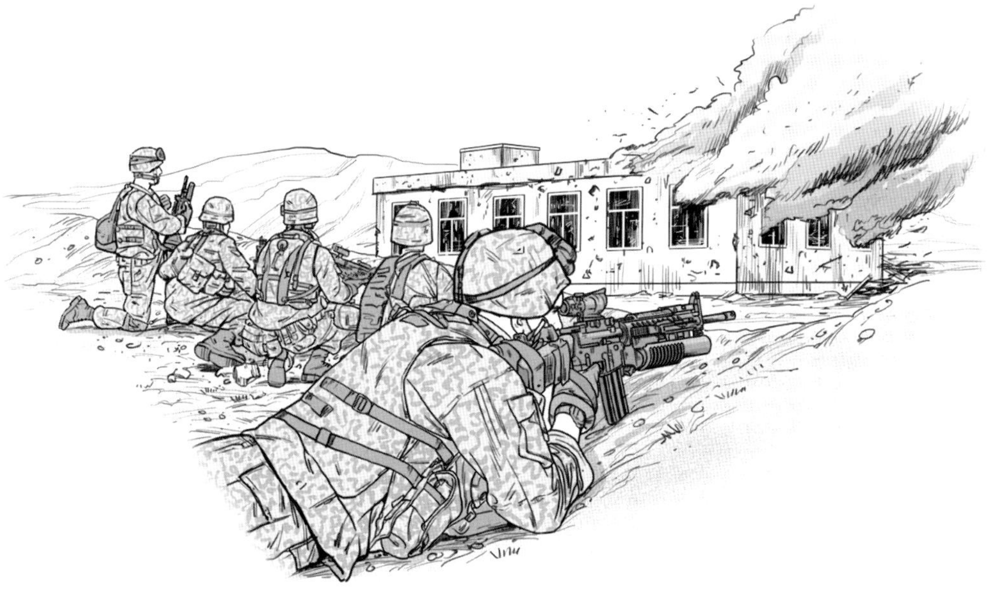

ZERSTÖRUNG BRINGEN

Amerikanische Soldaten zerstören ein Gebäude, in dem sich eine Gruppe Aufständischer versteckt. Hauptkampfziel einer militärischen Einheit ist es, die taktische Vormachtstellung sowie die Feuerüberlegenheit zu gewinnen. Um diese Ziele zu erreichen, muss man sein instinktives, natürliches Mitgefühl ignorieren und abgehärtet gegen menschliches Leid sein.

gänglichen Ecken des Schlachtfeldes geschehen, wenn Soldaten ihrem Hass und ihrem Rachedurst freien Lauf lassen und wahllos Menschen töten. Zu diesen gehören die Enthüllungen über den Vietnamkrieg, die die amerikanische Öffentlichkeit zutiefst schockierten. Erdrückende Beweise ließen keinen Zweifel daran, dass amerikanische Soldaten bei vielen Gelegenheiten ohne militärische Notwendigkeit an sinnlosem Blutvergießen, Vergewaltigung und Folter teilgenommen hatten, und zwar sowohl gegen Zivilisten als auch Kombattanten. Der furchtbare Höhepunkt der Enthüllungen bezog sich auf Ereignisse in dem vietnamesischen Dorf My Lai am 16. März 1968. An diesem Tag wurden zwischen 500 und 504 vietnamesische Zivilisten, hauptsächlich Frauen, Kinder und alte Menschen, von einer Kompanie der Americal Division abgeschlachtet. Der Horror dieser Taten wurde der Öffentlichkeit erst Monate später bekannt, aber es versetzte dem amerikanischen Engagement in Vietnam den Todesstoß.

Die Ursachen für solche Gräueltaten sind komplex und unterscheiden sich von Ereignis zu Ereignis, aber es gibt einige verbindende Faktoren:

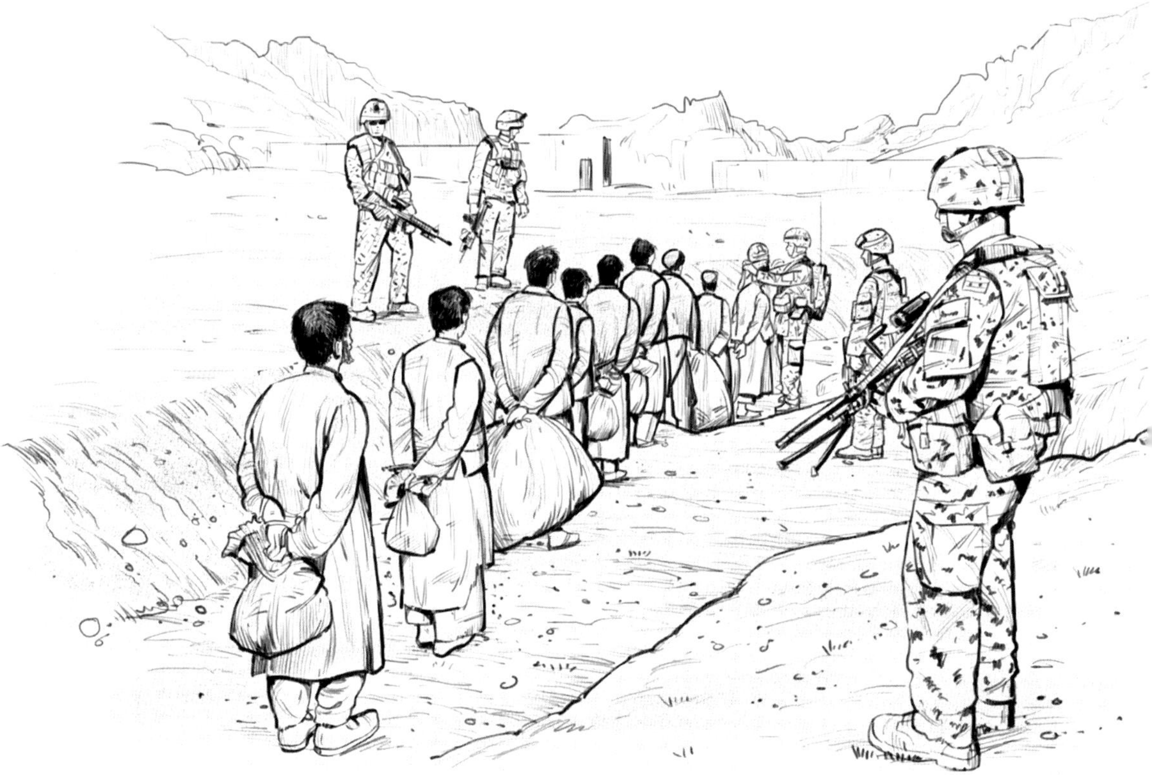

GEFANGENE UNTER KONTROLLE HALTEN

Von den Gegnern kann auch dann noch Gefahr ausgehen, wenn sie schon Gefangene sind. Deshalb müssen sie selbst dann noch mit Vorsicht und Disziplin gehandhabt werden. Hier überwacht eine britische Einheit die strikte Trennung der Gefangenen, damit sie keine Informationen austauschen oder übereinstimmende Geschichten erfinden können. Die Bewacher müssen außerdem darauf achten, dass sie kein allzu freundschaftliches Verhältnis zu den Gefangenen aufbauen und dann die Sicherheitsvorkehrungen vernachlässigen.

Gruppenzwang

Gruppen verüben mit größerer Wahrscheinlichkeit Gräueltaten als Einzelne. Das moralische Gewissen des Einzelnen wird dann durch die Gruppendynamik zeitweilig ausgeschaltet.

Schwache Führung

Wenn Offiziere den Eindruck erwecken, dass sie insgeheim der Gewalt gegen Zivilisten oder Gefangene zustimmen oder wenn sie aus Desinteresse einfach wegschauen, dann wird das von manchen Soldaten als grünes Licht für ihre Taten interpretiert.

Rache

Einheiten, die in Gräueltaten verwickelt sind, haben häufig kurz zuvor schwere Verluste hinnehmen müssen und wollen daher dem Gegner auch Schmerzen zufügen.

Frustration

Ein Feind, der sich entzieht und trotzdem mittels ferngezündeter Sprengfallen (IEDs) oder anderer Waffen für Verwundete oder Tote verantwortlich ist, kann unkontrollierbare Wut auslösen, wenn die Soldaten dann auf Gefangene oder sympathisierende Zivilisten treffen.

Erschöpfung

Schiere Erschöpfung und Schlafmangel können dazu führen, dass Menschen sich vollkommen anders verhalten als normalerweise.

Rassismus

In Armeen mit einer sehr nationalistischen oder rassistischen Ideologie können Angehörige fremder Völker derart dehumanisiert werden, dass der Mord an ihnen unwichtig oder sogar gerechtfertigt erscheint.

PTBS

Soldaten, die unter PTBS leiden, haben eine größere Wahrscheinlichkeit, zusammenzubrechen und die Selbstkontrolle zu verlieren.

Die Liste ist nicht vollständig und wird von vielen verschiedenen politischen, sozialen und psychologischen Faktoren beeinflusst. Das Problem für die militärische Führung besteht darin, dass Soldaten, die im Rahmen ihres Auftrags töten, Schwierigkeiten haben, diesen Instinkt wie einen Wasserhahn zuzudrehen, wenn er nicht gebraucht wird.

Es gibt allerdings Maßnahmen, mit deren Hilfe alle diese Faktoren abgemildert werden können. Ein entscheidender Faktor bei der Kontrolle des Killerinstinkts ist das Verhalten ihrer Offiziere, an dem sich die Soldaten ein Beispiel nehmen. Offiziere müssen die Werte einer Armee überzeugend verkörpern und sowohl Kampfgeist als auch eine menschliche Haltung gegenüber Zivilisten und Gefangenen zeigen. Selbst wenn die Gegenseite die Menschenrechte nicht immer beachtet, sollte der Offizier klar machen, dass seine Einheit für höhere Werte einsteht. Was das für Werte sind, wurde in Kapitel 4 diskutiert. Jeder Einheitsführer sollte seine Soldaten so führen, dass sie als perfekte Repräsentanten ihres Landes dienen können.

In der Hitze des Gefechts

Sofort nach dem Einsatz ist die Gefahr, dass es zu Gräueltaten kommt, am größten. Der Adrenalinpegel ist noch maximal hoch und die Waffen sind noch heiß vom Gefecht. In dieser spannungsgeladenen Atmosphäre greifen Soldaten im Zweifel zu ihren Waffen. Der Befehl, das Feuer einzustellen, muss deshalb in der ganzen Einheit nachdrücklich durchgegeben werden. Dieser Befehl muss mit speziellen Anweisungen über die Behandlung von Gefangenen gepaart sein. Die Verantwortung für Gefangene sollten ausschließlich Spezialisten übernehmen, die in Verhörtechniken ausgebildet wurden. Gefangene sollten außerdem schnellstmöglich hinter die Linien gebracht werden, wo sie sicher sind. In den Einheiten, die kurz zuvor Verluste erlitten haben, müssen die militärischen Führer aufmerksam auf die ersten Anzeichen beginnender Kriegstraumata achten (siehe Kapitel 7). Aggressivem Verhalten, Disziplinproblemen, Suchtmittelmissbrauch und anderen Grenzüberschreitungen muss schnell und entschieden begegnet werden. Häufig muss dafür die betroffene Person aus der Einheit entfernt werden. Angemessene Ruhephasen und Erholung sowie notwendige psychologische Betreuung wird die Ereignisse langsam wieder in die richtige Perspektive rücken und verhindern, dass Ängste sich in Form von Gewalt Luft verschaffen. Auch der Vermittlung von Wissen kommt bei der Kontrolle von Gewaltausbrüchen eine große Bedeutung zu. Die Soldaten sollten sich mit lokalen Bräuchen vertraut machen und sich möglichst in den einheimischen Gemeinden vernetzen, damit sie das Gefühl verlieren, in einer völlig fremden Kultur isoliert zu sein. Wenn sie das Gespräch mit Einheimischen suchen, zeigt sich unweigerlich, dass alle Menschen trotz ihrer kulturellen Unterschiede sehr vieles gemeinsam haben.

Wir haben in diesem Kapitel gesehen, dass das Besiegen des Gegners sehr viel komplexere Aspekte beinhaltet, als nur Tod und Verderben über ihn zu bringen. Wenn Soldaten auf jeden einzelnen Aspekt der gegnerischen mentalen Bedürfnisse Druck ausüben – von dem Bedürfnis nach Schlaf, Waschen und Essen bis zu dem Glauben an das Recht auf eigene Meinung und die Fähigkeit, seine Familie zuhause zu beschützen, dann stehen die Chancen auf einen Sieg gut. Was der Soldat aber natürlich auch verstehen muss: Der Gegner versucht ihm selbstverständlich umgekehrt das Gleiche anzutun.

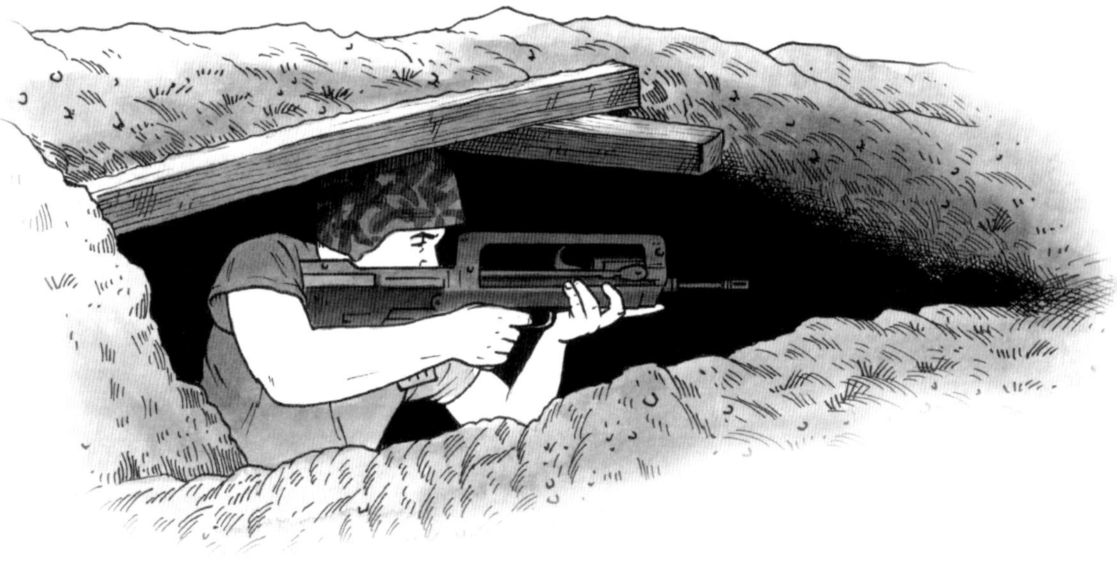

IN DER HITZE DES GEFECHTS

Ein französischer Soldat legt aus seinem Bunker auf ein Ziel an. Es ist wichtig, Soldaten darauf zu trainieren, den Abzug zu betätigen. Genauso wichtig ist es, sie darauf zu trainieren, das Feuer einzustellen, wenn sie den Befehl dazu erhalten. Die meisten Kriegsgräueltaten werden in angespannten, chaotischen Gefechtssituationen verübt. Mentale Stärke und Selbstbeherrschung sind niemals wichtiger als in dem Moment, in dem der Kampf endet.

6 Umweltbedingungen, die Sie an Ihre Grenzen bringen

Nichts stellt Sie auf eine so harte Bewährungsprobe wie die Konfrontation mit der Natur. Wenn Sie sich schwierigen Umweltbedingungen gegenüber sehen, entscheidet die richtige mentale Einstellung über Erfolg oder Versagen.

Die Entsendung in unwirtliche Regionen ist ein wesentlicher Bestandteil des Lebens eines modernen Soldaten. Seit 2003 mussten sich viele westliche Streitkräfte an das Leben unter glühend heißen Wüstenbedingungen im Irak gewöhnen. Diejenigen, die nach Afghanistan entsendet werden, sind mit einem noch breiteren Spektrum von Klima- und Geländebedingungen konfrontiert. Die Soldaten müssen sich hier von arktischen Schneestürmen in den Bergregionen im Winter bis zu brennend heißen Tälern im Sommer auf eine große Bandbreite von Umweltbedingungen einstellen. Es ist also nicht überraschend, dass ein großer Teil des Trainings bei den Eliteeinheiten dem Überlebenstraining gewidmet ist.

Körperliche und mentale Tests, die so anstrengend und anspruchsvoll sind, dass nur 10 von 125 Bewerbern bestehen, sind Teil des SAS-Auswahlverfahrens. Körperliche Fitness und Navigation werden in den Bergen der Brecon Beacons in Wales getestet, bevor die Rekruten nach Belize in Mittelamerika verlegt werden, wo sie das Überleben im tropischen Dschungel üben. Die Abschlussphase für die wenigen, die diese beiden Feuerproben bestehen, ist eine Flucht- und Durchschlageübung, bei der sie sich mittels Orientierung an Wegepunkten drei Tage durch unwegsames Gelände schlagen müssen ohne gefasst zu werden. Zu guter Letzt wird jeder, ob gefasst oder nicht, einem taktischen Verhör unterzogen, in dem er außer Name, Dienstgrad, Identifizierungsnummer und Geburtsdatum nichts preisgeben darf. Der Prozess dauert insgesamt etwa sechs Monate. In dieser Zeit werden unter hohem Druck die körperliche Stärke, die Selbstmotivation und die mentale Widerstandsfähigkeit getestet. Wie wir in diesem Kapitel sehen werden, ist für das Überleben in der Wildnis mentale Resilienz genauso wichtig wie praktische Kenntnisse.

Umwelteinflüsse

Die überwältigenden Kräfte der Natur – nicht umsonst heißt es Naturgewalten – dürfen niemals unterschätzt werden. Kälte, Hitze, Höhenlagen und Nässe können umfassend negative und vor allem langanhaltende Auswirkungen auf die Stimmung und die mentale Widerstandsfähigkeit eines Soldaten haben. Unvorhersehbare Launen der Natur können ganze Einsätze gefährden und Menschenleben fordern, so wie im Irak im Jahr 1991, als zwei Soldaten des Bravo Two Zero SAS Squadron an Unterkühlung starben, weil die Region plötzlich von nicht vorhergesagten Schneestürmen heimgesucht wurde.

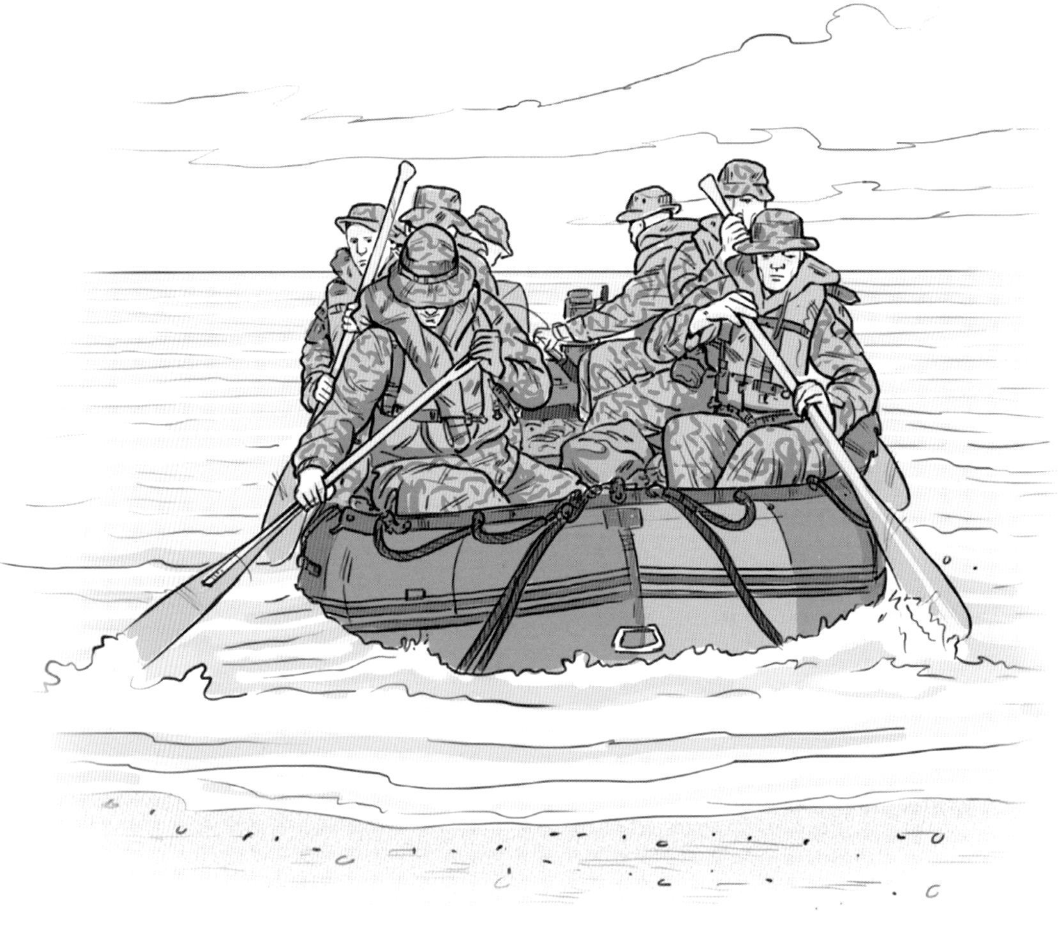

AMPHIBISCHE KAMPFTRUPPE

Für militärische Operationen auf, im und am Wasser braucht man Männer, die sich im Wasser vollkommen zuhause fühlen. Nicht jeder Soldat hat die benötigten Qualitäten. Der Kampf gegen starke Küstenströmungen ist, wie man an diesem Navy SEAL Team erkennen kann, sehr frustrierend. Hier werden Männer mit großer körperlicher Leistungsfähigkeit gebraucht, die sich hervorragend mit den Gegebenheiten auf See auskennen.

Leider sind Kriegszonen sehr häufig auch in Bezug auf die Umwelt lebensfeindlich. Je mehr Sie daher über Ihre Umweltbedingungen wissen, desto besser können Sie sich mental und physisch vorbereiten. Je mehr Sie wissen, desto gesicherter ist Ihr Überleben.

Wüstenterrain

Wüsten sind sowohl eine physische als auch eine mentale Herausforderung. In vielen Wüstengebieten kann die Temperatur tagsüber regelmäßig auf bis zu 55°Celsius steigen, während

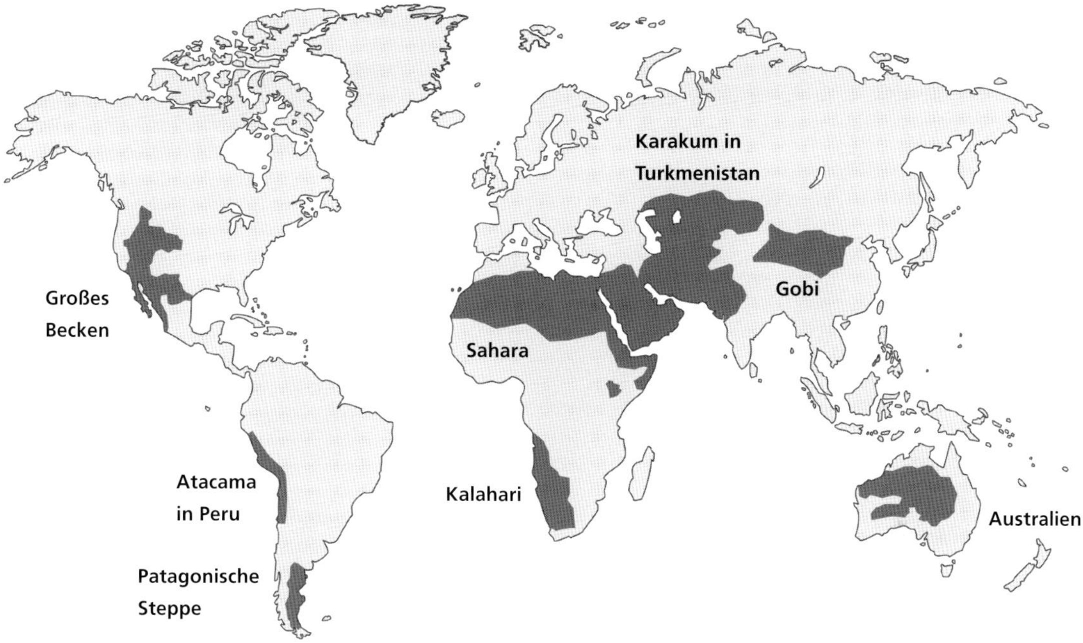

DIE WÜSTEN DER WELT

Etwa ein Drittel der Landoberfläche der Erde ist von Wüstenregionen bedeckt. Darunter sind einige der tödlichsten Regionen der Welt, die Militärstreitkräfte vor außergewöhnliche Herausforderungen stellen.

sie nachts nur noch knapp über dem Gefrierpunkt liegt. Die niedrige Luftfeuchtigkeit und die fehlende Wolkendecke, die für die brutale Hitze verantwortlich sind, sind auch die Ursache für die schnelle und starke nächtliche Abkühlung. Mehr als ein Drittel der Welt ist von Wüste bedeckt. Insgesamt gibt es mehr als 50 große Wüstengebiete, von denen die Sahara in Nordafrika die größte ist. Unter solchen Bedingungen zu überleben oder sogar zu arbeiten, kann Sie an Ihre Grenzen bringen. Der wichtigste Merksatz für das Überleben unter derart harschen Bedingungen lautet (unabhängig von Klima und Gelände): Überschätzen Sie niemals Ihre physischen Kräfte. Egal wie hart im Nehmen Sie sind – es gibt wissenschaftlich untermauerte physikalische Grenzen für das, was der Körper zum Beispiel in Bezug auf längerfristige Belastung durch direkte Sonneneinstrahlung oder tropische Hitze ertragen kann. Verlieren Sie im Umgang mit der Wüste nie den Respekt und treffen Sie Vorbereitungen, um die Gefahren zu begrenzen. Führen Sie alle körperlich anstrengenden Aufgaben frühmorgens, abends oder nachts aus, wenn es kühler ist. Suchen Sie sich während der heißesten Zeit des Tages einen schattigen Platz (normalerweise von 10 bis 15 Uhr). Tragen Sie leichte, weite Kleidung, die den größten Teil Ihres Körpers bedeckt. Das ist bequem und kühl. Es ist außerdem wichtig, dass Sie Ihren Kopf jederzeit bedeckt halten. Ist er direkter Sonneneinstrahlung ausgesetzt, kann das leicht zu Hitzeschlag, aber auch zu starken Kopfschmerzen und mentaler Verwirrtheit führen. Vermeiden Sie es – selbst wenn Sie Sonnenschutz aufgetragen haben – Ihre unbedeckte Haut der Sonne auszusetzen. Das gilt besonders, wenn Sie starke Sonne nicht gewöhnt sind. Vielleicht sind Sie der Meinung, dass ein bisschen Sonne nicht schaden kann. Aber die Schmerzen, die ein Son-

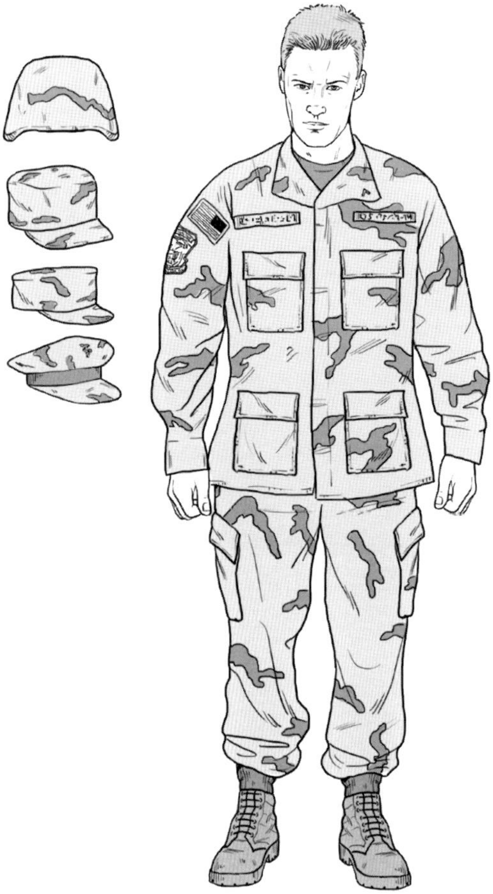

WÜSTENKAMPFANZUG

Die angemessene Uniform kann in der Wüste für Komfort sorgen, statt Qualen zu verursachen. Da Sie sich jederzeit gegen die Sonneneinstrahlung schützen müssen, hat die richtige Kopfbedeckung die absolute Priorität.

nenbrand verursacht, wenn Schultergurte in die verbrannte Haut schneiden, lenken Sie vielleicht von wichtigeren Dingen ab.

Mentale Anforderungen bei Wüsteneinsätzen

Die besondere Eigenart von Einsätzen im Wüstengelände verlangt Ihrer mentalen Stärke sehr viel ab. Orientierungslosigkeit kann genauso zum Problem werden wie andere, praktischere Herausforderungen. Dennoch bemüht sich das US Army Field Manual FM 90-3 Desert Operations um Beruhigung.

> *Es gibt keinen Grund, die Wüste zu fürchten. Ein Soldat/Marine, der gut auf die Bedingungen vorbereitet ist, muss keine nachteiligen Auswirkungen auf seine mentale Verfassung befürchten. Manche Soldaten, für die die Wüstenbedingungen neu sind, leiden zunächst unter temporärer Agoraphobie. Diese auch Platzangst genannte Störung wird durch die Weite der Wüstenumgebung und den Mangel an natürlicher Deckung ausgelöst. Normalerweise schwindet die Furcht, wenn der Soldat sich akklimatisiert hat. Denken Sie daran, dass das Leben oder Kämpfen in der Wüste nichts Neues ist. Eingeborene Stämme leben seit Tausenden von Jahren in der Sahara. Die Briten unterhielten im Zweiten Weltkrieg ein ganzes Heer in der Westsahara, für das der Nachschub 12.000 Meilen über See herangeschafft werden musste. Trotzdem gewannen sie den Feldzug – und das mit einer Ausrüstung, die der von heute weit unterlegen war. Die Wüste ist neutral und hat den gleichen Einfluss auf beide Seiten. Die Seite, deren Personal am besten auf die Wüstenbedingungen vorbereitet ist, hat einen deutlichen Vorteil.*
> FM 90-3, 1-17

Trotz dieser vernünftigen Hinweise bleibt die Wüste ein Einsatzgebiet mit sehr harschen Bedingungen. Die dauerhafte Belastung durch die starke, kräftezehrende Sonneneinstrahlung, die Fliegenschwärme und das kahle Landschaftsbild können auf Dauer einen nachhaltig negativen Eindruck auf die geistige und

Tipp: Risikobewertung durch die Royal Geographical Society

Dies ist ein Leitfaden zur Bewertung potenzieller Gefahren, der auf einer Richtlinie für Risikobewertung aus dem Expeditionshandbuch der Royal Geographical Society (RGS) fußt. Die RGS empfiehlt, dass Sie im Vorfeld alle »Was-wäre-wenn«-Situationen durchspielen. So sind Sie vorbereitet, wenn etwas schief geht, wissen, was zu tun ist und haben die notwendige Ausrüstung sowie die nötigen Vorräte dabei. Im Folgenden finden Sie eine Liste der Gefahren und Situationen, die im Vorfeld jeder Expedition und jedes Abenteuers zu bedenken sind.

Das Team
- Gesundheit und Fitness (einschließlich Vorerkrankungen) – erhöhtes Risiko, wenn sich bestehende Gesundheitsprobleme auf einer Expedition verschlimmern können und zu ernsthafter Erkrankung oder Tod führen.
- Einstellung und Verhalten – erhöhtes Risiko, wenn Kontrollmaßnahmen missachtet werden. Das kann Krankheit und Verletzung zur Folge haben.
- Erfahrung und Training – verringern das Risiko.

Persönliche Ausrüstung
- Ernsthafte Verletzungen/Erkrankung durch mangelhafte/schadhafte Ausrüstung

Die Umwelt
- Berge/Meer/Wüste/Dschungel
- Höhenkrankheit/Tod durch Ertrinken/durch Hitze ausgelöste Probleme
- Klima und Wetterbedingungen
- Verletzung/Tod, die durch Hitze bzw. Kälte verursacht werden.

Gesundheit
- Lokale Krankheiten
- Verschmutztes Trinkwasser
- Verunreinigtes Essen
- Hygiene/Lebensverhältnisse

seelische Verfassung machen. Truppen, die im Zweiten Weltkrieg in Nordafrika dienten, berichteten über ein starkes Gefühl der Trostlosigkeit und Entfremdung während ihres Einsatzes in den unwirtlichsten Gegenden. Das erklärt sich zum Teil durch die schiere Unwirtlichkeit, ja, Feindseligkeit des Geländes und die völlige Abwesenheit von Vertrautem. Nichts erinnert an die Heimat. Darüber hinaus darf man ein paar widerwärtige Fakten nicht vergessen, die mit einem Einsatz in der Wüste einhergehen.

Hautkrankheiten und Verdauungsstörungen sind weit verbreitet und erodieren die Kampfmoral und Energie der Soldaten. Lebensmittel sind häufig mit Sand und Staub verunreinigt, so dass das Essen keine Freude macht. Tote, die nicht sofort beerdigt werden, fangen in der Hitze schnell an zu verwesen – ein weiterer Horroraspekt dieser Umgebung.

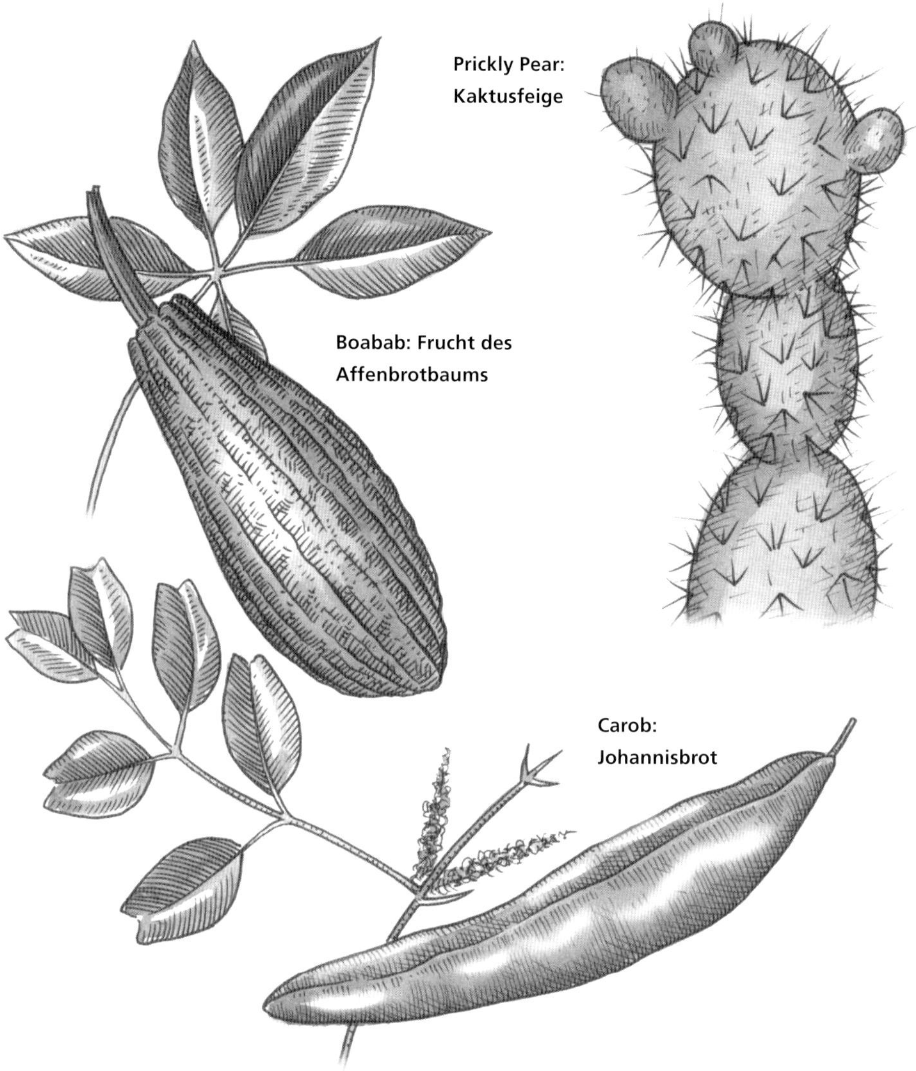

ESSBARE WÜSTENPFLANZEN

Soldaten, die in der Wüste im Einsatz sind, müssen so viel wie möglich über ihre Umwelt wissen. Die unten gezeigten Pflanzen sind zum Beispiel essbar, wachsen aber neben einer Vielzahl giftiger Sorten.

Akklimatisierung

Akklimatisierung ist der Schlüssel zur mentalen Anpassung an die Wüstenbedingungen. Das geht einher mit dem Bewusstsein, dass auch der Gegner unter den gleichen Bedingungen zu leiden hat. Militärische Führer sollten klar und deutlich erklären, warum die Soldaten an diesen Kriegsschauplatz entsendet wurden und was erreicht werden soll. Vor allem aber müssen militärische Führer strenge Verhaltensmaßregeln in Bezug auf Hygiene und persönliche Vorsichtsmaßnahmen durchsetzen, um die ewigen Flüche des Lebens in der Wüste zu verhindern – Krankheiten, Sonnenbrand, Dehydrierung und Hitzschlag. Das Desert Operations Manual wird auch in dieser Hinsicht ganz deutlich:

Kommandeure müssen den Truppen, die in der Wüste dienen, ihre besondere Fürsorge angedeihen lassen, da diesen keine anderen Annehmlichkeiten zur Verfügung stehen als die von der Führung bereitgestellten. Diese Fürsorge für das Wohlergehen der Soldaten ist ein wichtiger Faktor für die Aufrechterhaltung der Kampfmoral in einem harschen Umfeld. Das gilt besonders für unerfahrene Soldaten. Bei dieser Fürsorge geht es um mehr als um die bloße Bereitstellung von Post und sauberer Kleidung. Truppen müssen gesund und körperlich fit bleiben, ausreichende, genießbare und regelmäßige Mahlzeiten erhalten sowie Ruhezeiten und Schlaf einhalten.

Es wird nicht immer möglich sein, das alles herzustellen. Unannehmlichkeiten sind unvermeidbar. Aber wenn die Truppen wissen, dass ihre Kommandeure alles in ihrer Macht stehende tun, um die Situation erträglich zu machen, werden sie die Extreme, die mit der Umgebung einhergehen, bereitwilliger akzeptieren.

FM 90-3, *Desert Operations,* 1-18

Dieser Abschnitt hält jede Menge Ratschläge für einen militärischen Führer bereit, der seinen Soldaten den Wüsteneinsatz ein wenig erleichtern möchte. Der Punkt, der sich mit den Annehmlichkeiten beschäftigt, ist besonders kritisch. Es ist sehr schwierig und erfordert innovative Ideen, um einem Militärstützpunkt bzw. -außenposten in der Wüste auch nur einen Anstrich von Annehmlichkeit zu geben, zumal die natürliche Umgebung öde und die hellen Lichter und Vergnügungen der Zivilisation sehr weit weg sind. Alles hängt von der Art des Stützpunktes ab. Eine große Main Operating Base (MOB – Haupteinsatzbasis) mit robustem Meer- oder Luftzugang, die vom US Militär als eine ständig bemannte, sehr gut geschützte Basis für dauerhaft entsendete Truppen im Ausland unterhalten wird, hat vermutlich alle Annehmlichkeiten, die sich eine wohlhabende Militärnation leisten kann. Das schließt zum Beispiel Satelliten-TV-Empfang, ein breites Gastronomieangebot, Freizeitzentren mit Fitnessstudios und Bars, Zugang zu nahegelegenen Städten, ein Krankenhaus und Möglichkeiten der problemlosen Kommunikation mit Zuhause ein. Näher an der Front befinden sich die Forward Operation Bases (FOB – Vorgeschobene Einsatzbasis). Eine FOB ist ein sicherer Militärstützpunkt, der der Unterstützung von in der Nähe stattfindenden taktischen Einsätzen dient. Aufgrund ihres operationellen Charakters ist das Leben auf diesen Stützpunkten sehr viel spartanischer als auf einer MOB. Statt einer Auswahl an Gastronomiebetrieben bieten Kantinen eine eher begrenzte und eintönige Auswahl an Gerichten an und die einzige Freizeiteinrichtung ist ein rudimentär ausgestatteter Fitnessraum oder ein in den Sand gekratztes Basketballfeld. Die Kommunikation mit Zuhause ist normalerweise eingeschränkt. Oft ist der Zugang zu E-Mail, Internet oder Satellitentelefon nur einmal pro Woche für kurze Zeit möglich. Mobiltelefone sind verboten. Das Postsystem funktioniert allerdings in aller Regel. Die Lebensbedingungen für Soldaten in aktiven Patrol Bases (PB – Patrouillenstützpunkt) oder Checkpoints (CP – Kontrollpunkt) direkt an der Front muten hingegen fast mittelalterlich an. Unter diesen Umständen kann der Soldat manchmal tage- oder wochenlang nicht baden oder duschen, muss rudimentäre, in die Erde gegrabene Löcher als Latrine benutzen und erhält nichts zu essen außer MREs.

Diese Beschreibung macht deutlich, dass die mentalen Herausforderungen für diejenigen, die in FOBs, PBs oder CPs stationiert sind, eindeutig groß sind. Das gilt besonders, wenn die Basen in gesichtslosem Wüstengelände liegen, wo sich zur sengenden Hitze auch noch Krankheiten gesellen.

Folgende Maßnahmen können die mentale Belastung dieses Lebens ein wenig mildern:

- Möglichkeiten für die Soldaten, sowohl allein als auch in der Gruppe zu entspannen.
- Unterstützung für alles, was für humorvolle Abwechslung sorgt: absurde Praktiken oder Zeitvertreibe, die die Moral heben, ohne die Sicherheit zu gefährden.
- Die Lebensbedingungen sollten so gut wie möglich verbessert werden. Oft reichen schon kleinere Maßnahmen. Wenn zum Beispiel ein Satellitentelefon zur Verfügung steht, ermöglicht ein kleiner Verschlag darum herum dem Soldaten das Gespräch mit seiner Familie in gefühlter Privatsphäre.
- Wenn die Soldaten sich nur wenig bewegen, sollte es regelmäßige Sportübungen geben. Körperliche Anstrengung fördert den Stressabbau und durch gute Gesundheit auch eine gute Stimmungslage.
- Die Basen müssen die Soldaten so gut wie möglich von den lebensfeindlichen äußeren Bedingungen abschirmen. Dazu gehören Fliegengitter und -netze, schattenspendende Deckung, ordentlich konstruierte Latrinen und ein ausreichender Zugang zu frischem Trinkwasser.
- Ausreichende Trinkmengen, um Dehydrierung und den damit einhergehenden schädlichen

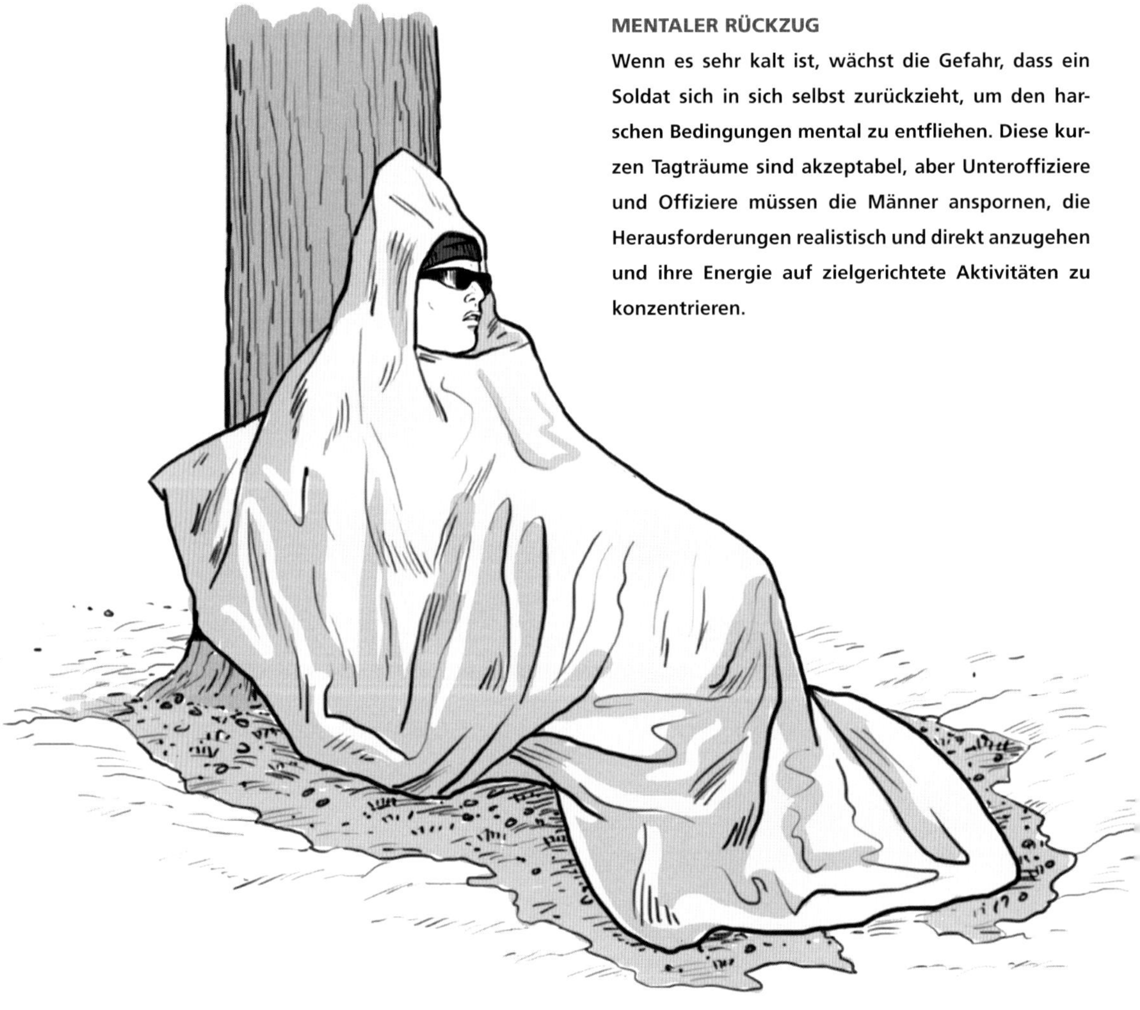

MENTALER RÜCKZUG

Wenn es sehr kalt ist, wächst die Gefahr, dass ein Soldat sich in sich selbst zurückzieht, um den harschen Bedingungen mental zu entfliehen. Diese kurzen Tagträume sind akzeptabel, aber Unteroffiziere und Offiziere müssen die Männer anspornen, die Herausforderungen realistisch und direkt anzugehen und ihre Energie auf zielgerichtete Aktivitäten zu konzentrieren.

Auswirkungen auf den mentalen Zustand entgegenzuwirken.

- Die Ernährung sollte so abwechslungsreich wie möglich sein, obwohl die Mischung aus MREs und frisch zubereiteten Mahlzeiten für die Verdauung problematisch sein kann.

Die Sorgfalt, die für alle diese Maßnahmen gilt, muss sich auch auf die Ausrüstung erstrecken, weil wehender Staub und Sand hochgradig destruktiv sein können. Das Desert Operations Manual stellt klar:

Staub und Sand beeinträchtigen die Einsatzbereitschaft und Leistung von Waffen. Waffen können Ladehemmung haben, Raketen können auf den Startschienen blockieren. Mit Sand oder Staub verstopfte Geschützrohre können Rohrzerspringer verursachen, bei denen das Geschoss im Rohr explodiert. Die tägliche Reinigung aller Waffen unter Aufsicht ist unerlässlich. Besondere Aufmerksamkeit muss den Magazinen gewidmet werden, die verdrecken können und dann nicht mehr nachladen. Decken Sie Raketen auf den Abschussrampen bis zum Gebrauch ab. Um Ladehemmungen aufgrund einer Verschmutzung durch Sand zu vermeiden, müssen die beweglichen Teile aller Waffen so wenig wie möglich geölt sein. Es kann sogar besser sein, sie ganz zu entölen, denn der dadurch beim Schießen entstehende Schaden ist geringer, als der durch eine Sand-Öl-Paste entstehende Abrieb. Pinsel sind die mit Abstand wichtigsten Werkzeuge, die man in

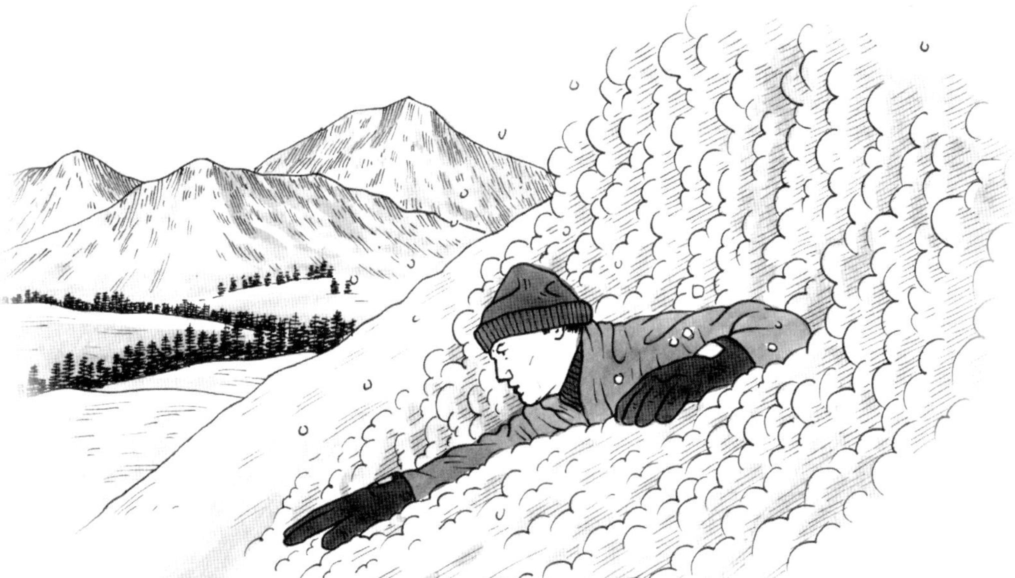

RUHE BEWAHREN

Die entscheidende Voraussetzung, um in einem lebensfeindlichen Klima zu überleben, ist die Fähigkeit, Ruhe zu bewahren und logischen Denkprozessen zu folgen. Dieser Soldat behält die Nerven, obwohl er unter enormem Stress steht. Er ist in eine Lawine geraten und versucht seinen Kopf durch gezielte Schwimmbewegungen über dem Schnee zu halten.

die Wüste mitnehmen kann, da sie für die Reinigung von Waffen und Visiereinrichtungen hervorragend geeignet sind.
FM 90-3, 1-36

Das Handbuch beschreibt die schädigenden Auswirkungen, die Staub und Sand auf fast alles haben – von Computerlaufwerken bis zu Visiereinrichtungen. Sichteinschränkungen durch Hitzeschleier oder Staub können auch nachteilige Auswirkungen auf die Zielgenauigkeit haben. Das gilt besonders für Artillerie- und Panzerbesatzungen.
Wenn zum Beispiel ein Artilleriebeobachter indirektes Feuer anfordert, muss er sicher stellen, dass die ersten Distanzschüsse über das Ziel hinausgehen. Zu kurze Schüsse wirbeln Staub auf, so dass das Ziel nicht mehr sichtbar ist.
Wüstenbedingungen verlangen daher allen Beteiligten große mentale Disziplin ab. Routineabläufe für Hygienemaßnahmen und Sauberkeit müssen implementiert und buchstabengetreu befolgt werden.

Dehydrierung vermeiden
In Kapitel 3 wurde schon ausführlich auf die Bedeutung einer ausreichenden Versorgung mit Flüssigkeit nach anstrengenden Übungen hingewiesen.
Dies ist in Regionen mit heißem Klima besonders wichtig. Hier sollten Sie täglich zwischen 6–8 Liter Wasser in regelmäßigen Abständen trinken. Wichtig ist, dass Sie so häufig und so viel wie möglich in jeweils kleineren Mengen zu sich nehmen. Behalten Sie Ihren Wasservorrat im Auge und teilen Sie ihn streng in Rationen ein, sobald Sie merken, dass das Wasser knapp wird. Dehydrierung kann tödlich sein. Nutzen Sie deshalb alle natürlichen Vorkommen, wenn in Flaschen abgefüllte Vorräte knapp werden.

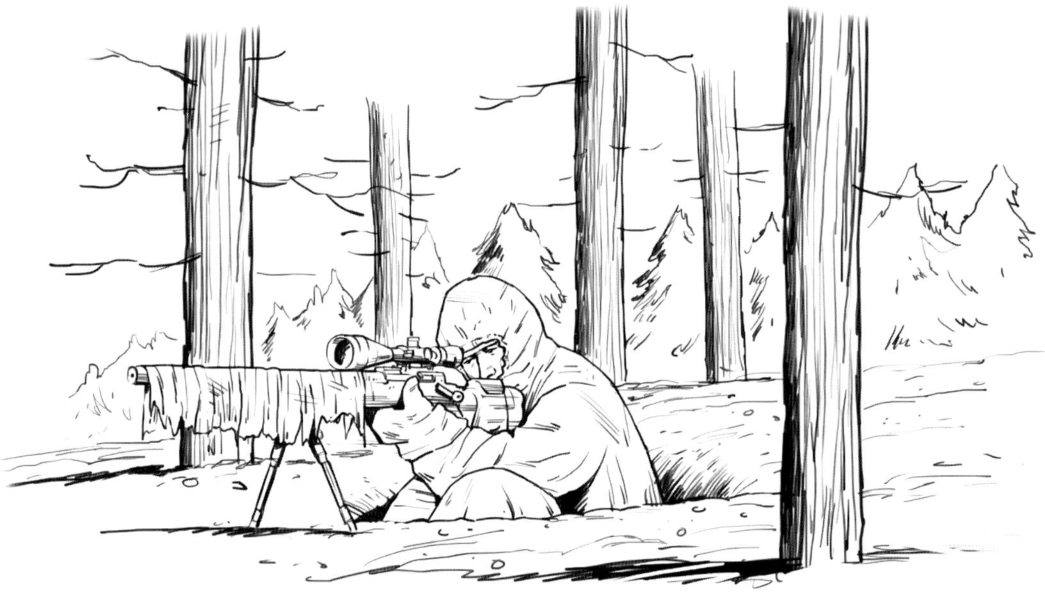

WINTERKAMPF
Ein getarnter Scharfschütze nimmt aus seinem Erdloch im Schnee etwas ins Visier. Unter kalten Wetterbedingungen werden die zahlreichen mentalen und körperlichen Belastungen der Soldaten größer. So muss dieser Soldat seine Waffe trotz der Kälte gewissenhaft reinigen, um zu verhindern, dass sie einfriert.

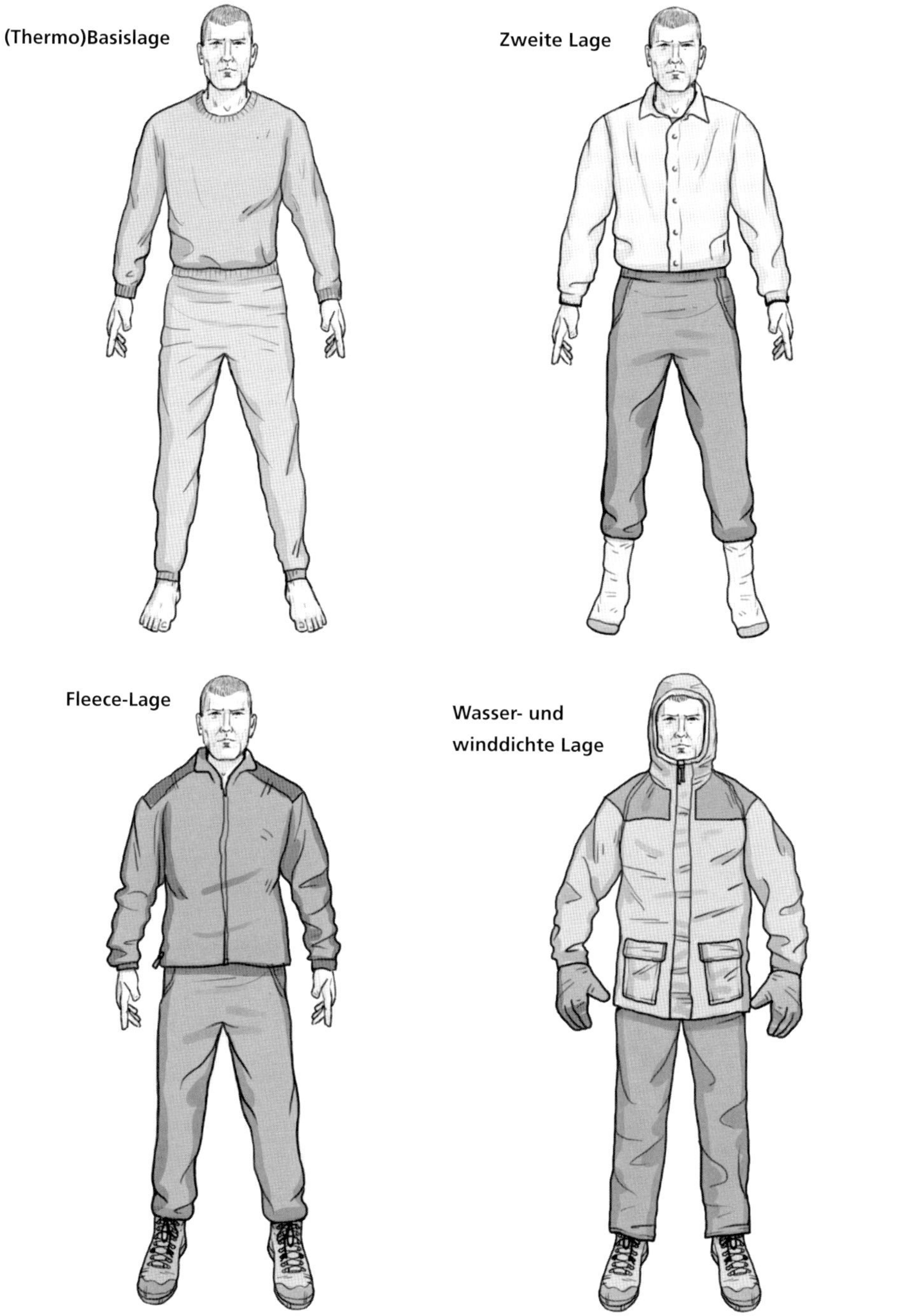

DAS ZWIEBELPRINZIP

Das Zwiebelprinzip ist die beste Methode, um die Körperwärme zu kontrollieren und Wärmeverluste zu vermeiden. Die CS95 Uniform der britischen Armee besteht zum Beispiel aus sieben verschiedenen Teilen – von einer Thermoweste als Basislage bis zur Gore-Tex Jacke als äußerste Lage.

Bedingungen bei Temperaturen unter dem Gefrierpunkt

Wenn die Temperaturen unter dem Gefrierpunkt sind, kann das genauso viele mentale und physische Probleme verursachen wie die eben geschilderten Bedingungen in der Wüste, auch wenn sie ganz anderer Art sind. Die offensichtlich vordringlichste Aufgabe ist es, warm und gesund zu bleiben, um die durch Unterkühlung und Erfrierungen entstehenden Gefahren zu umgehen. Die normale Körpertemperatur liegt bei etwa 37° Celsius. Wenn die Kerntemperatur unter 35° sinkt, kann Unterkühlung einsetzen. Die Anzeichen für Unterkühlung können sich sowohl auf mentaler als auch auf physischer Ebene äußern. Dazu gehören Schüttelfrost, fehlende Muskelkontrolle, Lethargie und langsame Bewegungen, Verwirrtheit, blasse Haut oder sogar bläulich angelaufene Gliedmaßen, weil die Blutgefäße sich zusammenziehen, um Wärme zu speichern.

Temperaturen unter dem Gefrierpunkt können für Armeen, die darauf nicht vorbereitet sind, katastrophale Auswirkungen haben. Ein prominentes Beispiel ist Hannibals Armee, die bei dem Versuch, im Herbst des Jahres 218 v.Chr. die Alpen zu überqueren, fast die Hälfte ihrer Truppen verlor. Auch Napoleons Armee verlor im Winter des Jahres 1812 auf dem Rückzug von Moskau Zehntausende Männer aufgrund von Unterkühlung. Bei den deutschen Truppen im Zweiten Weltkrieg, die in Russland und der Ukraine kämpften, überstieg im Winter 1941–42 die Zahl der Verluste durch Unterkühlung die der Verluste durch Kriegshandlungen.

Mentaler Rückzug

Viele der Probleme, die diese Kriegskampagnen plagten, lassen sich auf mangelnde vorausschauende Planung und Vorbereitung zurückführen. So ging Hitler bei seiner Operation Barbarossa im Jahr 1941 davon aus, dass seine Truppen die Kampagne erfolgreich vor dem Winter beenden würden. Tatsächlich mussten sich die Truppen dem seit Jahrzehnten härtesten Winter stellen – in Sommeruniformen.

Bekleidung für arktische Temperaturen

Um bei arktischen Temperaturen zu überleben, müssen alle Gesichtspunkte in Bezug auf Bekleidung genauestens bedacht werden. Jeder Soldat muss seine Bekleidung mit großer Sorgfalt behandeln. Er muss immer wettergerecht angezogen sein und dafür sorgen, dass sich alles in einem guten Zustand befindet. Die Kleidung muss wasserdicht und winddicht sein sowie die Wärme gut halten. Die äußeren Lagen – Jacke und auch Hose – sollten sowohl wasser- als auch winddicht sein. Die US Streitkräfte werden mit einem Extended Cold Weather Clothing System ausgestattet (ECWCS) (Bekleidung für lange Perioden großer Kälte), das für Temperaturen von +4° Celsius bis -51° Celsius geeignet ist. Der Schlüssel zur erfolgreichen Vermeidung von Wärmeverlusten ist – wie bei Winterbekleidung im zivilen Bereich auch – das Zwiebelprinzip, d.h. mehrere aufeinander abgestimmte Kleidungsschichten werden übereinander getragen. Als unterste Bekleidungsschicht dient ein leichtes Funktionsunterhemd gefolgt von einem wärmenden Hemd und einer ebensolchen Hose, die die mittlere Schicht bilden. Die oberste Schicht besteht aus einer Fleecejacke und einem gegen Kälte und Nässe schützenden wetterfesten Parka sowie Hose. Jeans und Baumwolle sind als Materialien nicht geeignet, weil sie zu lange brauchen, um zu trocknen, wenn sie nassgeworden sind.

Heutzutage ist militärisches Personal generell sehr viel besser vorbereitet und verfügt über wirksame Methoden, Unterkühlung sowohl zu verhindern als auch zu behandeln.
Dennoch ist es das oberste Ziel, Unterkühlung auf natürliche Art und Weise zu verhindern. Sorgen Sie deshalb dafür, dass Sie warm und trocken sind. Ersetzen Sie nasse Kleidung möglichst sofort und suchen Sie Schutz vor scharfen Winden, denn der Windchill-Faktor beschleunigt den Verlust von Körperwärme.
Ein Bericht des Naval Health Research Center von R.R. Vickers, Jr., D. W. Kolar und D. L. Kelleher, *Coping Strategies and Mood During Cold Weather Training* aus dem Jahr 1990 erlaubt einen faszinierenden Einblick in die Besonderheiten von Einsätzen bei Temperaturen unter dem Gefrierpunkt.
Zwei militärische Trainingsgruppen, die in den Bergen trainierten, wurden psychologisch evaluiert. Die eine trainierte bei winterlichen Bedingungen mit Temperaturen unter dem Gefrierpunkt, während die andere im Sommer trainierte.
Der Bericht kam zu entscheidenden Ergebnissen bezüglich der Auswirkungen von Kälte auf Soldaten und Training:

a) Ärger, Furcht/Sorge und Depression waren stärker bei kalten Wetterbedingungen, während Glücksempfinden und Aktivität niedriger waren. Die Ausnahme von der allgemeinen Regel war, dass Erschöpfung in beiden Gruppen gleich hoch war.
b) Die bei kaltem Wetter Trainierenden berichteten über eskapistische Denktendenzen, wo sie sich gedanklich in bessere Zeiten und Orte versetzten. Es gab eine Tendenz, Probleme nicht zu lösen und weniger zu planen.
c) Männer, die Problemlösungs- und andere ähnliche Bewältigungsstrategien anwandten, waren positiver gestimmt. Männer, die eskapistisches Denken oder verwandte Bewältigungsstrategien anwandten, waren negativer gestimmt.

Ross R. Vickers, Jr., D. W. Kolar und D. L. Kelleher, *Coping Strategies and Mood During Cold Weather Training,* 1990

Akklimatisierung an arktische Temperaturen

Für Truppen, die ihre Grundausbildung und erste Spezialisierung abgeschlossen haben, ist ein ausgedehntes Spezialtraining in Schnee und Kälte notwendig, um sie für den Einsatz unter solchen Bedingungen zu befähigen. Während dieses Trainings müssen längere Geländemärsche absolviert werden, bei denen Marschpausen nur unter freiem Himmel, nicht in Gebäuden, möglich sind. Auf dem Marsch müssen die Soldaten so ausgerüstet sein, dass sie autark sind, also ihr eigenes Essen und ihren eigenen Unterschlupf dabeihaben.
Genauso wie die Stärke und Kampfmoral von Soldaten aus den eigenen Reihen durch Kälte, Erschöpfung und Hunger geschwächt werden, gilt das in gleichem Maße für die des Feindes. Deshalb sollte jede Möglichkeit genutzt werden, dem Feind den Zugriff auf Städte und Gebäude zu entziehen. Gegen gegnerische Biwaks sollten Patrouillen, Kampfflugzeuge und Störfeuer eingesetzt werden und auf sein Nachschubsystem sollte mit ununterbrochenen Überraschungsangriffen Jagd gemacht werden. Jedes verfügbare Mittel sollte eingesetzt werden, um ihm Essen, Erholung und Unterschlupf zu rauben. Er wird entsprechende Anstrengungen gegen unsere Truppen unternehmen, deshalb müssen Mittel und Wege gefunden werden, diese Anstrengungen zurückzuschlagen.
FM 70-15, *Operations in Snow and Extreme Cold* (1944), S. 84

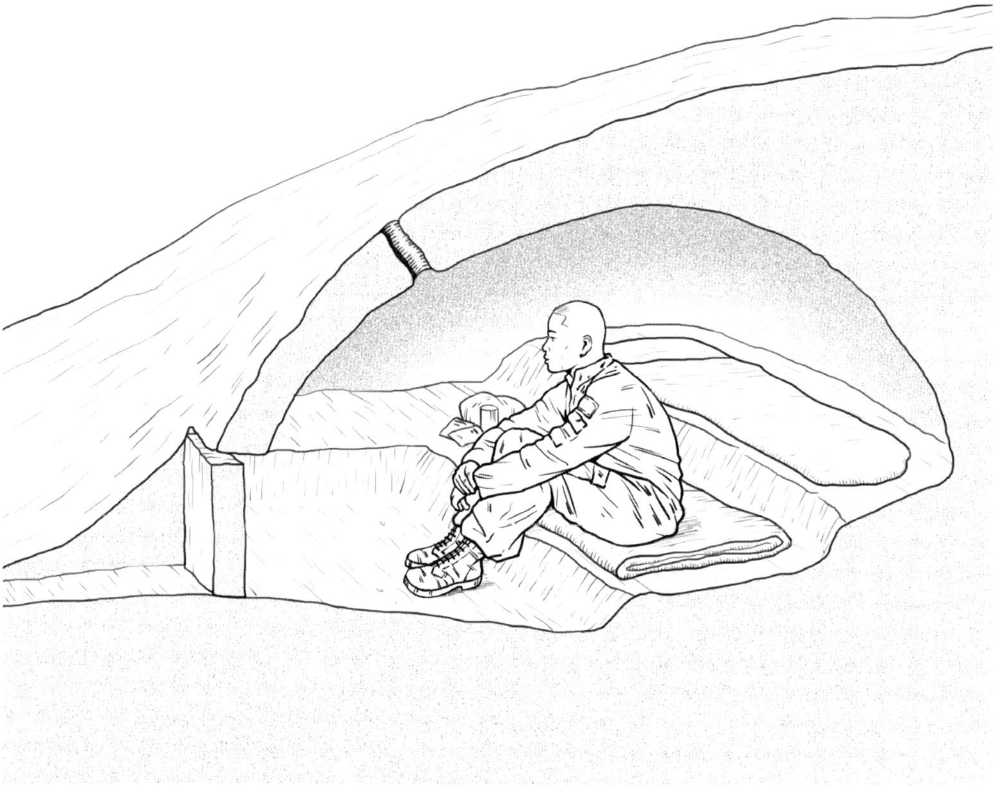

ÜBERLEBEN BEI ARKTISCHEN TEMPERATUREN

Dieser Soldat hat Schutz vor der Kälte und anderen Gefahren in dieser Schneehöhle gefunden. Hier ist es verhältnismäßig warm. Beachten Sie die unterschiedlichen, etwas erhöhten Bereiche für Schlafen und Sitzen, sowie die isolierenden Stofflagen zwischen Körper und Schnee. Es stärkt Sie auch mental, wenn Sie wissen, wie Sie Ihr Umfeld unter Kontrolle bringen können.

Kalte Temperaturen sind also sehr belastend für das emotionale Empfinden. Durch die Feindlichkeit der Umgebung veranlasst, ziehen sich Menschen in sich selbst zurück, geben sich realitätsfernen Vorstellungen hin und gleiten langsam in Aggression und Depression ab. Die Gründe dafür können bei jedem Soldaten beobachtet werden, der schon einmal unter arktischen Bedingungen im Einsatz war. Unter frostigen, eisigen Bedingungen muss man für jede Aufgabe unendlich mehr Zeit und Mühe aufwenden. Handschuhe sind immer Pflicht, so dass die manuelle Geschicklichkeit eingeschränkt ist. Voluminöse Kleidung schränkt die Bewegungsfreiheit ein. Tiefer Schnee macht die Fortbewegung schwierig. Waffen und Ausrüstung können einfrieren und müssen in zeitaufwändiger Arbeit gangbar gehalten werden.

Die Stimmungslage verbessern

Der Bericht evaluierte auch die verschiedenen Bewältigungsstrategien der Teilnehmer. Diejenigen, die mit der Situation am besten umgehen konnten, benutzten eine Reihe verschiedener Techniken. Darunter waren Humor, ein entschlossen positiver Blick auf die Herausforderungen, Gespräche mit Freunden über die Proble-

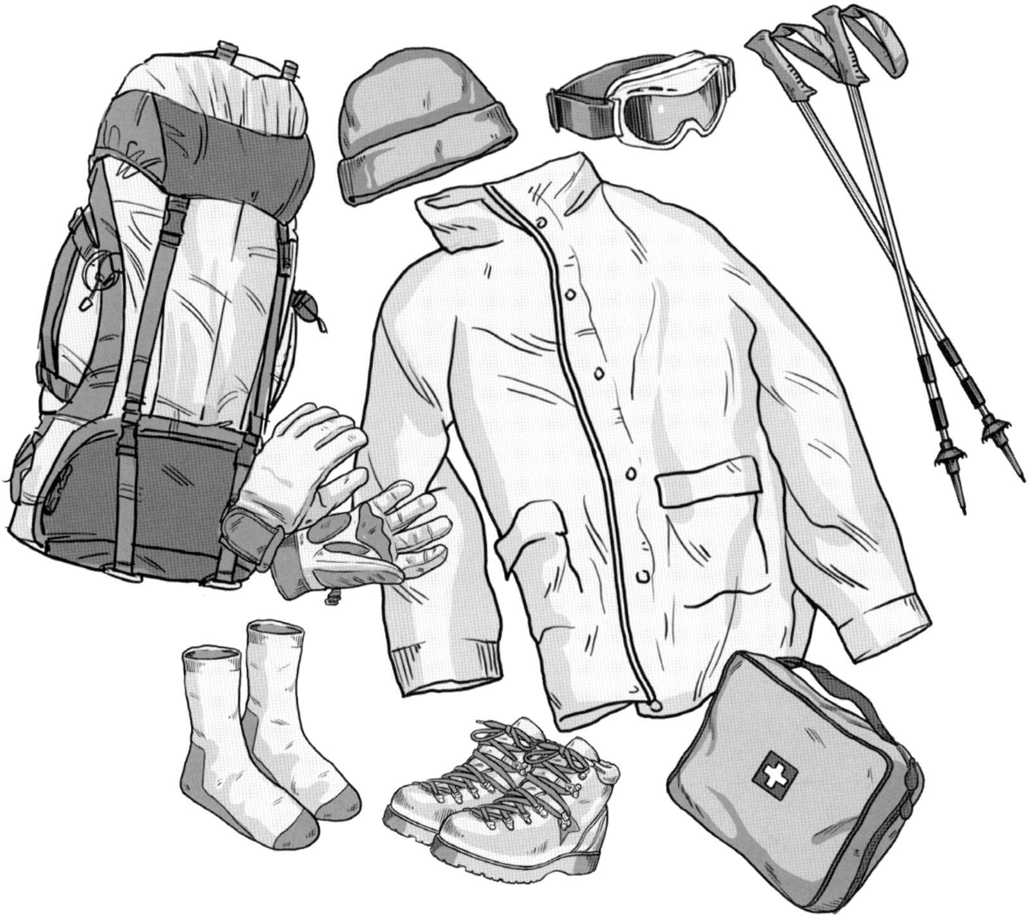

AUSRÜSTUNG FÜR KALTES WETTER

Die richtige Kleidung sorgt nicht nur dafür, dass ihr Träger warm und körperlich geschützt ist. Sie verleiht ihm auch die sichere Überzeugung, dass er sich den Elementen stellen kann und sie besiegen wird. Sorgen Sie dafür, dass Ihre Ausrüstung stets gut gewartet, sauber und in einem guten Zustand ist. Ist Ihre Bekleidung in einem mangelhaften Zustand, weist das gewöhnlich auf nachlassende Selbstdisziplin hin.

me, die Suche nach proaktiven Problemlösungen, Akzeptanz der Situation als vorübergehend und selbstdisziplinierte Kontrolle über die eigenen Emotionen. Eine Möglichkeit, die Stimmung in der Truppe zu heben, ist das Entzünden eines hell lodernden Feuers am Abend. Es ist nicht nur nützlich, weil es zum Kochen dienen kann, sondern wärmt auch gleich Körper und Geist. Offene Feuer haben darüber hinaus eine beruhigende Ausstrahlung, in der es sich gut überlegen lässt und die Raum für eine emotionale Anpassung an die Situation bietet. Ein guter Tipp ist die Errichtung einer Mauer aus Steinen oder Baumstämmen nah am Feuer. Wenn man dann zwischen dem Feuer und der Mauer steht, reflektiert die Mauer die Wärme des Feuers auf den Rücken, so dass man sich fühlt wie in einem Kokon. Wärmende Mahlzeiten und Getränke spielen ebenfalls eine wichtige Rolle für die mentale Gelassenheit. Versuchen Sie, alle Ihre Mahl-

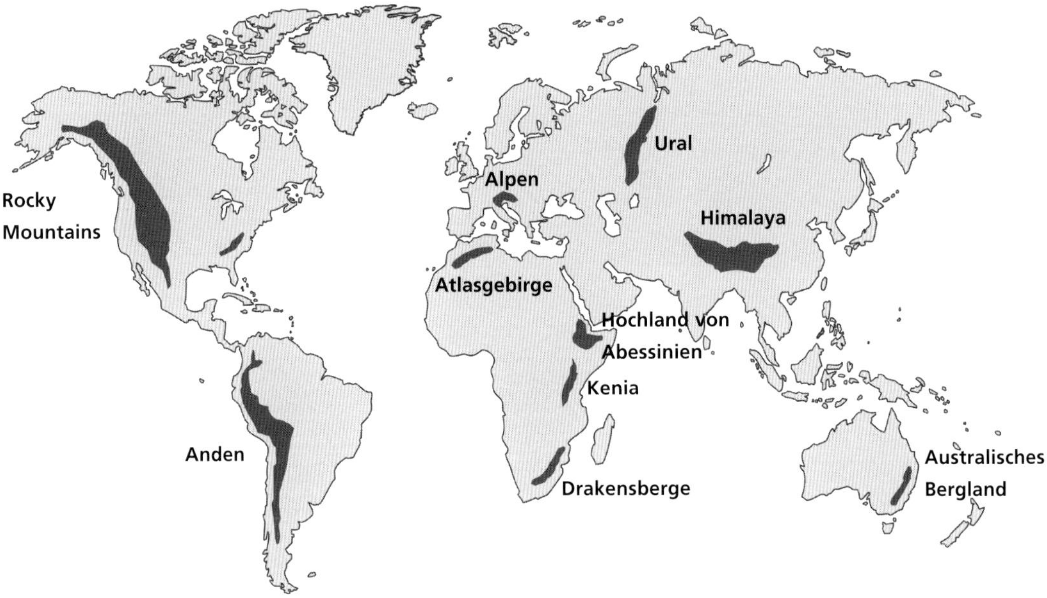

DIE BERGREGIONEN DER WELT

Die bergigen Regionen, die weite Teile der Erdkontinente bedecken, sind ein besonders raues Umfeld für den menschlichen Körper und Geist. Deshalb können hier ähnliche psychologische Auswirkungen entstehen wie die, die normalerweise unter extrem kalten Wetterbedingungen auftreten. Es kann zu Depressionen und einem Gefühl der Isolation kommen. Darüber hinaus besteht die Gefahr eines mentalen Rückzugs aus der Realität.

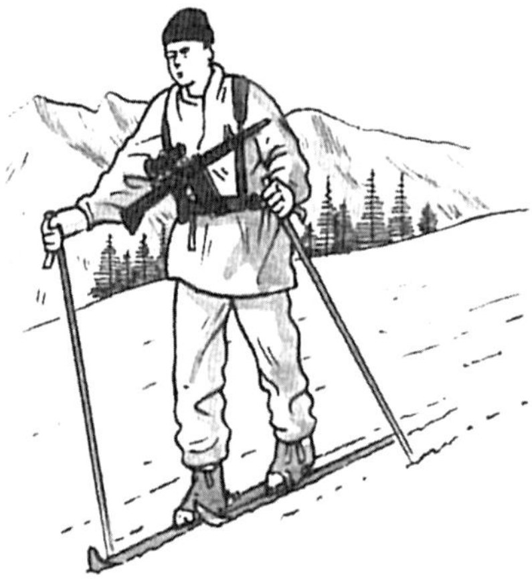

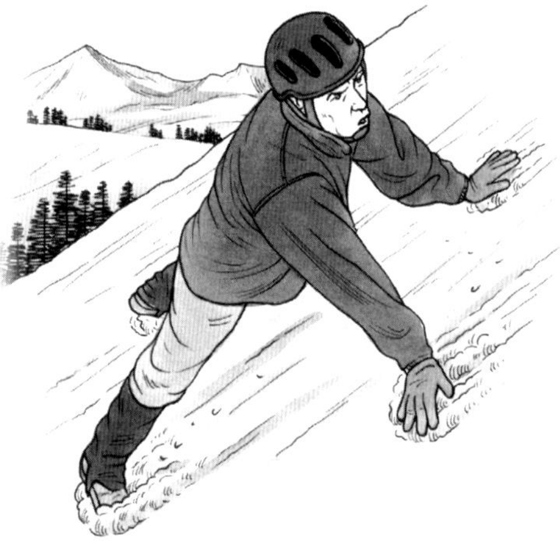

ANFORDERUNGEN IN BERGIGEN REGIONEN MEISTERN

Eine langsame Akklimatisierung an große Höhen ist das entscheidende Kriterium, um in den Bergen zu überleben. Zu den körperlichen Symptomen der Höhenkrankheit gehören Übelkeit, Kopfschmerzen und Schwindelgefühle. Sie kann sogar tödlich verlaufen, wenn der Betroffene nicht schnellstmöglich in tiefere Lagen gebracht wird. Große Höhen beeinflussen auch das Energieniveau – bei diesem Gebirgsjäger sind bei einem Einsatz im Gebirge die Atmungs- und Herzfrequenz im Vergleich zu einem Einsatz auf Meereshöhe deutlich erhöht.

Ernährung im Gebirge

1–31. Schlechte Ernährung trägt zu Erkrankung und Verletzung, verminderter Leistungsfähigkeit, niedriger Kampfmoral und einer erhöhten Anfälligkeit für Kälteschäden bei. Sie kann deshalb militärische Operationen ernsthaft beeinträchtigen. In großen Höhen können sich verschiedene Einflüsse auf die Ernährung auswirken: So verringert ein beeinträchtigter Geschmackssinn den Appetit ebenso wie Übelkeit. Ein Mangel an Energie und Motivation führt dazu, dass Mahlzeiten nicht vorbereitet oder gegessen werden.
1–32. Der Kalorienbedarf erhöht sich im Gebirge aufgrund der Höhe und der Kälte. Eine Ernährung, die reich an Kohlenhydraten und Fetten ist, ist wichtig, damit der Körper die Auswirkungen dieser äußeren Bedingungen bekämpfen kann. Fette stellen Kalorien langsam und über einen langen Zeitraum zur Verfügung, sind aber Soldaten, die im Gebirge im Einsatz sind, häufig nicht schmackhaft zu machen. Um den hohen Kalorienbedarf, der zum Erhalt aller Funktionen wichtig ist, trotzdem zu gewährleisten, sind kohlenhydratreiche Snacks oft das Mittel der Wahl.
1–33. Genussmittel, die die Leistung von Soldaten im Gebirge ernsthaft schädigen können, sind unter anderem:

- **Tabak**
  Das Rauchen schränkt die Sauerstoffzufuhr ein, weil es die Kapazität des Blutes zum Sauerstofftransport reduziert. Tabakrauch in kleinen, beengten Bereichen erhöht den Kohlenmonoxid-Anteil in der Luft. Tabakrauch kann die Atemwege verengen und damit die optimale Luftzufuhr einschränken. Das Rauchen kann die physiologisch gefühlte Höhe um mehrere hundert Meter erhöhen.

- **Alkohol**
  Alkoholkonsum beeinträchtigt die Urteilsfähigkeit und die Wahrnehmung, schränkt die Atmung ein, führt zu Dehydrierung und erhöht die Anfälligkeit für Kälteschäden.

- **Koffein**
  Obwohl Koffein die körperliche und mentale Leistung verbessern kann, sorgt es auch für vermehrten Urindrang, der zu Dehydrierung führen kann. Koffein sollte deshalb nur in Maßen konsumiert werden.

Mountain Operations (2000)

zeiten heiß und in regelmäßigen Abständen zu verzehren. Die Vorfreude auf heißes Essen zu bestimmten Tageszeiten lässt die Zwischenzeit erträglicher werden.
Es versteht sich von selbst, dass ein angemessener Unterschlupf bei arktischen Temperaturen die höchste Priorität hat. Das sichert nicht nur das Überleben, sondern ist genauso wichtig für die geistig-seelische Verfassung. Wenn der Unterschlupf nur eine primitive Schneehöhle ist, also ein Schutzraum, der in die Seite einer Schneewehe gegraben wird, legen Sie den Boden und die Wände mit Tannenzweigen aus, um sie einladender zu machen. Aber achten Sie darauf, dass alle Unterschlupfe genügend belüftet sind, um Erstickung zu vermeiden.

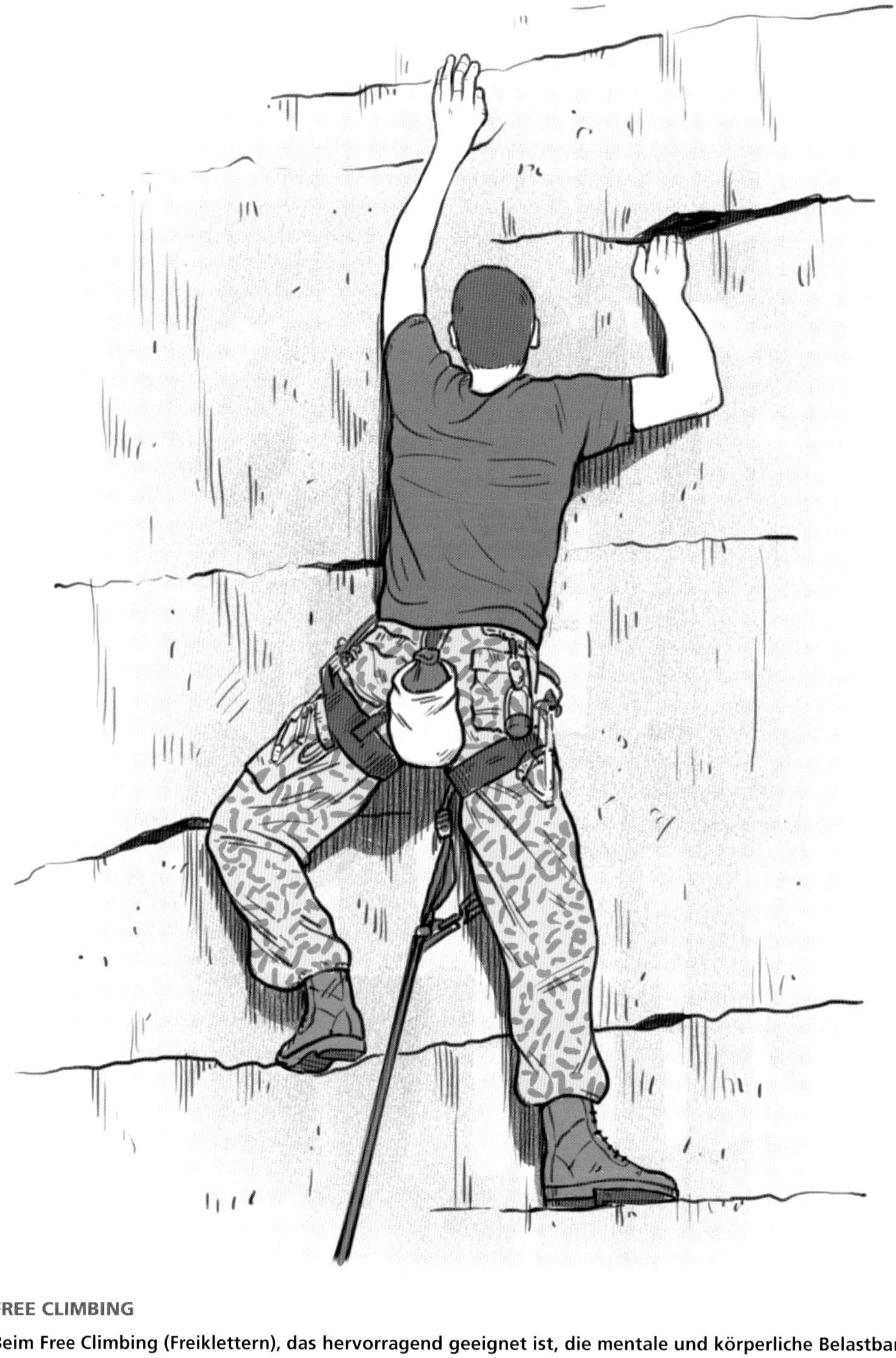

FREE CLIMBING

Beim Free Climbing (Freiklettern), das hervorragend geeignet ist, die mentale und körperliche Belastbarkeit zu testen, ist es vorteilhaft, die Route vor dem Aufstieg mental zu planen. Auf diese Weise entdecken Sie Haltepunkte und Spalten, die nach Beginn des Aufstiegs schwieriger zu erkennen sind.

Bergiges Gelände

In den Bergen kann das Wetter sehr schnell umschlagen und von einem Extrem ins andere wechseln. Deshalb werden gewöhnlich nur die dafür speziell ausgebildeten Bergtruppen (in Deutschland: Gebirgsjäger) in dieses Terrain entsendet. Eine mentale Herausforderungen in den Bergen sind die steilen Abhänge. Alle, die an Höhenangst (Akrophobie) leiden, werden es kaum durch die Grundausbildung bei einer Bergtruppe schaffen. Schon Abseil-Türme können eine Höhe von 9–15 Meter Höhe haben. Das hört sich in der Theorie nicht so hoch an, aber wenn Sie oben stehen, sieht es anders aus. Wenn man also an einem Felsvorsprung steht, von wo es einige hundert Meter steil in die Tiefe geht, dann kann das die stärksten Nerven auf eine harte Probe stellen.

Training

Soldaten, die für den Krieg in den Bergen trainiert werden, durchlaufen einen langen Prozess, der mit einfachen Klettertürmen beginnt und bei großangelegten Bergexpeditionen endet. Die Angst vor dem Abstürzen kann aber auch erfahrene Kletterer befallen. Der vertraute Rat, einfach nicht hinunterzuschauen, ist dann so einfach wie richtig. Das Gehirn kann beim Blick in die Tiefe die momentane Position nicht mit der Entfernung zum Boden in Einklang bringen. Das Ergebnis ist ein Schwindelgefühl. Atmen Sie ruhig und tief bis die Panik nachlässt. Konzentrieren Sie sich dann auf die Kletterfertigkeiten, die Sie erlernt haben. Sie wissen, dass Ihre Sicherheit gewährleistet ist, wenn Sie sich an die erlernten Regeln halten. Offiziere sollten voran gehen, damit sie technische und moralische Unterstützung leisten können, wenn die Bedingungen gefährlich werden.

Die größte Bedrohung in den Bergen geht aber nicht von Stürzen, Bergrutschen oder Lawinen aus, sondern von der Höhe selbst. Die Höhenkrankheit wird dadurch ausgelöst, dass man zu schnell in zu große Höhen steigt, ohne dass der Körper Gelegenheit hat, sich an die veränderten Bedingungen zu gewöhnen und zu akklimatisieren. In höheren Lagen ist der Sauerstoffgehalt der Luft geringer, so dass der Körper sehr viel härter arbeiten muss, um Gehirn, Blut und Muskeln mit genügend Sauerstoff zu versorgen. Die Höhenkrankheit beginnt meistens auf etwa 2400 Metern über dem Meeresspiegel, insbesondere dann, wenn Sie mehr als 300 Höhenmeter pro Tag zurücklegen. Um das einmal in die richtige Relation zu setzen: Der Mount Everest ist 8848 Meter hoch. Man sollte sich also mindestens einen Monat Zeit lassen, um ihn ohne Höhenkrankheit sicher zu besteigen und alle drei bis vier Tage einen Tag Pause einlegen. Hier sind andere mögliche Probleme wie die brutale Kälte, notwendige Ruhetage oder der persönliche Grad der körperlichen Fitness noch nicht berücksichtigt.

Höhenangst macht sich durch die folgenden Symptome bemerkbar:

- Kurzatmigkeit
- Erschöpfung
- Kopfschmerzen
- Schwindel
- Übelkeit
- Verringerter Appetit

Unternimmt man nichts gegen die Höhenkrankheit, kann sich das sogenannte Höhenlungenödem (HAPE – High-Altitude Pulmonary Edema) entwickeln. Atemprobleme mit Husten und schaumigem Auswurf, rasselndem Atem und sogar Lungenversagen mit Todesfolge sind die Folge. HAPE kann schon nach einem Tag in großer Höhe auftreten. Das Höhenhirnödem (HACE – High-Altitude Cerebral Edema), einer Flüssigkeitseinlagerung im Gehirn, was einen Druckanstieg im Gehirn mit sich bringt, kann ebenfalls tödlich enden. Symptome sind unter anderem maßlose Erschöpfung, Kurzatmigkeit, eingeschränkte Koordination und Verwirrtheit, ge-

Klettertechniken

Das Klettern stellt die mentale Beweglichkeit und die körperliche Stärke auf die Probe. Als Kletterer sollten Sie stets die folgenden Kernregeln beachten:

- Studieren Sie Ihre Route im Vorfeld sehr genau. Halten Sie unter Berücksichtigung Ihres Gewichts und Ihrer Reichweite nach Haltepunkten Ausschau.
- Balancieren Sie Ihr Gewicht mit gestreckten Beinen so aus, dass der Schwerpunkt direkt über den Füßen liegt.
- Benutzen Sie Ihre Hände, die Sie auf Höhe Ihrer Schultern vor sich halten sollten, hauptsächlich, um die Balance zu halten.
- Versuchen Sie, immer nur ein Körperteil (Arm, Bein oder Oberkörper) in einer gleichmäßigen weichen Bewegung zu verlagern.
- Testen Sie den Haltepunkt, bevor Sie Ihr ganzes Körpergewicht verlagern.
- Wenn er Ihr Gewicht hält, verlagern Sie Ihr Körpergewicht nach vorne.
- Halten Sie immer mit mindestens drei Gliedmaßen Kontakt zum Felsen.
- Verlagern Sie das meiste Gewicht auf Ihre Füße und nutzen Sie Ihre Hände, um sich nahe am Felsen zu halten.
- Halten Sie Ausschau nach Ruhepunkten und integrieren Sie sie in Ihre Route.
- Üben Sie den sicheren Fall.

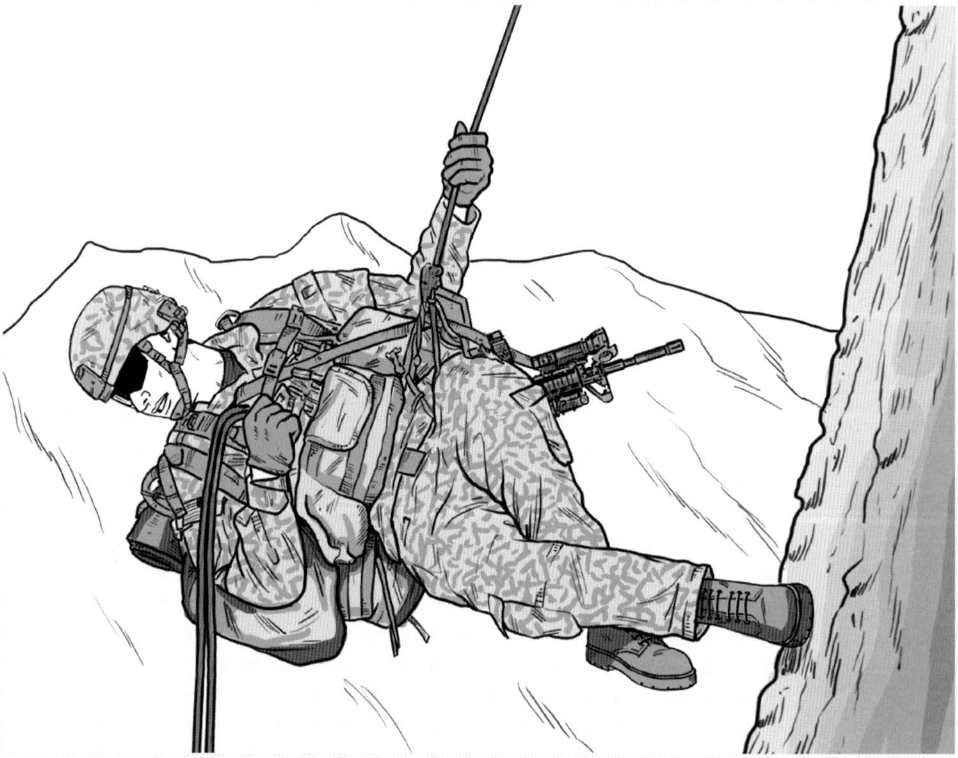

folgt von Koma und Tod. Die langsame Akklimatisierung ist die wichtigste Vorsorgemöglichkeit gegen die Höhenkrankheit. Mit einem Anstieg, der langsam und in vernünftigen Abschnitten vor sich geht, gewöhnen Sie Ihren Körper langsam an die niedrigere Sauerstoffkonzentration.

Achten Sie auf draufgängerische Tendenzen unter den Mitgliedern Ihrer Einheit. Soldaten sind sehr verbissen und verlangen sich oft mehr ab als ihr Körper tatsächlich leisten kann. Wenn Kameraden oder der begleitende Arzt bemerken, dass ein Soldat Anzeichen der Höhenkrankheit hat, sollte er sofort zurück ins Tal geschickt werden. Schon 100 Meter weniger Höhe kann den Ausschlag geben und über Leben oder Tod entscheiden. Ignorieren Sie alle Beteuerungen des Soldaten, fit genug für den weiteren Aufstieg zu sein. Jeder weitere Höhenmeter verschlimmert die Krankheit. Wenn die gefährlichsten Symptome auftreten, kann es zu spät sein, das Leben des Soldaten zu retten.

Die Tropen

Die Tropen, insbesondere Regenwälder und Dschungel, sind im Rahmen militärischer Operationen besonders bedrohlich. Aus der Entfernung erscheinen sie idyllisch. Die meisten Ge-

Techniken zur Problemlösung: Die sechs Denkhüte von de Bono

Dieses Instrument zur Problemlösung wurde von dem englischen Kognitionswissenschaftler Edward de Bono entwickelt. Mit dem Instrument sollen die Möglichkeiten der Problemlösung erweitert werden, indem das Problem aus verschiedenen Perspektiven betrachtet wird. Jeder Perspektive wird ein »Denkhut« zugeordnet, der eine bestimmte Art des Denkens repräsentiert. Indem man mittels der verschiedenen »Denkhüte« verschiedene Positionen einnimmt, kann man ein Problem aus mehreren Richtungen beleuchten und so einfacher lösen.

Der weiße Denkhut:

- Mit diesem Hut betrachten Sie die zur Verfügung stehende Information ohne Gefühle und rein analytisch. In einer Krisensituation fassen Sie alle bekannten Einzelheiten zusammen und machen eine Bestandsaufnahme Ihrer Situation, Ihrer Vorräte etc.

Der rote Denkhut:

- Mit diesem Hut betrachten Sie Ihre Situation aus einer intuitiven, emotionalen Warte und berücksichtigen Ihr eigenes Bauchgefühl und das der anderen.

Der schwarze Denkhut:

- Mit diesem Hut betrachten Sie Ihre momentane Situation und die zur Verfügung stehenden Möglichkeiten aus einer pessimistischen Perspektive. Denken Sie darüber nach, wie sich die Situation noch verschlimmern könnte und überlegen Sie, was alles schief gehen könnte, wenn Sie sich für eine bestimmte Handlungsoption entscheiden. Wenn Sie diesen Hut tragen, sollten Sie in der Lage sein, Ihre Probleme realistisch einzuschätzen. So erwägen Sie zum Beispiel, sich und Ihr Team durch einen langen Fußweg in Sicherheit zu bringen. Wenn Sie den schwarzen Hut aufsetzen, müssen Sie zugeben, dass zwei Teammitglieder nicht fit genug sind, um die lange Distanz zurückzulegen. Wie werden Sie dieses Problem umgehen? Mit dem schwarzen Hut auf dem Kopf hoffen Sie das Beste, bereiten sich aber für den schlimmsten Fall vor.

Der gelbe Denkhut:

- Dies ist der sonnige Hut. Mit diesem Hut betrachten Sie all die positiven Seiten Ihrer Situation und der möglichen Handlungsoptionen. So sind Sie zum Beispiel gestrandet, aber Sie haben genug Wasser und Nahrungsmittel, um ein paar Tage auszuhalten. Wie können Sie diese Situation zu Ihrem Vorteil wenden? In einer Krisensituation hebt es die Stimmung, wenn Sie sich auf die positiven Aspekte konzentrieren.

Der grüne Denkhut:

- Dies ist der kreative Hut, der Entfaltungsmöglichkeiten für innovative, ungewöhnliche Gedanken und Ideen bietet. Manchmal entstehen aus dieser Art des Denkens Möglichkeiten, die sich in die Realität umsetzen lassen.

Der blaue Denkhut:

- Dieser Hut steht für den Vorsitzenden. Er ist dafür zuständig, die praktischen Probleme bei der Umsetzung einer wilden Idee zu analysieren oder um kreativere Ideen zu bitten, wenn die bisherigen zu engstirnig, vorsichtig oder pessimistisch sind. So befindet sich zum Beispiel zwischen Ihnen und dem sicheren Hafen ein Fluss. Wenn Sie um ihn herum gehen, müssen Sie einen langen Umweg machen. Dafür haben Sie aber nicht genügend Vorräte oder einige Teammitglieder sind verletzt bzw. nicht fit genug für diese Möglichkeit.

biete haben eine Regen- bzw. Feuchtzeit von bis zu einigen Monaten, die das Pflanzenwachstum enorm begünstigt. Die Vegetation ist daher sehr üppig, grün und facettenreich. Das Gleiche gilt für die Tierwelt. Man ist von überwältigender Schönheit umgeben. Der Nachteil ist, dass sich Krankheiten rasend schnell verbreiten. Dazu gehören Malaria, Cholera, Typhus und Ruhr. Beißende, stechende und giftige Tiere finden sich in großer Anzahl und Vielfalt. Die Kombination aus hohen Temperaturen und hoher Luftfeuchtigkeit macht Hitzeerschöpfung, eine Vorstufe zum Hitzeschlag, zu einer latenten Bedrohung. Das gilt insbesondere für Soldaten, die hart kämpfen. Dschungel, Flüsse und Sümpfe bringen alle ihre eigenen, ganz besonderen Herausforderungen und Gefahren mit sich. Spitze Stacheln können tiefgehende Wunden verursachen, die sich entzünden, und einige Pflanzen sind so giftig, dass man innerhalb von 24 Stunden stirbt, wenn man sie versehentlich isst.

Kleidung für den Einsatz im Dschungel

In einer solchen Umgebung sind die richtige Kleidung und die richtige Ausrüstung entscheidend. Außerdem müssen militärische Führer auch hier penibel auf Körper- und Sanitärhygiene achten. Gute Stiefel sind unabdingbar. Sie sollten leicht, aber trotzdem widerstandsfähig und atmungsaktiv sein. Stiefel für den Gebrauch im Dschungel haben oft Metallplatten unter der Sohle und Kappen im Zehenbereich, um zu verhindern, dass scharfe Gegenstände das Material durchdringen. Nehmen Sie mehrere Paar Socken zum Wechseln mit und ersetzen Sie nasse Socken so oft und so schnell wie möglich durch trockene. Das Gleiche gilt für Kleidung. Die hohe Luftfeuchtigkeit bedeutet, dass Sie stark schwitzen werden, insbesondere im Manöver. Schlafen Sie nie in durchweichter oder feuchter Kleidung – das kann Hautinfektionen hervorrufen. Ziehen Sie sich nachts trockene Kleidung an. Über Nacht trocknet die tagsüber feucht gewordene wieder.

DSCHUNGELTRAINING

Im Dschungel kann aufgrund der geringen Lichteinstrahlung und der auf wenige Meter reduzierten Sicht eine sehr klaustrophobische Atmosphäre herrschen. Das Gefühl der Bedrohung wird dadurch verstärkt, dass der Feind nur wenige Meter entfernt, aber trotzdem nicht zu sehen sein könnte. In einer solchen Umgebung benötigen Soldaten starke Nerven und gutes Training, um zu überleben.

Dschungeltrainingseinheiten wie zum Beispiel das hier abgebildete sogenannte River Walking – sich in voller Ausrüstung in der Mitte eines Flusses auf ein Ziel vorarbeiten – erfordern mentales Durchhaltevermögen, Mut und Entschlossenheit. Es ist lebenswichtig, dass jeder einzelne Soldat in Gefechtsbereitschaft bleibt und sich mit dem umgebenden Gelände so vertraut wie möglich macht.

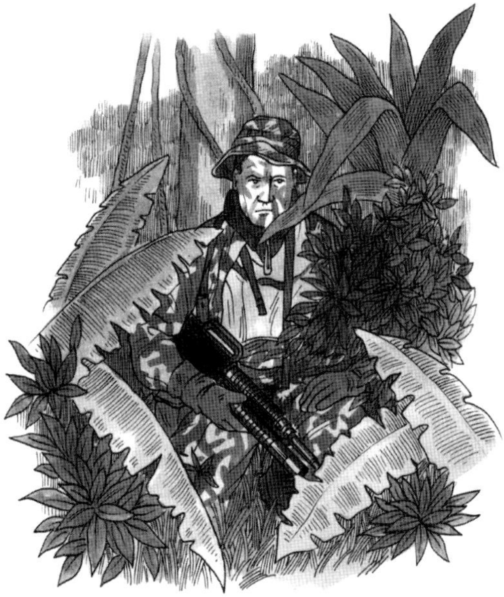

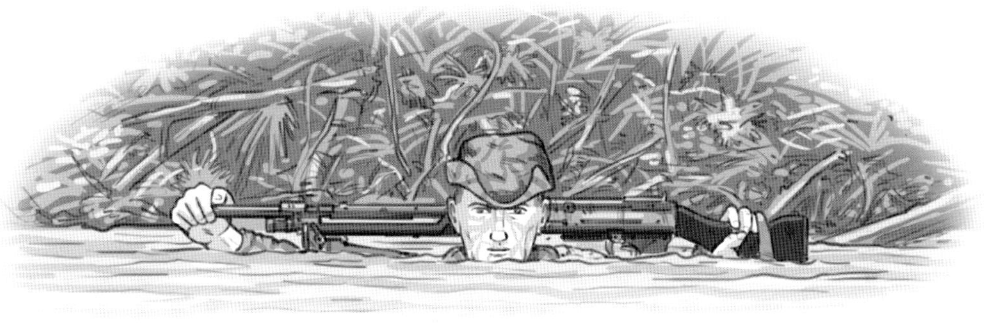

Der Kopf sollte bei direkter Sonneneinstrahlung immer bedeckt sein. Ein Halstuch oder ein Bandana sind sehr nützlich, um den Schweiß abzuwischen oder aufzusaugen.

Das dichte Dschungeldach schützt Sie auf der einen Seite, auf der anderen können sich aber feindliche Truppen umso besser verstecken. Halten Sie Augen und Ohren offen, um gegen Angriffe aus dem Hinterhalt gewappnet zu sein. Gut ausgebildete Soldaten sind geübt darin, durch die Vegetation hindurch zu schauen, statt sie anzusehen. Sie blenden das Dschungel-Blattwerk quasi aus und bauen im Kopf aus den winzigen Lücken zwischen Blättern und Laub eine Art zusammengesetztes Fenster, durch das sie hindurchschauen können. Diese Technik hat außerdem den Vorteil, dass sie die sogenannte Dschungel-Klaustrophobie abmildert. Viele Soldaten, die wochenlang im grünen Zwielicht zubringen, klagen über diese besondere Form der Angst vor dem Aufenthalt in geschlossenen Räumen, weil ihre Sicht dauerhaft auf wenige Meter eingeschränkt ist. Ein dichtes Blätterdach erschwert auch die Navigation, denn Pfade und Vegetation sind so täuschend ähnlich, dass man leicht die Orientierung verliert. Bestimmen Sie regelmäßig Ihre Position während Sie sich vorwärtsbewegen und verlieren Sie nie die anderen

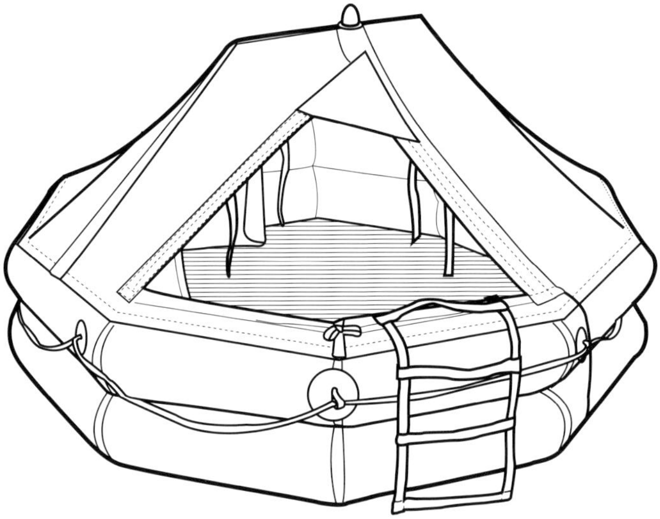

Rettungsinsel

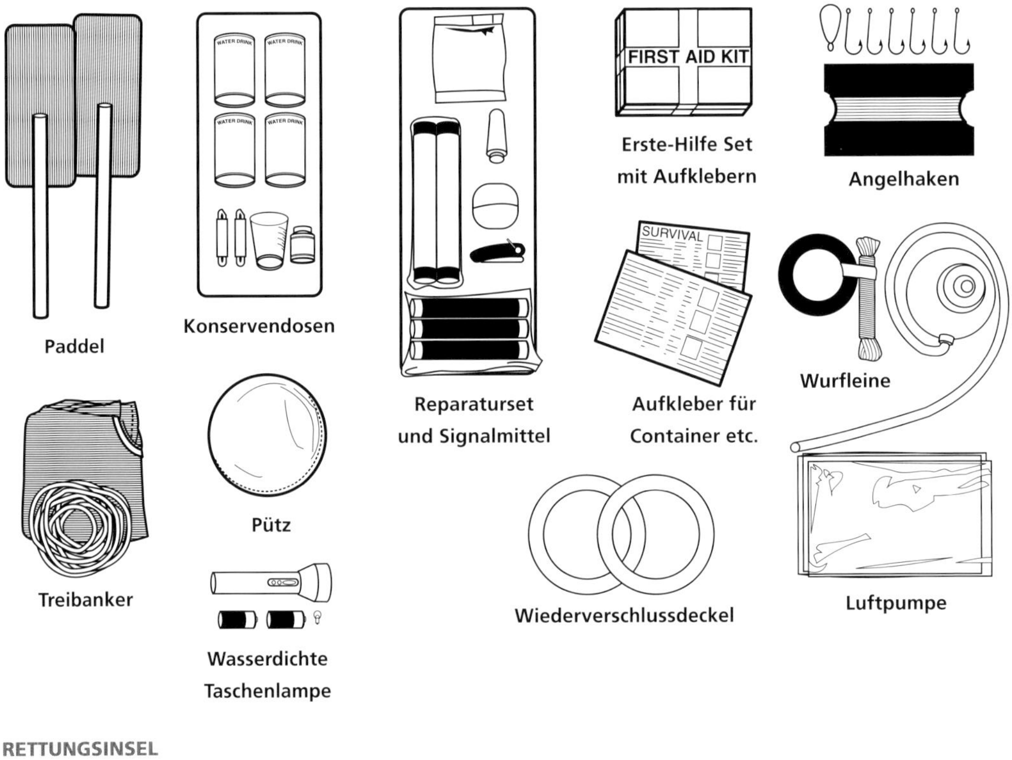

RETTUNGSINSEL

Die militärische Standard-Rettungsinsel enthält Werkzeuge für das Überleben auf See. Dazu gehören Werkzeuge, mit deren Hilfe man gesund bleiben, sich Nahrung beschaffen und in Sicherheit bringen kann. Diejenigen, die sich an Bord befinden, müssen alle eine spezifische Aufgabe übernehmen. Das sorgt für größere mentale Gelassenheit.

Mitglieder Ihres Teams aus den Augen. Wahrscheinlich kommen Sie nur langsam voran, aber in dieser Umgebung geht Sicherheit über Schnelligkeit. Vermeiden Sie es, nachts unterwegs zu sein. Machen Sie, wenn es möglich ist, auch einen weiten Bogen um Sümpfe und Wassertümpel, denn hier lauern wahrscheinlich Krankheiten.

Der Dschungel lässt sich nicht zähmen. Aber mit fundiertem Wissen und vernünftigen Routineabläufen kann man genau wie in den anderen lebensfeindlichen Umgebungen überleben, auch wenn das nicht immer komfortabel ist.

Wasserwege und -flächen

Etwa 70 % der Erde sind von Wasser bedeckt. Es ist also sehr wahrscheinlich, dass Sie im Laufe Ihrer Karriere beim Militär mit diesem Element in Kontakt kommen – sei es im Meer, in Flüssen oder Seenplatten. Jedes Mitglied der Eliteeinheiten muss sich im Wasser sicher bewegen können und die Grundregeln für die Sicherheit in und am Wasser kennen. Das gilt natürlich insbesondere für Marineinfanteristen und Soldaten der Marine. Wenn Sie nicht schwimmen können, ein schwacher Schwim-

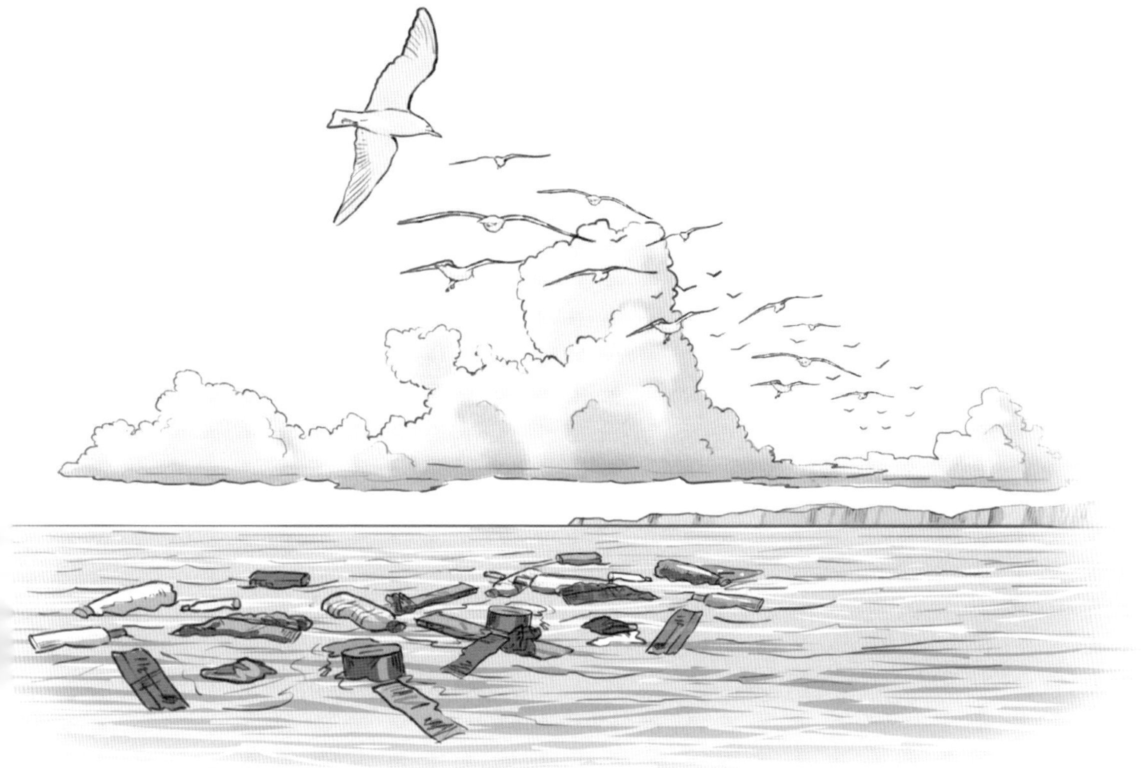

POSITIVES DENKEN

Wenn Sie in einem lebensfeindlichen Umfeld überleben wollen, müssen Sie sich eher auf die positiven als auf die negativen Aspekte konzentrieren. Diesen Ausblick von einer Rettungsinsel könnte man als trostlos bezeichnen, aber die Trümmer, die Möwen und die Wolken weisen alle darauf hin, dass Land und damit möglicherweise Rettung in der Nähe sind.

mer sind oder sogar Angst vor Wasser haben, ist Ihre Karriere beim Militär wahrscheinlich von kurzer Dauer. Jeder Soldat muss eine Grundausbildung für das Überleben im Wasser machen, damit er im Rahmen von Manövern im oder am Wasser keine Bedrohung für sich und andere ist. Idealerweise sollten Sie:

- In voller Ausrüstung an der Wasseroberfläche treiben können
- Das Seitenschwimmen, Brustschwimmen und Kraulen beherrschen
- Anderen Schwimmern im Wasser Hilfe leisten können
- Persönliche Sicherheits- und Überlebensmaßnahmen im Wasser anwenden können
  Department of the Army, TC 21-21, *Water Survival Training*

Soldaten sollten in jedem Fall beim Schwimmen immer das SAFE Prinzip anwenden

S ehr langsame, ruhige Bewegungen – das spart Energie.
A uftrieb nutzen – das Wasser trägt Sie
F üllen der Lunge mit Luft – das gibt zusätzlichen Auftrieb.
E xtreme Entspannung – das sorgt für Kontrolle und Gelassenheit.

Soldaten, die an Aquaphobie, also der Angst vor Wasser leiden, haben ein Problem, das möglichst vor der Grundausbildung angegangen werden muss. Schwimmlehrer, die sich mit dieser Krankheit auskennen, gehen meistens nach einem abgestuften Programm vor, dass den Soldaten langsam, aber sicher an Wasser gewöhnt. Der

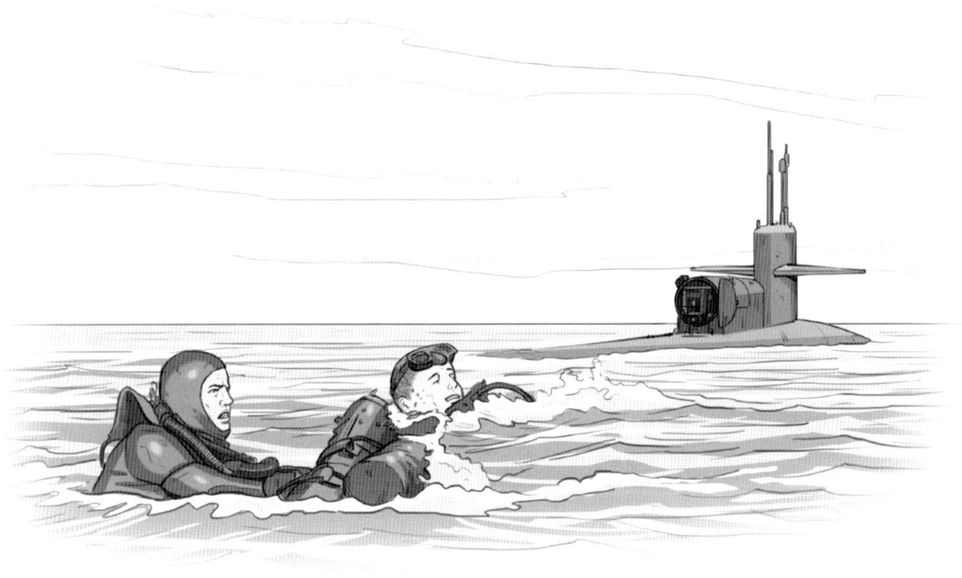

FREIWASSER- SCHWIMMEN DER US NAVY SEALS

Kampfschwimmer und -taucher werden im Tief- bzw. Freiwasser eingesetzt. Das ist einer der lebensfeindlichsten Einsatzbereiche beim Militär. Hier müssen zwei SEAL Taucher, die von einem U-Boot abgesetzt wurden, mit dem überwältigenden Gefühl von Isolation kämpfen, das entsteht, wenn man als Mensch der Unendlichkeit des Meeres ausgeliefert ist.

erste Schritt ist das Eintauchen von Gesicht und Ohren, bis der Kopf unter Wasser ist. Der Soldat versteht dann bald, dass er trotz dieser Position nicht das Eindringen von Unmengen von Wasser in Nase, Ohren und Mund befürchten muss. Sobald er diese Tatsache einmal verinnerlicht hat, ist es meistens nur noch ein kurzer Weg, bis er sich zu einem selbstsicheren Schwimmer gemausert hat.

Herausforderungen unter Wasser

Natürlich besteht ein gewaltiger Unterschied zwischen einem Soldaten, der schwimmen kann und einem voll ausgebildeten Kampfschwimmer. Kampfschwimmer oder auch -taucher können sich einer einzigartigen Reihe von mentalen Herausforderungen gegenüber sehen, wenn sie auf offener See im Tiefwasser im Einsatz sind.

Sie müssen mit großem Wasserdruck, geringer Sichtweite, schlechten Lichtverhältnissen, Geräuschverzerrung und -verstärkung zurechtkommen.

Typische psychologische Probleme, die sich aus diesen Bedingungen ergeben, sind zum Beispiel verzerrte Zeitwahrnehmung (die Zeit scheint schneller zu vergehen als sie es tatsächlich tut), verringerte Sehschärfe (das periphere Sehen ist eingeschränkt) und gelegentlich völlige Panik. Eine ernsthaftere Situation entsteht durch den sogenannten Tiefenrausch, eine Stickstoff-Vergiftung des Blutes, die typischerweise in Verbindung mit Tauchgängen in Tiefen unter 30 Metern auftritt. Die Symptome ähneln einer Vergiftung. Das schließt Verwirrtheit, Euphorie und Unvorsichtigkeit ein, kann aber auch zu Bewusstlosigkeit und Tod führen, wenn der Taucher nicht an die Oberfläche oder zumindest in flacheres Wasser zurückkehrt.

Kampfschwimmer der US Navy SEALs und des britischen Special Boat Service (SBS) werden in allen denkbaren hochstressigen Situationen in und unter Wasser unter hohem Druck trainiert, um die Soldaten herauszufiltern, die zu Panikattacken neigen. Das wichtigste Charaktermerkmal eines Kampftauchers ist eine ausgeglichene Persönlichkeit, ein umfassendes Wissen über sein Handwerk und eine penible Befolgung der Sicherheitsvorschriften.

Depression

Auch wenn viele Landstriche mit extremem Klima exotisch und schön anzuschauen sind, können sie für die Psyche der Menschen, die ein gemäßigteres Klima gewöhnt sind, feindliche Orte sein. Die fremdartige Landschaft, in der alles völlig unvertraut ist, führt dem Soldaten jeden Tag vor Augen, wie weit die Heimat entfernt ist. Das kann eine dauerhafte und lähmende Depression auslösen. Viele Faktoren spielen bei einer Depression eine Rolle, darunter physische, psychologische und durch das Umfeld geförderte. Sie kann ausgelöst werden durch Langeweile, lange Arbeitszeiten, unbekanntes Essen, Heimweh und Gefahr. Meistens kommen aber alle diese Faktoren zusammen und schwächen die mentale Widerstandskraft des Soldaten. Militärische Führer müssen Depressionen ernst nehmen, denn wenn sie unbehandelt bleiben, verringern sie die Effizienz, den Kampfgeist, die Disziplin und die Motivation einer Einheit und befördern außerdem unerwünschtes Verhalten wie zum Beispiel den Drogenmissbrauch.

Depressionen unterscheiden sich von Traurigkeit oder einem gelegentlichen »Durchhänger« dadurch, dass sie sehr viel länger anhalten und dazu führen, dass die betroffene Person im Alltag nicht mehr richtig funktionieren kann. Das tägliche Leben ist auf allen Ebenen betroffen – Schlaf, Ernährung und Denkprozesse sind stark beeinträchtigt.

Einfache Abhilfe kann manchmal durch regelmäßige körperliche Bewegung, insbesondere Ausdauersportarten, geschaffen werden.

Es kann auch helfen, sich so viel wie möglich zu beschäftigen bzw. abzulenken und unter Menschen zu gehen. So haben Sie weniger Zeit, sich

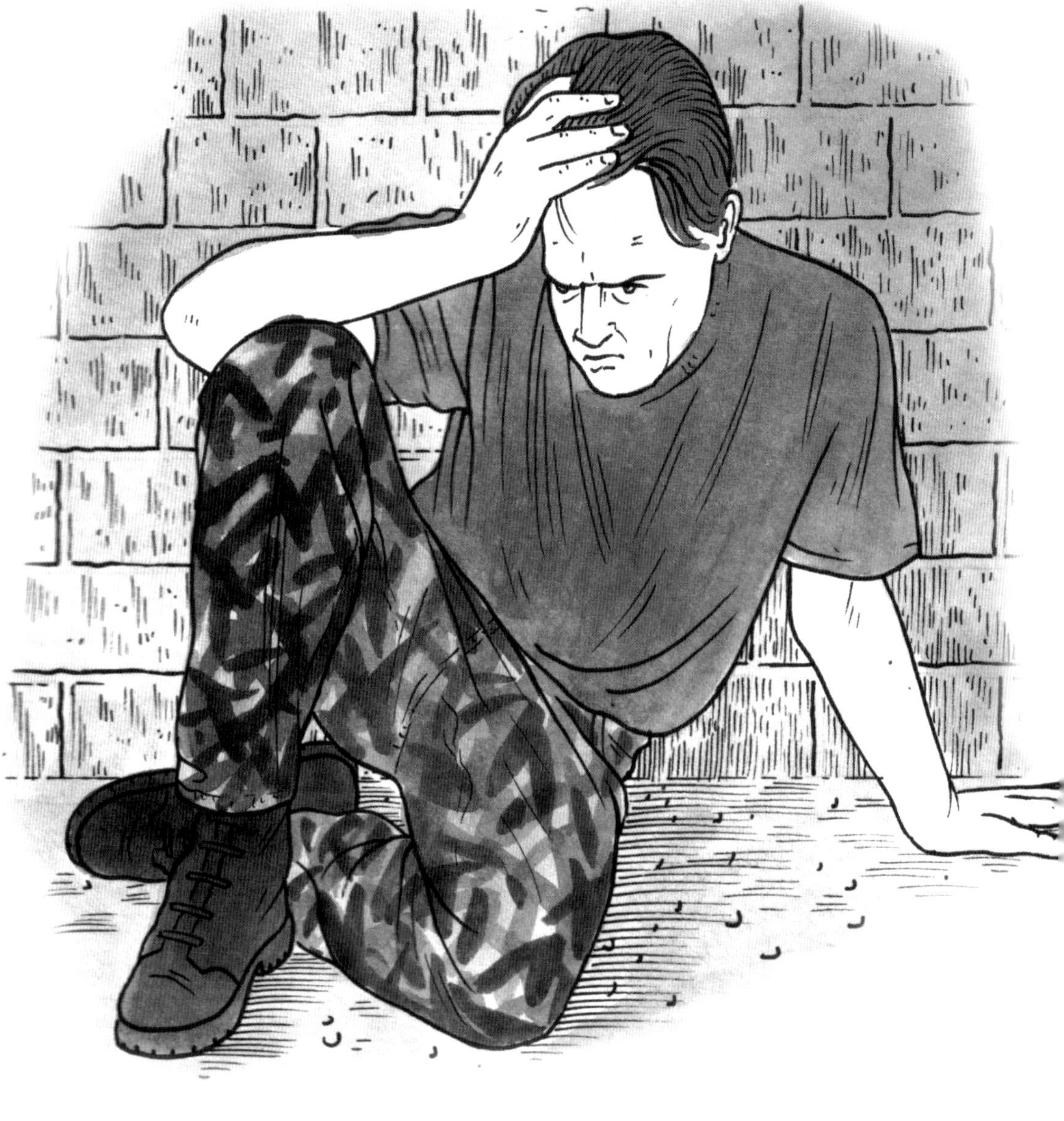

VERZWEIFLUNG

Die Kombination aus Isolation, Entfremdung und der Einsamkeit, die durch die große Entfernung vom Heimatland entsteht, kann gravierende Folgen für die mentale Gesundheit haben. Um diese negativen Gefühle abzuwehren, empfiehlt es sich, sich zu beschäftigen und Langeweile zu vermeiden.

mit Ihren Problemen zu beschäftigen und sitzen auch nicht isoliert alleine zuhause.
Gesundes Essen sorgt dafür, dass Sie mehr Energie haben und sich körperlich stärker fühlen.

Behandlung

Die einfachste und wirkungsvollste Methode, um die Isolierung und Depression zu durchbrechen, ist, mit jemandem zu reden. Sie sollten auf jeden Fall professionelle Hilfe in Anspruch nehmen, wenn die Symptome ausgeprägt sind. Es könnte sein, dass ein chemisches Ungleichgewicht die Depression auslöst. Das ist durch Medikamente gut behandelbar. Die Vermittlung kann ein Militärpsychologe oder Militärpfarrer übernehmen. Viele Soldaten aber möchten sich diesen Personen nicht anvertrauen, da sie fürchten, als »weich« abgestempelt oder aus dem aktiven Dienst entlassen zu werden. Veteranen, insbesondere Unteroffizier-Veteranen oder gute Freunde sind daher eine gute Alternative.

Das Buddy-Prinzip

Das amerikanische Militär hat ein nützliches Buddy-Prinzip eingeführt. In diesem System wird ein Soldat mit einem anderen Soldaten sozusagen verpartnert. Die beiden bilden ein Team, das sich in allen Lagen gegenseitig unterstützt. Da sie sich im Laufe der Zeit sehr gut kennenlernen, fällt dem einen auf, wenn mit dem anderen etwas nicht stimmt. Dieses System fördert die mentale Gesundheit, Teamarbeit, Unterstützung und Verantwortung. Nicht nur achtet ein anderer Mensch mit auf Sie, sondern Sie selbst übernehmen im Gegenzug auch Verantwortung für jemanden. So fühlt man sich weniger allein. Das Buddy System hilft Stress zu reduzieren und senkt die Wahrscheinlichkeit für Depression und Selbstmord. Teamfördernde Übungen und Rituale bauen Empathie und Loyalität auf.
Mit dem Übergangsritual am Ende der Grundausbildung wird zum Beispiel aus einem Trainee ein Soldat. Und Einheiten wie die Marines betrachten sich lebenslang als Marines – auch, wenn sie schon lange nicht mehr aktiv im Dienst sind. Wenn sie Hilfe brauchen, gibt es für sie spezielle Unterstützungsnetzwerke. Das Wichtigste beim Militär ist, dass es immer jemanden gibt, der sich genauso wie Sie fühlt, aber trotzdem vorbildlich seine Pflicht tut. Sie können sicher sein – wenn er es schafft, können Sie das auch.

Körperliche Symptome	Mentale Symptome	Symptome Verhalten
Erschöpfung	Wut oder Reizbarkeit	Kein Interesse an Hobbys
Kopfschmerzen	Konzentrationsschwäche	Rückzug
Verdauungsstörungen	Traurigkeit	Schlaflosigkeit oder zuviel Schlaf
Appetit- oder Gewichtsverlust	Schuldgefühle oder Gefühle von Wertlosigkeit	Zuviel oder zuwenig essen
Gesteigerter Appetit oder Gewichtszunahme	Albträume	Vermehrte Abhängigkeit von Alkohol, Tabak oder Drogen
Antriebslosigkeit	Selbstmordgedanken	Unfähigkeit Entscheidungen zu treffen

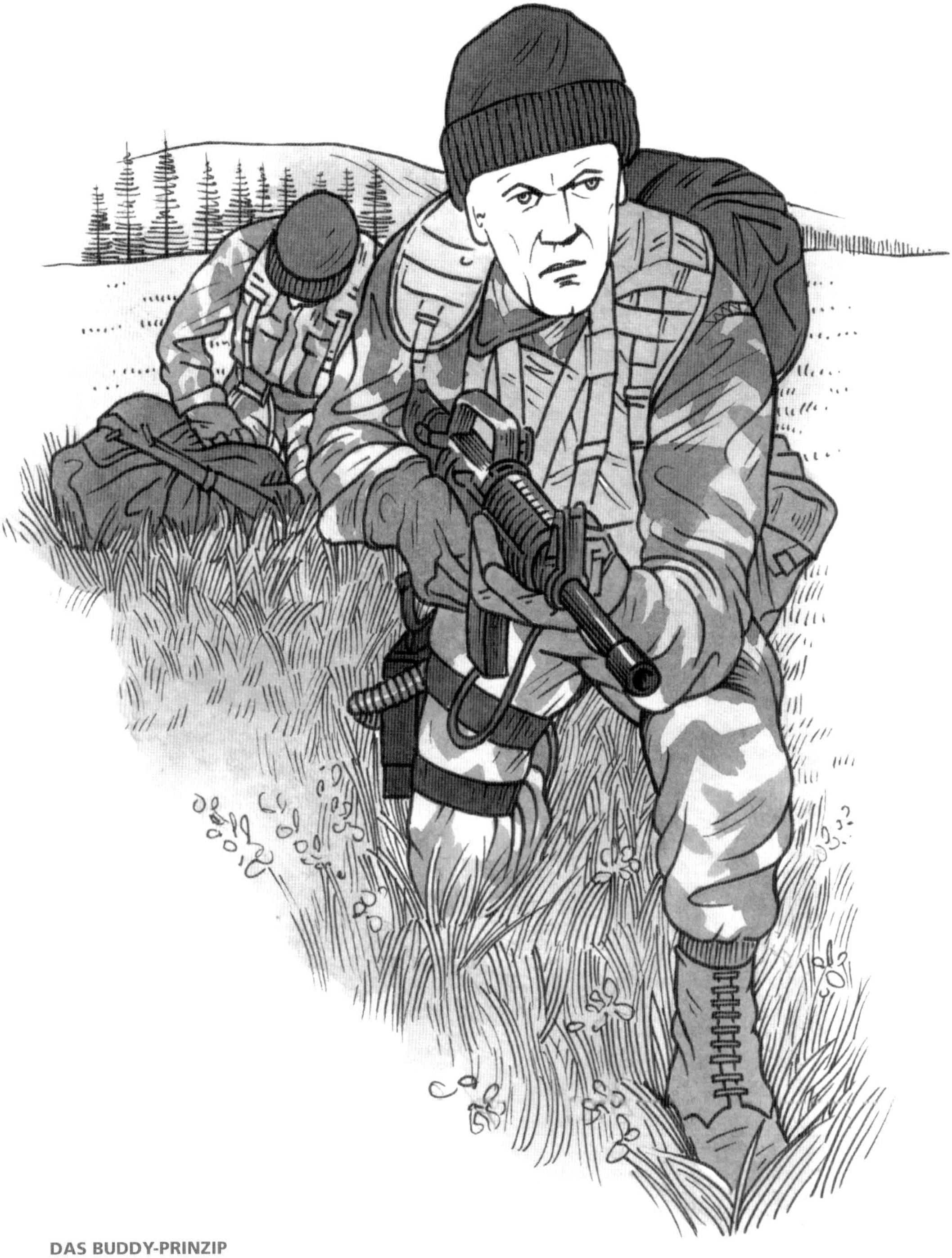

DAS BUDDY-PRINZIP

Eine der wichtigsten Waffen im Arsenal eines Soldaten ist sein Buddy. Das Buddy-Prinzip stärkt die Soldaten gegenseitig, weil sie so einen Menschen an ihrer Seite haben, dem ihr physisches und emotionales Wohlbefinden am Herzen liegt. Die militärische Gemeinschaft gewährt denen, die in ihre Reihen aufgenommen werden, lebenslange Loyalität und Freundschaften.

7 TRAUMA UND SCHOCK

Die Teilnahme an einem Gefecht kann traumatisch sein. Die Vorbeugung und Behandlung von Kriegstraumata und posttraumatischen Belastungsstörungen ist daher zu einem wichtigen Thema für moderne Streitkräfte geworden.

Kriegerische Auseinandersetzungen mit all ihren schrecklichen Bildern, Geräuschen, Gerüchen und Gefühlen setzen Sie grauenvollen, erschütternden Erfahrungen aus, die Sie stark beängstigen und desorientieren können. Im zivilen Leben gibt es vergleichbare Situationen nur bei einem furchtbaren Verkehrsunfall oder im Katastrophenfall, die aber beide zeitlich begrenzt sind. Wenn Sie an Kriegshandlungen teilnehmen oder aber in der unmittelbaren Nähe sind, ist es, als würden Sie jeden Tag der Woche einen Verkehrsunfall knapp überleben. Der damit verbundene mentale Schock ist der Gleiche.

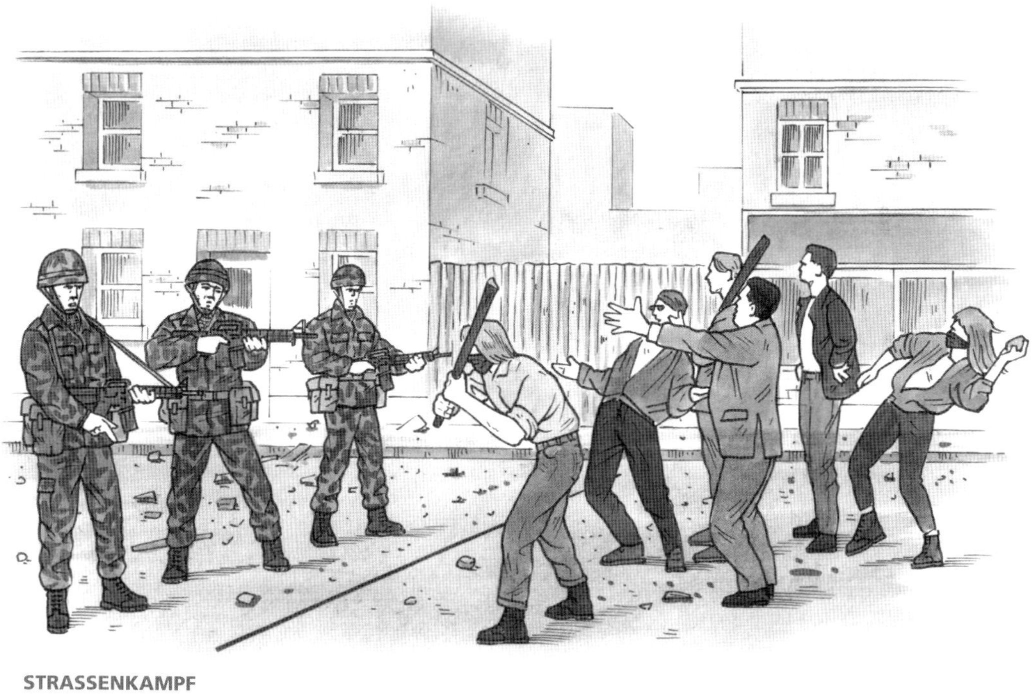

STRASSENKAMPF

Der Einsatz bei Aufständen ist für Soldaten, deren Verhalten durch strenge Einsatzregeln geregelt ist, hochgradig nervenaufreibend. In einer solchen Situation ist starke Führung durch die Offiziere gefragt, um zu verhindern, dass Soldaten unkontrolliert das Feuer eröffnen.

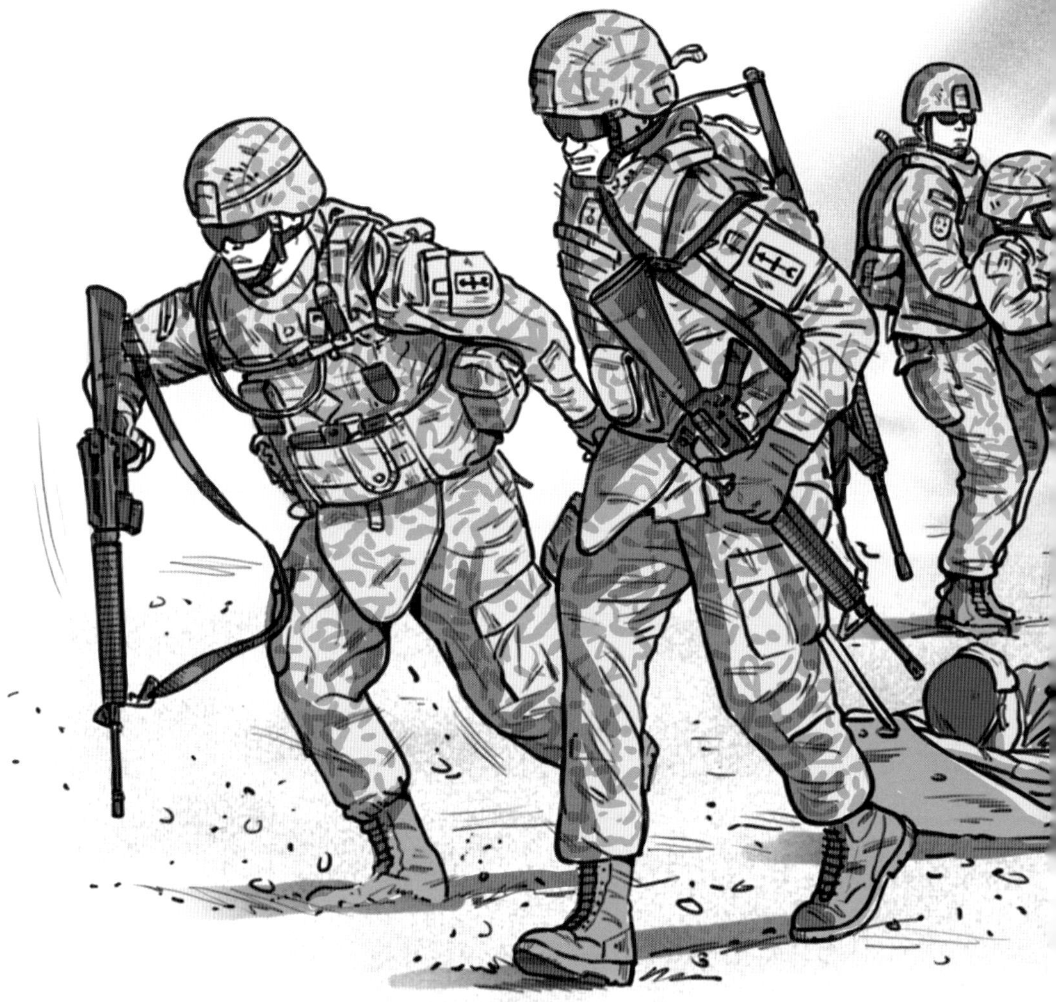

VERLETZTE BERGEN

Die Bergung von Verletzten setzt große Entschlossenheit und klares Denken voraus, um über das emotionale Trauma hinauszuwachsen, das die Handhabung der verletzten Kameraden mit sich bringt. Sanitäter müssen die Verletzten abhängig vom Grad ihrer Verletzung schnell und entschieden einteilen (Wer benötigt sofort Hilfe? Wer muss warten?), während Unteroffiziere den Gesamteinsatz so koordinieren müssen, dass er reibungslos abläuft.

Ein anderes Problem entsteht durch das Wesen der modernen Kriegsführung. Die Soldaten verbringen in den heutigen Konflikten oft mehr Zeit damit, einen labilen Frieden zu sichern (wie in Bosnien, im Kosovo und in Somalia) als in tatsächlichen kriegerischen Auseinandersetzungen. Es reicht also nicht mehr, körperlich fit und einsatzbereit zu sein. Der moderne Soldat ist gleichzeitig auch Helfer, Logistiker, Ordnungshüter bei Demonstrationen und anderen Menschenaufläufen, Vermittler und Diplomat. Trotzdem erwarten wir von unseren Soldaten, dass sie im

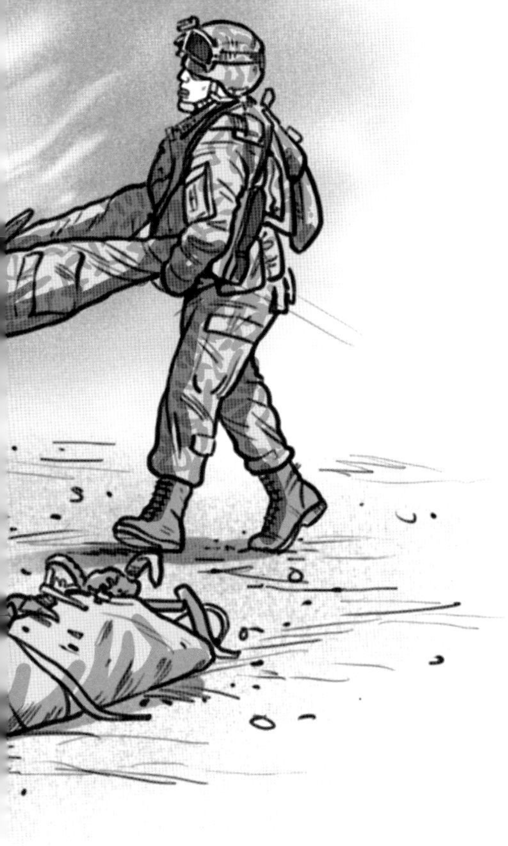

Handumdrehen vom Friedenshüter zum Kämpfer werden. In der Militärtheorie wird das als Three Block War bezeichnet, weil sich die Situation auf einem durch wenige Häuserblöcke begrenzten Gebiet von Frieden zu Gewalt oder sogar zu einem ausgewachsenen Krieg und wieder zurück entwickeln kann.

Eine solch tragische Entwicklung fand am 3. Oktober 1993 statt. Zu dieser Zeit waren die USA stark an einer Friedensmission im vom Krieg zerrissenen Somalia beteiligt. In einem Versuch, die Gewaltspirale zu unterbrechen, wurde ein Team der amerikanischen Eliteeinheit US Rangers und Mitglieder von Delta Force in die somalische Hauptstadt Mogadischu entsandt, um den einflussreichen Kriegsherrn Mohammed Farah Aidid festzunehmen. Was als 90-minütige Verhaftungsoperation gedacht war, entwickelte sich zu einem 17-stündigen Blutbad. Nachdem zwei amerikanische Black Hawk-Hubschrauber von RPGs (tragbaren Panzerabwehrgranaten) abgeschossen worden waren, saß das US Team am Boden in der Falle. In dem albtraumhaften Labyrinth von verwinkelten, klaustrophobisch engen Straßenzügen wurden sie von Hunderten bewaffneten somalischen Zivilisten und Soldaten mit automatischen Waffen beschossen. In dem Chaos dieser blutigen Straßenkämpfe wurden 18 Amerikaner und hunderte Somalier getötet. 84 amerikanische Soldaten wurden verletzt. Es ist kein Wunder, dass solche Ereignisse lebenslange, mentale Narben zurücklassen.

Stressentwicklung

Die Dauer der Belastung ist ein entscheidender Faktor bei der Entwicklung von kriegsbedingtem Stress. Bei Untersuchungen wurde festgestellt, dass der Grad der Belastung in direkter Korrelation zur Anzahl der Tage steht, an denen die Soldaten direkt an Kampfhandlungen teilgenommen haben. Ein Soldat, der das erste Mal im Kampfeinsatz ist, braucht die ersten 10 Tage, um sich an das Erlebte anzupassen. In den Tagen 10–20 erreicht er seine maximale Effizienz, in denen er Höchstleistungen in den Bereichen taktischer Überblick und Selbstvertrauen erbringt. Nach 30 Tagen im aktiven Einsatz beginnt seine Leistungskurve deutlich abzufallen. Das macht sich zunächst durch übertriebenes Selbstbewusstsein bemerkbar, das die Wahrscheinlichkeit für eine Verwundung oder Verletzung erhöht. Dieser Zustand wird um Tag 40 von totaler mentaler und emotionaler Erschöpfung abgelöst. Nach 60 Tagen im aktiven Einsatz kann er sogar in eine Art Wachkoma fallen und einen kompletten Nervenzusammenbruch erleiden. Selbstverständlich versuchen militärische Führer, Einheiten turnusmäßig alle paar Tage von der Front abzuziehen, denn das ist entscheidend für die geistige Gesundheit der Männer und Frauen. Aber der Feind kann die Einheiten mit Hilfe von Langstreckenwaffen auch auf dem Stützpunkt selbst unter Beschuss nehmen. In Afghanistan stationierte Soldaten geraten fast täglich unter Beschuss durch Mörsergranaten, IEDs und RPGs. Amerikanische Truppen in Vietnam waren während der 1960er und 70er Jahre in unterschiedlichem Ausmaß fast an jedem Tag ihres Einsatzes in Feuergefechte verwickelt.

Fast alle Soldaten empfinden im Kampfeinsatz Furcht und einen Adrenalinschub wie sie ihn nie zuvor erlebt haben. Daraus können sich auch positive Effekte ergeben. Furcht kann ein Vorteil

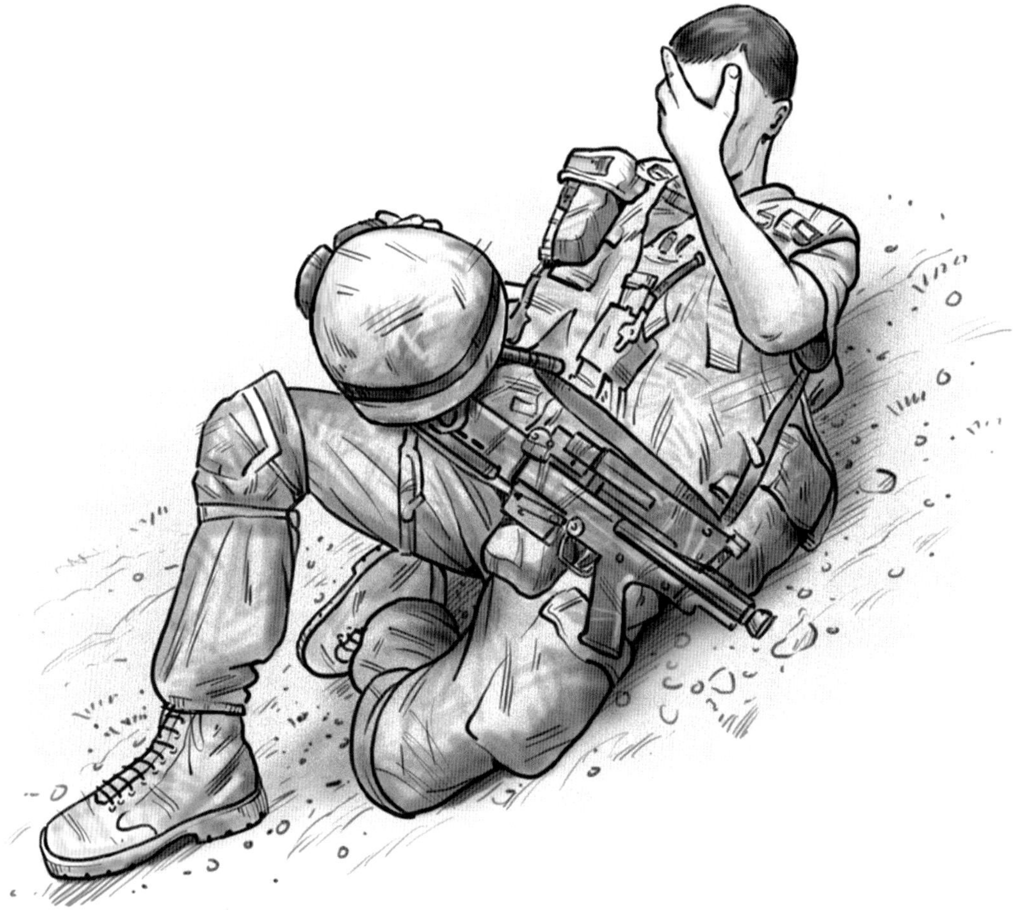

KRIEGSTRAUMA

Eines der vielen Symptome eines Kriegstraumas ist die Handlungsunfähigkeit in bestimmten Situationen – die Soldaten fühlen sich wie gelähmt. Weitere Begleiterscheinungen sind Wut, Depression und Verwirrtheit. Es ist einfacher, ein Kriegstrauma bei sich selbst oder anderen zu identifizieren, wenn man die Symptome kennt.

Körperlich	Emotional	Verhalten
• Ständig in Bewegung • Starke Schreckhaftigkeit • Schütteln oder Zittern • Schwäche oder Lähmung • Eingeschränktes Sehen, Hören und Tasten (Verlust von Sinneswahrnehmungen) • Völlige Erschöpfung • Reglosigkeit • Ins Leere starren • Akute Bauchschmerzen • Eingeschränkte Sprachfähigkeit oder Stummheit • Taumeln oder Schwanken • Herzrhythmusstörungen • Hyperventilation • Schlaflosigkeit/schwere Schlafstörungen	• Angststörungen • Trauer • Konzentrationsschwäche • Albträume • Selbstzweifel • Wut • Übertriebene Sorge bei kleineren Problemen • Verlust von Vertrauen in sich selbst und die Einheit	• Unentschlossenheit • Unaufmerksamkeit • Unvorsichtigkeit • Erhöhte Wachsamkeit • Motivationsmangel • Erregbarkeit • Antriebslosigkeit • Tränen, weinen • Unfähigkeit zu entspannen • Reizbarkeit
www.behavioralhealth.army.mil/provider/combatstress.html		

sein, denn sie versetzt Sie in Alarmbereitschaft und lässt Sie hochkonzentriert und hochgradig wachsam nach Gefahren Ausschau halten. Sie kann Ihnen außerdem die Kraft verleihen trotz Ihrer Erschöpfung weiterzukämpfen. Allerdings kann ein Zustand der Alarmbereitschaft, der über einen langen Zeitraum aufrecht erhalten werden muss, schnell in Erschöpfung umschlagen.

Kriegstrauma (Combat Stress Reaction – CSR)

Die Gefahr, die die Psyche der Soldaten bedroht, ist inzwischen als Combat Stress Reaction (CSR) bzw. genauer als Combat and Operational Stress Reaction (COSR) – oder auch Kriegstrauma erkannt und klassifiziert worden. CSR schließt eine Reihe von psychologischen Zuständen und Symptomen ein, die von Person zu Person variieren können. Klinisch betrachtet gibt es die interessante Unterscheidung der Symptome in Unterforderung und Überforderung. Wenn die Psyche sich in einem optimalen Zustand befindet, ist der Geist unabhängig von der akuten Situation moderat erregt, wachsam, aufmerksam und ruhig. Das ist für einen Soldaten der Idealzustand. Wenn er unterfordert ist, ist er unaufmerksam, abgelenkt, uninteressiert, ohne Initiative und deprimiert. Überforderung ist das genaue Gegenteil. Die Urteilsfähigkeit ist eingeschränkt, der Geist ist übererregt, angespannt und aufgewühlt, die Aufmerksamkeitsspanne niedrig und zerrissen.

Weder der eine noch der andere psychische Zustand ist für einen Soldaten im Einsatz gesund, besonders dann nicht, wenn er schnell wichtige Entscheidungen treffen muss. Das US Army Medical Department definiert die Symptome von CSR nach physischen, emotionalen und verhaltensbasierten Kategorien. Das zeigt schon, dass die ganze Persönlichkeit des Soldaten betroffen ist. In seiner intensivsten Ausprägung hat CSR die in der Tabelle aufgelisteten Symptome. CSR und sein düsterer Begleiter PTBS haben in den letzten Jahren epidemische Ausmaße angenommen. Die US Army zum Beispiel hat in den Jahren 2000 bis 2011 die erschreckende Anzahl von

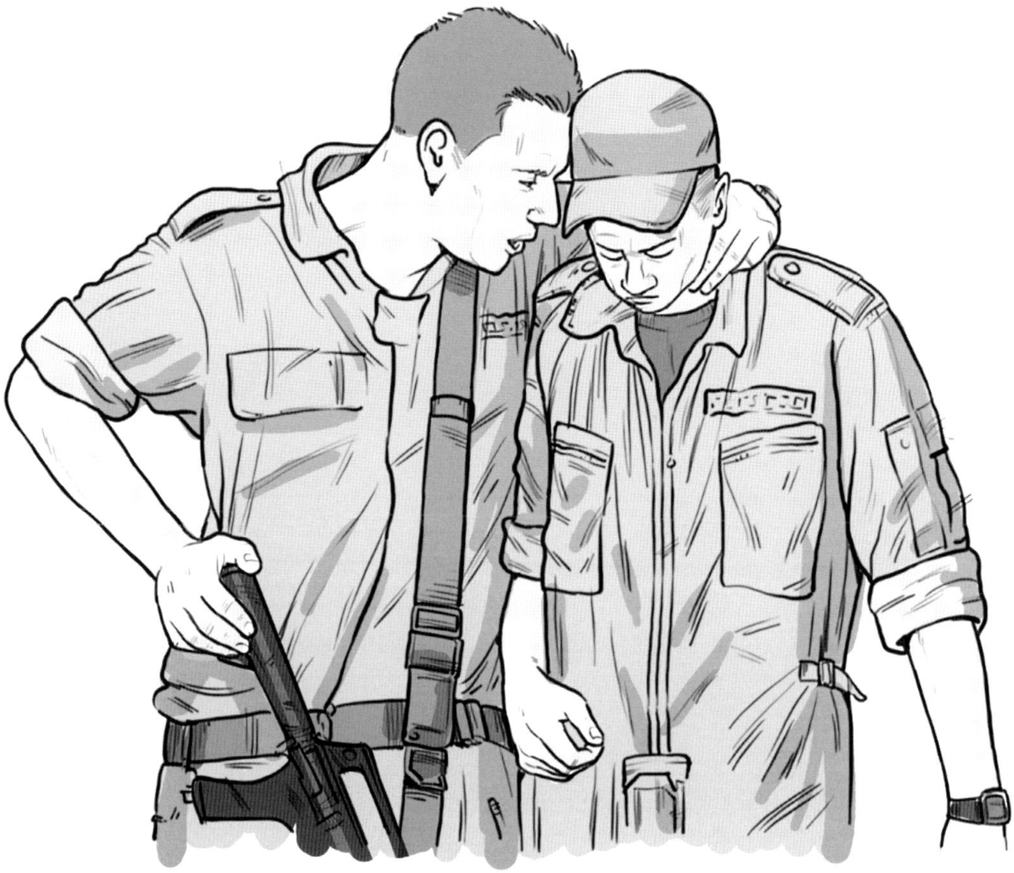

ERFAHRUNGEN AUSTAUSCHEN

Wenn Sie mit anderen über für Sie schwierige Situationen oder auch Ängste reden, kann das helfen, die Ängste und Probleme nüchterner und mit ein wenig Abstand zu betrachten. Das ist natürlich einfacher im zivilen Leben als im militärischen Umfeld, aber es kann die negativen Auswirkungen, die Stress sowohl auf den Einzelnen als auch auf die Einheit hat, reduzieren.

76.176 Fällen von PTBS diagnostiziert. CSR spielte in mehreren Fällen, in denen Soldaten Gräueltaten verübten, eine Rolle. Zu diesen in der Öffentlichkeit stark beachteten Fällen gehört zum Beispiel der vermutliche Mord an 16 afghanischen Zivilisten in Kandahar durch Staff Sergeant Robert Bales. Ein hochrangiger amerikanischer Offizier sagte der New York Times: »Letzten Endes wird man feststellen, dass es eine Kombination aus Stress, Alkohol und Problemen zuhause war – er ist einfach durchgeknallt.«

CSR verhindern

Auch wenn man als Soldat vor dem ersten Kampfeinsatz unmöglich wissen kann, was wirklich auf einen zukommt, ist die vorherige militärische Ausbildung eine sehr gute Grundlage. Sie bildet die Basis für Resilienz, Stärke und Erfahrung, die den Soldaten im Idealfall gegen die schlimmsten Auswirkungen der traumatischen Erfahrungen abschirmen. Je realistischer das Training ist und je mehr Routine sie in ihren Auf-

Techniken zur Stressbewältigung bei den US Streitkräften

- Dafür sorgen, dass alle Maßnahmen getroffen werden, die für das Wohlbefinden der Truppe wichtig sind.
- Jedem Soldaten Vertrauen in sich, seine Ausrüstung, Einheit und Führung einflößen.
- Entschieden und durchsetzungsfähig auftreten; Kompetenz und gerechte Führung zeigen.
- Insbesondere während laufender Operationen bei jeder sich bietenden Gelegenheit für Schlaf und/oder Pausen sorgen.
- Schlaf für Entscheidungsträger garantieren.
- Realistische Ziele für die fortlaufende Entwicklung des Einzelnen und des Teams setzen.
- Das Erreichen der Ziele systematisch kontrollieren.
- Sich darüber im Klaren sein, dass Gefechtsdauer und -intensität das Stressniveau erhöhen.
- Umweltfaktoren wie Licht, Temperatur und Niederschlag berücksichtigen.
- Sich darüber im Klaren sein, dass jeder Einzelne und jede Einheit anders auf die gleiche Art/das gleiche Ausmaß von Stress reagieren.
- Die Anzeichen von Stress bei sich selbst und anderen erkennen.
- Sich darüber im Klaren sein, dass Furcht ein normaler Teil eines Kriegstraumas ist.
- Weniger schwer Traumatisierte kurz aus dem Gefecht abziehen, aber in ihrer Einheit belassen.
- Über Stressfaktoren informiert sein, die vor dem Gefecht schon eine Rolle im Hintergrund spielen (familiäre Probleme und/oder Trennung, Geldprobleme etc.).
- Informationen in der Befehlskette nach oben und unten sowie innerhalb der Einheit verteilen, um den Stress zu verringern, der aufgrund mangelnder Informationen entsteht.
- Stress mithilfe von effektiver Aufgabenverteilung, Arbeitsteilung, Übernahme von Aufgaben durch dafür qualifiziertes Personal und fachübergreifendes Training kontrollieren.
- Erste Anzeichen von Stress bzw. verringerter Stresstoleranz erkennen.
- Techniken zur Stressbewältigung üben und beherrschen.
- Kriegstrauma eingestehen; es ist ungesund, den durch Kampfeinsätze entstandenen Stress zu leugnen.

gaben erwerben, desto besser verarbeiten Soldaten die Erlebnisse. Aus diesem Grund finden auch über 80 % des Trainings der US Marines unter realistischen Bedingungen als Gefechtsübungen statt. Hochgradig qualifizierte Soldaten werden außerdem mit größerer Wahrscheinlichkeit im Gefecht die Ruhe bewahren. Die Wahrscheinlichkeit, dass sie nach dem Gefecht unter einem Trauma leiden, ist entsprechend geringer. Trainingsmodule, bei denen in einer realistisch anmutenden Umgebung mit Übungsmunition scharf geschossen wird, mildern den Schock ab, wenn man im Kampf das erste Mal durch echte Kugeln bedroht wird. In diesem Zusammenhang ist es interessant, dass es im Durchschnitt weniger Fälle von CSR unter den Männern und Frauen der Eliteeinheiten gibt, obwohl ja gerade sie oft die am stärksten belastenden Erfahrungen im Kampf machen. Das lässt sich unter anderem auf das sehr harte, gründliche Training zurückführen.

Erfreulicherweise wurde viel Arbeit in die Frage investiert, wie sich CSR unter den Soldaten im Einsatz auf ein Mindestmaß reduzieren lässt.

Das oben genannte Army Medical Department hat eine Liste der Sofortmaßnahmen erstellt, die bei Verdacht auf CSR erste Maßnahmen kurz zusammenfasst, die man sich gut anhand des Akronyms **SENKKE** merken kann:

Schnelle Hilfe – Militärische Anführer sollten bei den ersten Anzeichen von CSR sofort Maßnahmen zum Stressabbau einleiten. Eine Verzögerung kann dazu führen, dass sich die Symptome verschlimmern und schließlich chronisch werden.

Entspannung – Erklären Sie dem Soldaten, dass seine Reaktion normal und eine vollständige Erholung zu erwarten ist. Es geht darum, dem Soldaten Optimismus zu vermitteln und nicht darum, Druck auf ihn aufzubauen, damit er den Dienst schnell wieder aufnimmt.

Nähe – Soldaten, die an CSR leiden, sollten in der Nähe der Front bleiben, aber nicht mit Soldaten zusammengelegt werden, die physische Verletzungen erlitten haben. Durch die Nähe zur Front bleibt der Soldat in Kontakt mit seiner Einheit und damit Teil des Teams. Sein mentales Interesse an der Einheit und der Sache bleibt erhalten.

Kurze Dauer – Entwickelt sich die CSR gerade, sollte der Soldat ein bis drei Tage verlegt werden, um sich zu erholen. Ein längerer Zeitraum kann dazu führen, dass sich der Soldat mental von seinen Pflichten distanziert und eine wachsende Furcht vor der Rückkehr zum Dienst entwickelt. Falls die CSR jedoch gravierend ist, muss der Soldat an den Psychiatrischen Dienst hinter der Front überwiesen werden. In manchen Fällen ist eine Verlegung in das Heimatland unumgänglich.

Kontakt – Der Soldat muss sich weiter als Kämpfer verstehen, nicht als Patient oder als Kranker. Die Einheit des Soldaten muss den regelmäßigen Kontakt mit ihm aufrecht halten, damit er sich weiterhin als wertvolles Mitglied des Teams fühlt und weiß, dass er nicht wegen seiner Abwesenheit verurteilt wird.

Einfache Sofortmaßnahmen – Es gibt also eine Reihe von einfachen Behandlungsstrategien, die eine sofortige Linderung der CSR-Symptome bewirken:

- Dem Soldaten versichern, dass die Reaktion normal ist
- Ruhepause (vom Gefecht/Arbeit)
- Befriedigung körperlicher Bedürfnisse (Wärme, Wasser, Essen, Hygiene, Schlaf)
- Selbstbewusstsein mit sinnvollen Tätigkeiten und Gesprächen wieder aufbauen
- Kontakt mit Kameraden und Einheit aufrecht erhalten

Mit Hilfe dieser Maßnahmen kann CSR zu einem frühen Zeitpunkt angegangen werden, so dass sie sich gar nicht erst zu einem Problem mit ernsten langfristigen Auswirkungen entwickelt. Ihre Umsetzung hängt allerdings von guten militärischen Führern ab, die CSR ernst nehmen. Nicht alle Offiziere reagieren aber so aufgeklärt. Viele glauben, dass ein Nervenzusammenbruch nur ein Zeichen von Schwäche ist. Glücklicherweise verschwindet diese Haltung nach und nach. Soldaten müssen wissen, dass ihre Offiziere sie unterstützen, weil sie den einzigartigen Stress verstehen, dem jeder einzelne im Gefecht ausgesetzt ist. Offiziere müssen dafür sorgen, dass die einzelnen Mitglieder der Einheit gegenseitig auf sich achten.

Teamgeist

Die beste Methode, die mentale Widerstandsfähigkeit im Gefecht zu stärken, ist, Teil eines vereinten, eingespielten Teams zu sein.

Die Eliteeinheiten fördern eine starke Team-Identität mit einem hohen Grad an taktischer, technischer und emotionaler gegenseitiger Abhängigkeit. Jedes Individuum muss zum Selbstbewusstsein der Einheit beitragen und dafür sorgen, dass es keine Schwachpunkte gibt, die die Einheit bedrohen könnten.

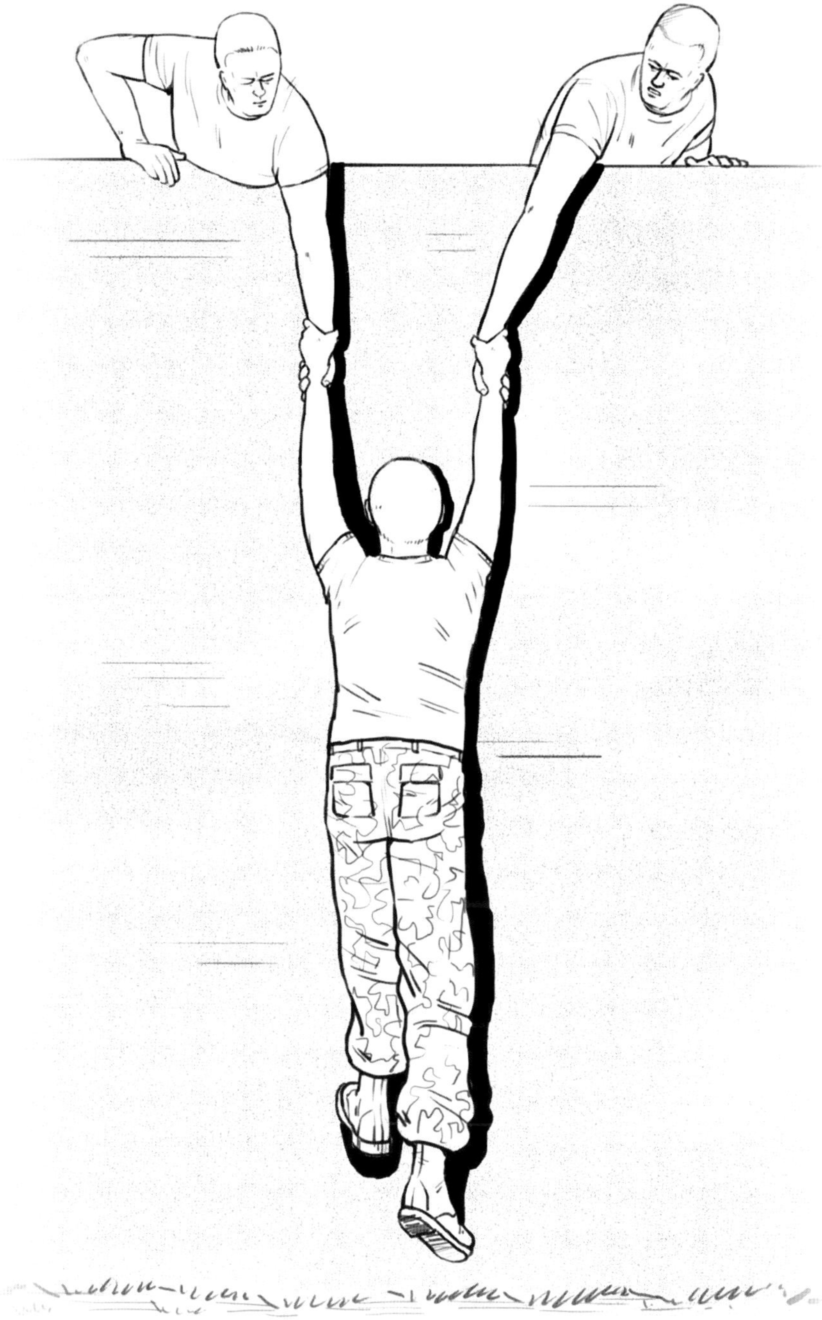

TEAMARBEIT

Die besten Militäreinheiten halten im Training und im Kampfeinsatz als Team zusammen. Teamarbeit stärkt das gegenseitige Vertrauen, was zur Beruhigung der Soldaten beitragen kann, wenn sie traumatisiert sind und unter Schock stehen.

Nicht umsonst leisten Teams mit einer gemeinsamen Identität regelmäßig mehr als Einheiten, die keine innere Verbundenheit haben oder weniger motiviert sind. Es gibt genug Beispiele in Gefechten, die diese Tatsache belegen. Das trifft besonders dann zu, wenn hochqualifizierte, hochmotivierte reguläre Streitkräfte gegen eine schlecht ausgebildete, sozial entfremdete Armee wehrpflichtiger Soldaten kämpfen. Während der Invasion des Irak im Jahr 2003 gelang es den Soldaten der Amerikaner, Briten und denen der Koalition, sehr viel größere Einheiten des Gegners zu besiegen, weil auch die niedrigen Dienstgrade darauf trainiert waren, auf dem Schlachtfeld die Initiative zu ergreifen. Die gegnerischen Einheiten waren ausschließlich auf die Offiziere konzentriert, so dass beim Tod eines Offiziers der Rest der Einheit ohne Weisung und Initiative zurückblieb. Außerdem waren die irakischen Kräfte nicht annähernd so gut ausgebildet.

Wenn Individuen gemeinsam eine harte Ausbildung durchstehen, verbindet diese Erfahrung sie. Es gibt ihnen außerdem die Chance, unter anstrengenden, unsicheren Bedingungen die Zusammenarbeit als Team zu üben. Finden sie sich dann gemeinsam in einem Gefecht wieder, sorgt das für weitere gemeinsame Erfahrungen im Grenzbereich, selbst wenn es sich dabei um den Tod eines Teamkameraden handeln sollte. Die optimale Gruppengröße liegt bei drei bis acht Personen. Eliteeinheiten arbeiten selten in mehr als 10 Mann starken Teams.

Viele Studien, die während des Koreakrieges durchgeführt wurden, bestätigen diese Theorie. Die Teams, die besonders gute Leistungen erbrachten, hatten das gleiche Niveau bei Motivation, Disziplin und Loyalität und teilten gemeinsame Zeit und Sehnsüchte. Jeder einzelne war sich seiner eigenen Stärken bewusst und kannte seinen Platz im Team. Nicht umsonst heißt es bei den US Navy SEALs: »*In den Wörtern Team und SEAL gibt es kein I für Ich.*«

Folter und Gefangenschaft

In Gefangenschaft zu geraten oder gefoltert zu werden ist eine extrem traumatisierende Erfahrung und daher eine besonders qualvolle Ursache von PTBS. Auch wenn das ein unwahrscheinliches Szenario ist, muss man bedenken, dass Soldaten der Spezialeinheiten zum Teil tief im Feindesland operieren. Das erhöht die Wahrscheinlichkeit, aufgegriffen und dann gefangen genommen zu werden. Der im Jahr 2002 veröffentlichte *US Antiterrorism Personal Protection Guide* weist darauf hin, dass der Gegner nicht nur den Tod von amerikanischen Soldaten zum Ziel hat. Ein Soldat kann auch als Geisel sehr wertvoll sein:

> *Amerikanische Militärangehörige, die von Terroristen oder gegnerischen ausländischen Regierungen gefangen genommen und festgehalten werden, werden häufig als Geisel zur persönlichen Bereicherung und/oder für den Versuch der Einflussnahme auf die amerikanische Regierung benutzt. Diese Erpressung kann viele Formen annehmen, aber jede Form der Erpressung dient dazu, die ausländische Regierung oder die terroristischen Kidnapper zu unterstützen. In der Vergangenheit benutzten Terroristen und Regierungen Gefangene, um Informationen zu erpressen, oder missbrauchten sie für Propagandazwecke. Unter anderem wurden sie dazu gezwungen, Verbrechen zu gestehen, die sie nie begangen hatten. Das diente den Kidnappern, es verlieh ihnen Glaubwürdigkeit. In solchen Situationen wurden Regierungen schon zu Stellungnahmen gezwungen, die ihnen schadeten, oder sie im Verhältnis zu anderen Regierungen schwach aussehen ließen. Es gibt Regierungen, die Lösegeld für von Terroristen gekidnappte Staatsbürger gezahlt haben. Das hat die Finanzen, den Nachschub, den Status und die*

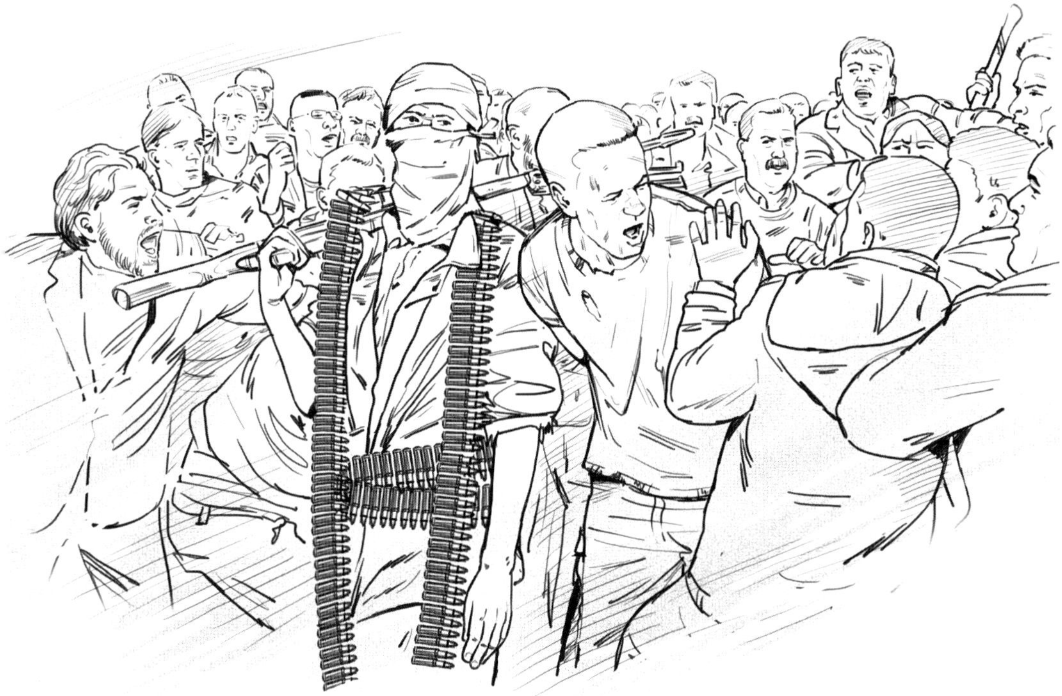

GROBE BEHANDLUNG

Ein Soldat muss körperliche Misshandlungen durch seine Kidnapper und eine aufgebrachte Menschenmenge erdulden. In einer solchen Situation sollten Sie versuchen, Ihren Kopf ein- und Ihre Schultern hochzuziehen. Das verringert die Gefahr verletzt zu werden. Vermeiden Sie provokantes Verhalten und Augenkontakt.

> *Operationen der Terroristen verbessert und damit den Terror, der von solchen Gruppen ausgeht, unterstützt und verlängert. Die amerikanische Regierung befolgt daher einen klaren politischen Grundsatz: sie verhandelt nicht mit Terroristen.*
> *CJCS Guide 5260, Antiterrorism Personal Protection Guide* (2002)

Bei jedem großen Konflikt gibt es unterschiedliche Gründe für die Gefangennahme von Kriegsgefangenen. Während des Zweiten Weltkrieges nahm die deutsche Armee 5,7 Millionen Sowjets gefangen, die in Kriegsgefangenenlagern und Arbeitslagern eingesperrt wurden, wo sie sich zu Tode arbeiten mussten. Die Zahl der Kriegsgefangenen war u. a. auch im französischen Indochinakrieg, im Vietnamkrieg und im Golfkrieg hoch. Doch der Aufstieg von Terrorzellen und Gruppen bewaffneter Aufständischer hat die Spielregeln verändert. Sie nehmen gezielt einzelne Soldaten aus ganz spezifischen Gründen gefangen. Gefangene werden als Druckmittel benutzt, um politische Gefangene der eigenen Seite freizupressen, Geld oder Waffen im Austausch zu erhalten, größere Aufmerksamkeit für eine Gruppe oder ein politisches Programm zu erreichen oder aber für Propagandazwecke. Die brutale Wahrheit ist außerdem, dass Terroristen oft Militärangehörige gefangen nehmen, um an ihnen ein Exempel zu statuieren. Terrororganisationen wie Al-Qaida haben Folter und Ermordung von extra zu diesem Zweck gefangen genommenen Geiseln

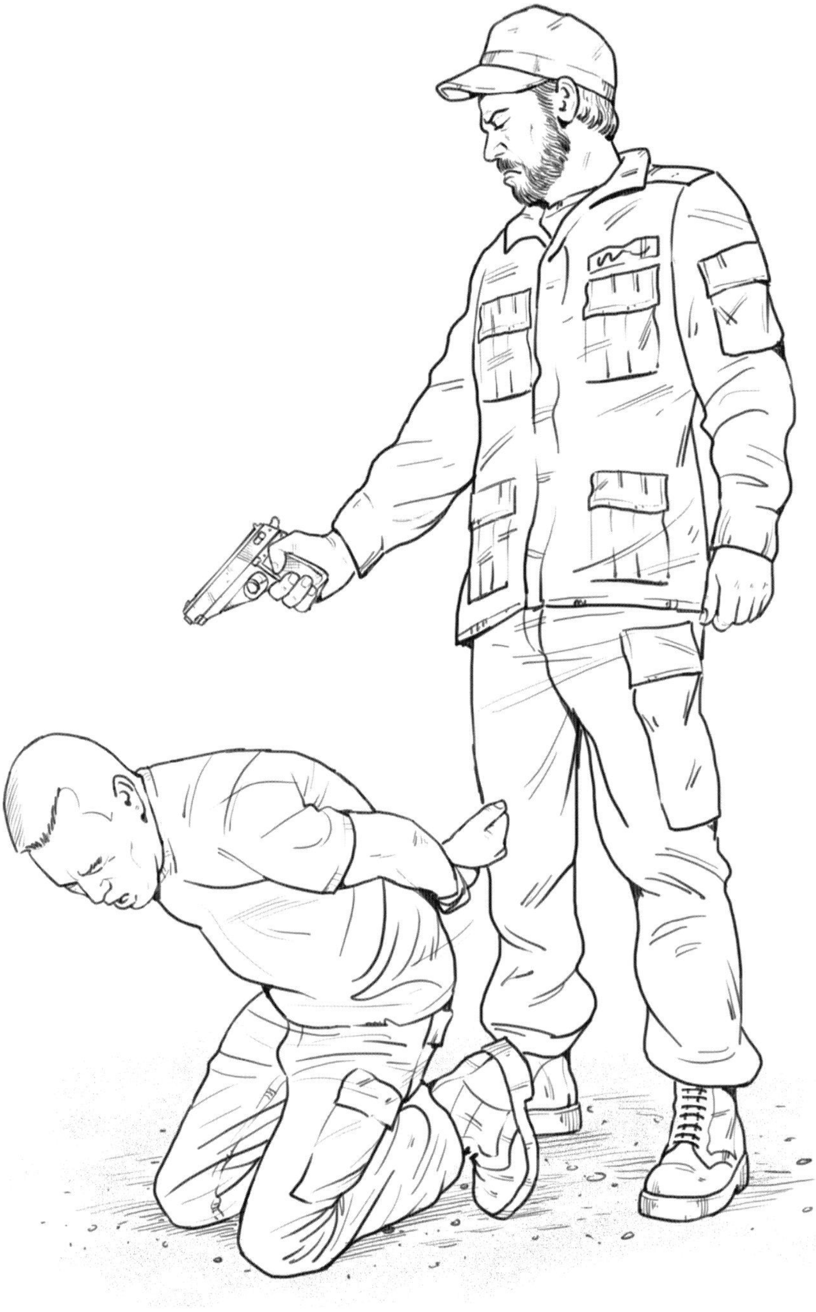

EXTREME TRAUMATISIERENDE ERFAHRUNGEN

Möglicherweise werden Sie Zeuge von Scheinhinrichtungen, die Sie einschüchtern oder Ihnen Informationen entlocken sollen. Es ist unmöglich, das dadurch ausgelöste Trauma zu ignorieren, aber der Soldat darf sich nicht ununterbrochen mit der Bedrohung beschäftigen.

gefilmt und dann per Internet an die Medien der Welt verteilt.

Der vollkommene Kontrollverlust über die eigene Situation ist das, was am schwersten auszuhalten ist. Darin ähnelt eine Geiselhaft anderen Stresssituationen beim Militär. Sie sind anderen völlig ausgeliefert, die vielleicht eine ganz spezifische politische Agenda haben, von der Sie nichts ahnen. Selbst Ihre Grundbedürfnisse wie Essen, Schlafen oder der Gang zur Toilette haben andere in ihrer Gewalt, die es vielleicht oder vielleicht auch nicht genießen, Sie leiden zu sehen.

Gefangenschaft

Die gefährlichsten Stunden für einen Kriegsgefangenen sind die ersten Stunden nach der Gefangennahme. Während dieser Zeit ist die Wahrscheinlichkeit für Ihre Ermordung genauso hoch wie die Wahrscheinlichkeit, dass man Sie in ein Gefangenenlager oder zu einer Terrorzelle bringt – außer die Kidnapper haben Sie aus einem bestimmten Grund als Geisel genommen.

Wenn Sie in feindliche Hände geraten, vermeiden jede Form von Widerstand oder Aggression gegen Ihre Kidnapper. Zeigen Sie Gehorsam und Respekt, auch wenn Ihnen das anfangs schwerfällt. Vermeiden Sie Augenkontakt, befolgen Sie alle Befehle und sprechen Sie nur, um Fragen in einem ruhigen Ton zu beantworten. Ihr Ziel ist es, möglichst wenig von sich preiszugeben und so wenig Aufmerksamkeit wie möglich auf sich zu ziehen. Aber selbst, wenn Sie nach außen gehorsam auftreten, können Sie innerlich vor Wut kochen.

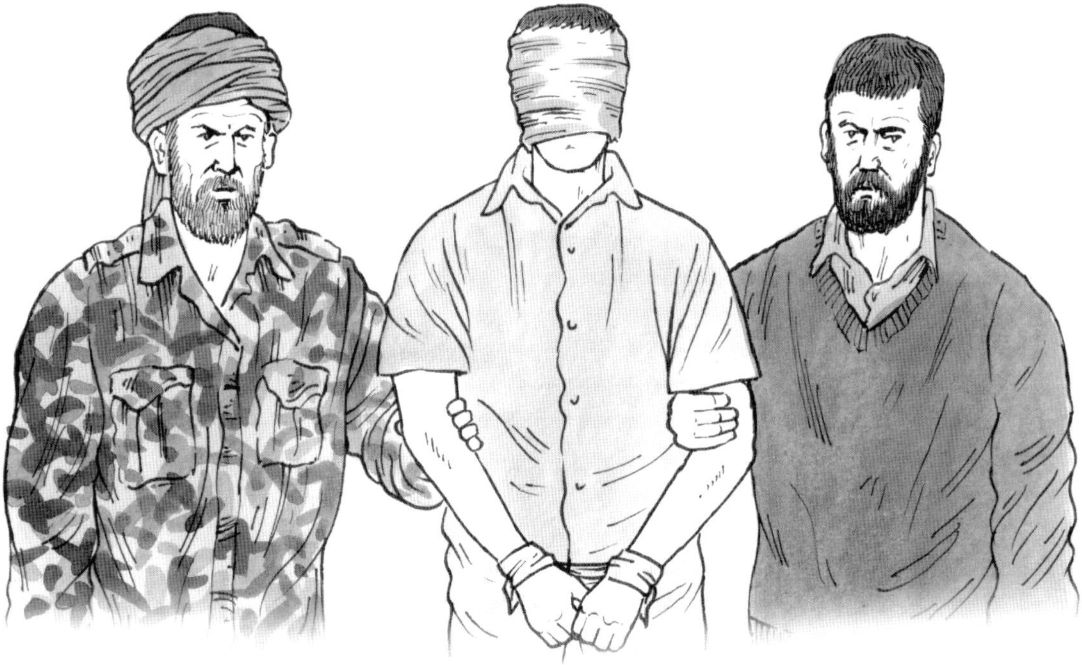

IN GEFANGENSCHAFT GERATEN

Wenn Sie in Gefangenschaft geraten, wird das ein Gefühl furchterregender Hilflosigkeit auslösen. Wenn Sie aber mit offenen Augen aufmerksam alle Informationen über Ihre Umgebung und Ihre Kidnapper sammeln, gibt Ihnen das das Gefühl handlungsfähig zu sein und zumindest eine Chance auf Flucht zu haben.

Nutzen Sie alle Ihre Sinne, um möglichst viel über Ihre Kidnapper und Ihre allgemeine Situation herauszufinden. Das hat oberste Priorität. Jeder Funken Wissen und Verstehen kann entscheidend sein. Warum wurden Sie gefangen genommen? Wohin werden Sie gebracht? Was soll mit Ihnen passieren?

Stellen Sie sich die folgenden Fragen:

Wer ist der Anführer der Gruppe? Wer ist sein Stellvertreter?

Wo befinden Sie sich? Versuchen Sie sich markante Orientierungspunkte oder Straßennamen in Ihrer Umgebung zu merken. Wenn Sie den Ort später wiedererkennen, hilft das vielleicht bei Ihrer Flucht oder einem Befreiungsversuch. Können Sie aus Gesprächsfetzen Ihrer Entführer Details darüber entnehmen, wohin Sie gebracht werden? Achten Sie auf bekannte Ortsnamen oder regelmäßig wiederholte Wörter, die bedeutsam klingen, auch wenn Sie die Sprache nicht sprechen. Hat irgendeiner Ihrer Entführer eine körperliche oder mentale Schwäche, wie zum Beispiel eine Beinverletzung, oder wird von den anderen in der Gruppe gemobbt? Das können Sie vielleicht später ausnutzen. Auf der anderen Seite könnte diese Konstellation auch ge-

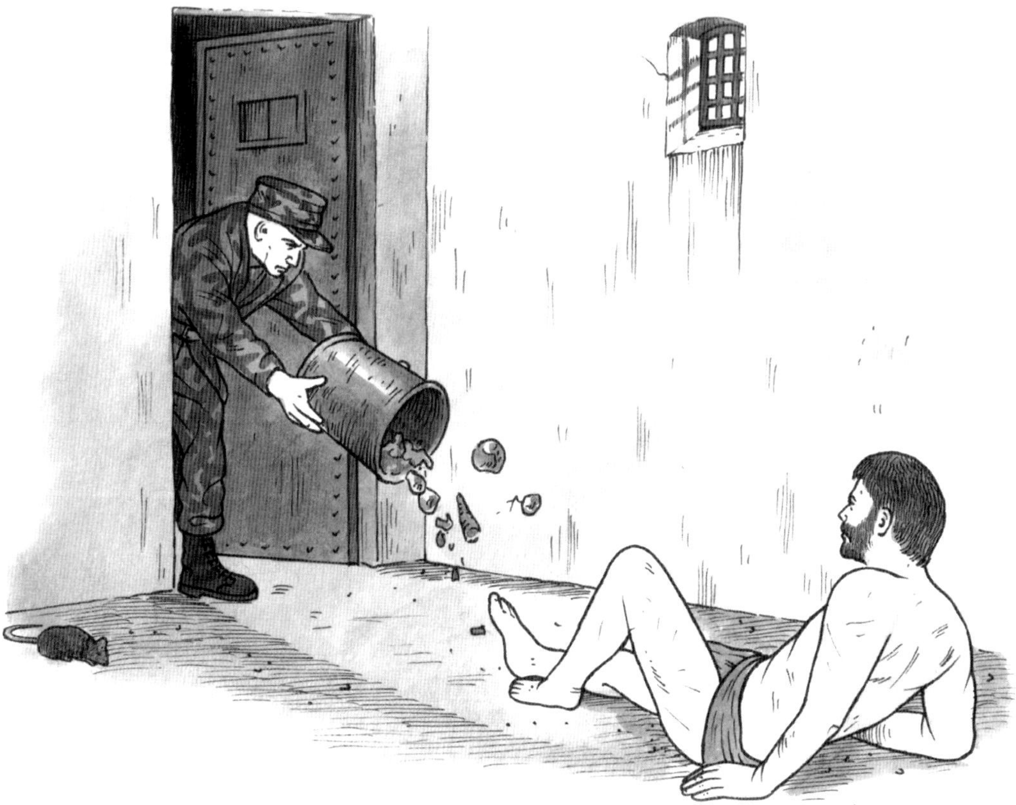

EINZELHAFT

Viele Kriegsgefangene fürchten den Verlust ihrer Würde und Menschlichkeit. Folterer nutzen diese Furcht in der Hoffnung, dass der Gefangene einen Nervenzusammenbruch erleidet. Es ist deshalb besonders wichtig, dass Sie die mentale Stärke haben, dieses Verhalten auszuhalten. Versuchen Sie sich mental von der Situation zu distanzieren oder widersetzen Sie sich und verspotten Sie Ihre Kidnapper innerlich.

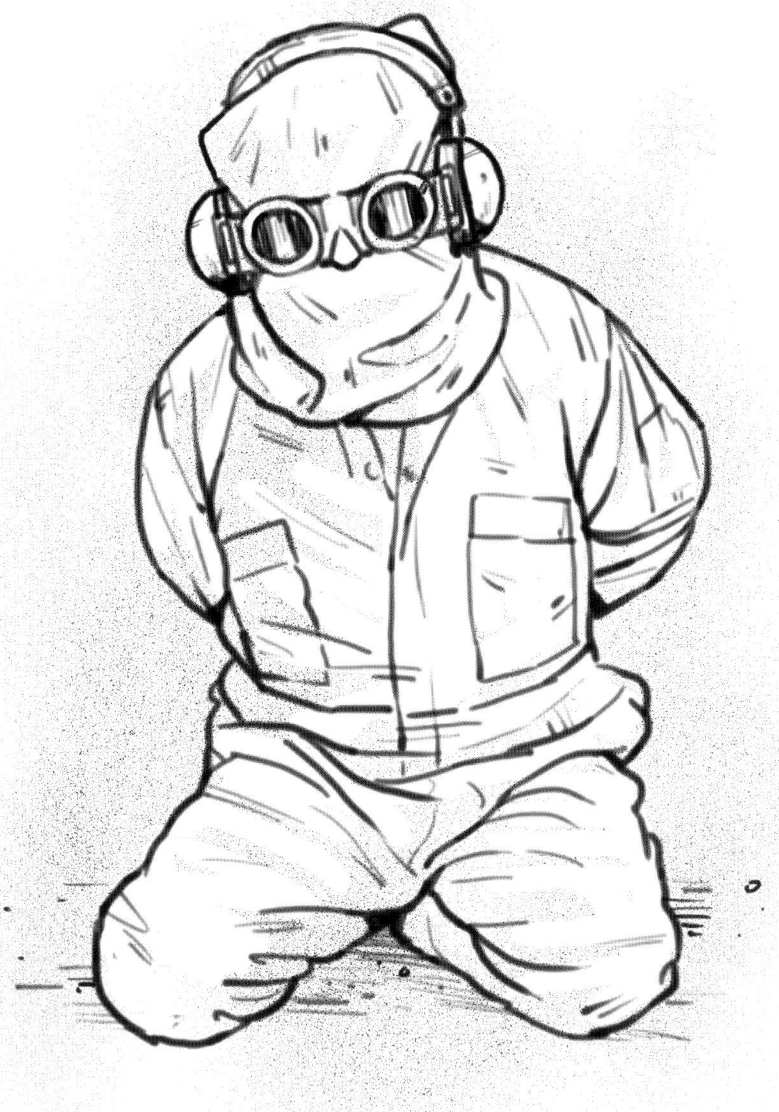

SENSORISCHE DEPRIVATION

Dieser Gefangene befindet sich in Einzelhaft. Seine Hände sind auf dem Rücken gefesselt, seine Kleidung hüllt ihn vollkommen ein. Sein Kopf ist mit einer Kapuze vermummt, die Augen sind mit einer Art Schutzbrille verdeckt und über den Ohren trägt er einen Hörschutz, so dass er weder etwas ertasten noch hören oder sehen kann. Diese Form der sensorischen Deprivation nimmt dem Gefangenen jegliche Möglichkeit der Orientierung, so dass er nicht weiß, wie lange er sich schon in Gefangenschaft befindet. Es erhöht außerdem seine Abhängigkeit von seinen Entführern.

fährlich für Sie werden. Auf jeden Fall ist es eine nützliche Information.

Der Informationsaustausch mit anderen Gefangenen ist ebenfalls sinnvoll. Gefangene werden häufig voneinander getrennt untergebracht, um zu verhindern, dass sie gemeinsame Fluchtpläne schmieden oder zusammenpassende Geschichten erfinden. Ergreifen Sie also die Chance, wenn Sie sich Ihnen bietet. Sie müssen allerdings auf der Hut vor Informanten sein, die in die Gruppe eingeschleust werden, um so viel wie möglich über Sie und Ihre Organisation herauszufinden. Geben Sie ohne triftigen Grund keine persönlichen Informationen preis, während Sie gleichzeitig alle Informationen über Ihr Umfeld aufgreifen. Wenn Sie eine Fähigkeit haben, die Sie in den Augen Ihrer Entführer wertvoller macht, nutzen Sie das zu Ihrem Vorteil. Der Gedanke mag irritierend klingen, insbesondere wenn Mitgefangene vor Ihren Augen misshandelt werden, aber Flucht und Überleben müssen Ihr übergeordnetes Ziel sein. Vermeiden Sie jede Situation, in der Sie dazu gezwungen sein können, Informationen preiszugeben oder andere Gefangene zu verraten. Es ist nicht leicht, moralische Stärke und hohe moralische Ansprüche aufrecht zu halten, wenn man verzweifelt ist. Denken Sie dann daran, dass Sie Soldat sind und handeln Sie würdevoll, egal, was alle anderen tun. Ihre Handlungen haben Konsequenzen, mit denen Sie für den Rest Ihres Lebens leben müssen. Obwohl es Ihnen abstoßend scheinen mag, eine Beziehung zu Ihren Entführern aufzubauen, kann das nützlich sein. Vielleicht gelangen Sie so an Informationen, die Ihnen zur Flucht verhelfen. Es bietet aber auch einen gewissen Schutz gegen brutalere Wächter. Halten Sie sich an eventuelle Gemeinsamkeiten, an äußerliche Dinge, die für alle wichtig oder schlimm sind: Hunger, Durst, Kälte, Hitze. Um die Bereiche Politik und Religion sollten Sie einen großen Bogen machen, um ernsthafte Auseinandersetzungen und noch ernsthaftere Folgen zu vermeiden. Solche Diskussionen offenbaren nur die große Kluft zwischen Ihnen und Ihren Entführern. Sie werden Ihre Kidnapper nur verärgern und sie daran erinnern, wofür sie kämpfen. Weigern Sie sich, das Bild, das Ihre Entführer sich von Ihnen als Verkörperung des Bösen oder der Ketzerei machen, zu erfüllen. Hüten Sie sich aber trotz all dieser Überlegungen davor, ein Opfer des sogenannten Stockholm-Syndroms zu werden. Das Stockholm-Syndrom ist häufig eine Folge langer Gefangenschaft, wenn der Entführer die einzige Kontaktperson und Verbindung zur Außenwelt ist und der Entführte sich deshalb beginnt mit ihm zu solidarisieren. Sie dürfen nie vergessen, wem Ihre Loyalität gehört, wer Sie sind und für wen und was Sie kämpfen.

Der Langeweile trotzen

Nachdem die erste Furcht sich etwas gelegt hat, ist es die Langeweile, die am schwersten zu ertragen ist. Es können Wochen oder Monate vergehen, ohne dass etwas passiert, was die langweilige Routine unterbricht. Eines der wichtigsten Dinge, die Sie dagegen tun können, ist, sich selbst und andere an Ihr Leben vor der Gefangennahme zu erinnern. Sie sind keine namenlose, gesichtslose, vergessene Person. Sie haben eine Familie, Freunde, Interessen, Überzeugungen und Fähigkeiten, die Sie allein auszeichnen und die Sie immer besitzen werden. Legen Sie sich eine eigene Routine zurecht (zusätzlich zu der, die Ihnen aufgezwungen wird). Das wird Ihnen ein Gefühl der Kontrolle zurückgeben. Zu diesen Routineübungen könnte die mentale Rekapitulation von bekannten Informationen wie zum Beispiel Songtexten und Film- oder Buchinhalten gehören oder auch das Schmieden von Zukunftsplänen. Praktische Aktivitäten in Echtzeit zu visualisieren (wie in Kapitel 4 beschrieben) kann ebenfalls helfen, Depression und Langeweile zu trotzen. Wenn Sie zum Beispiel Pilot werden wollen, stellen Sie sich die einzelnen Schritte möglichst detailliert vor. Statten Sie Ihre mentalen Aktivitäten mit so vielen Details wie möglich aus: Wie ist das Wetter? Was haben Sie zum Frühstück gegessen? Wie fühlen Sie sich nach der erfolgreichen Landung des Flugzeugs?

Eine weitere sinnvolle Beschäftigung kann die Erfindung von Geschichten oder sogar ganzen Welten sein. Aber seien Sie vorsichtig. Verwechseln Sie nicht die Fantasiewelt mit der richtigen. Achtsam bleiben heißt, dass Sie motiviert und körperlich fit bleiben. Seien Sie auf der Hut, damit Sie nicht versehentlich wichtige Informationen preisgeben. Manchmal jedoch wird die

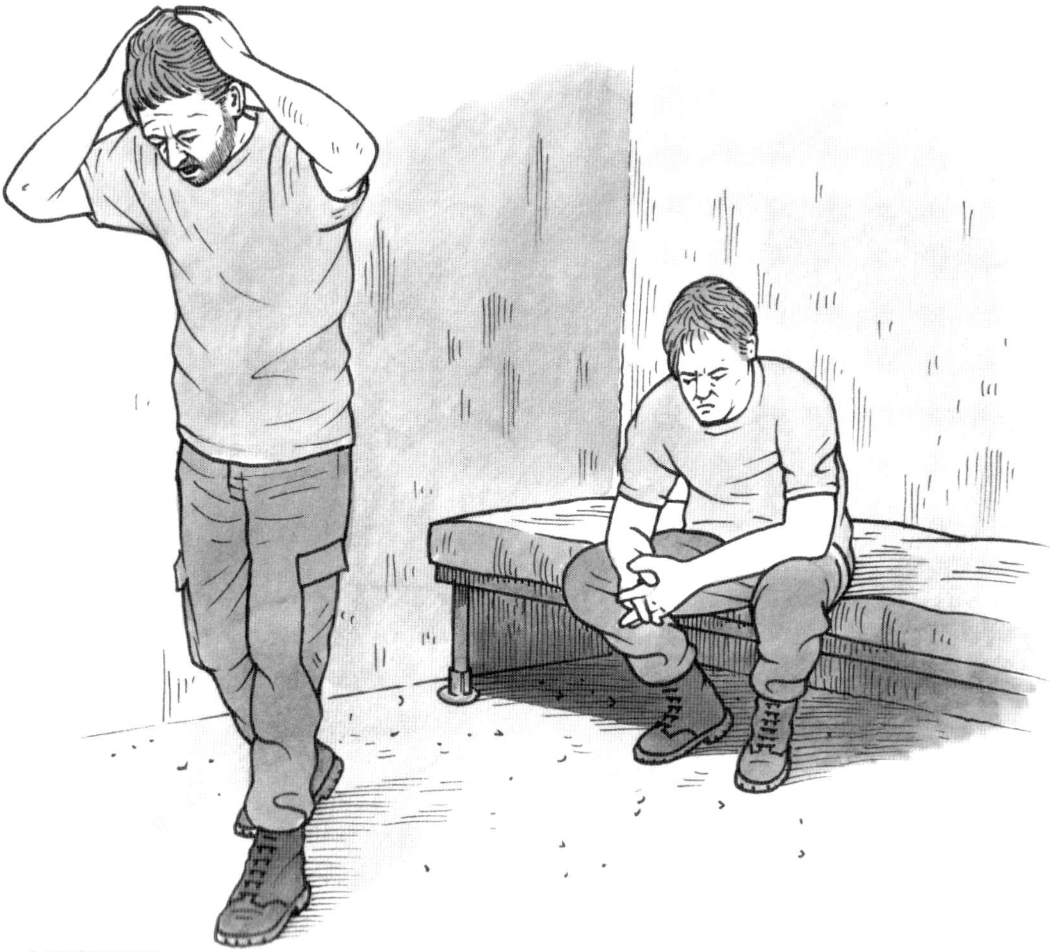

LANGEWEILE

Langeweile kann während einer lange andauernden Gefangenschaft eines der größten Probleme sein, insbesondere, wenn es sich um Einzelhaft handelt. Es ist deshalb wichtig, dass Sie sich mental beschäftigen. Sie können Ihre Flucht planen oder imaginäre Welten erschaffen (solange Sie nicht den Bezug zur Realität verlieren). Es kann auch helfen, gemeinsame Berührungspunkte (z. B. Familie oder Sport) mit einem Ihrer Entführer zu finden. Hüten Sie sich aber davor, private Informationen preiszugeben.

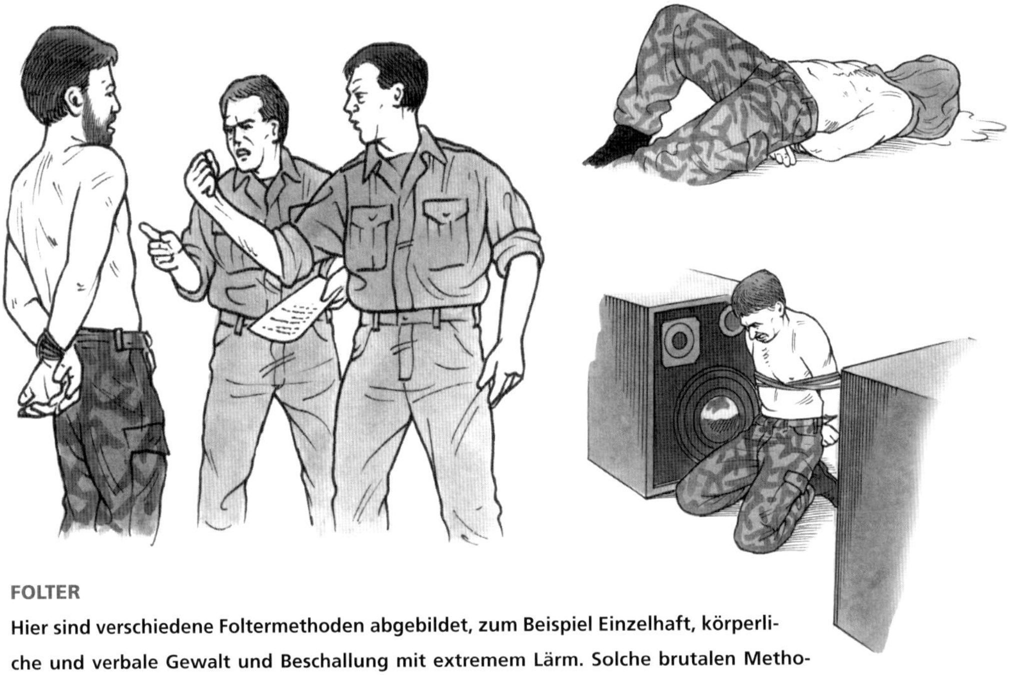

FOLTER

Hier sind verschiedene Foltermethoden abgebildet, zum Beispiel Einzelhaft, körperliche und verbale Gewalt und Beschallung mit extremem Lärm. Solche brutalen Methoden, insbesondere, wenn sie mit guter Behandlung oder mit dem Versprechen auf Freilassung kombiniert werden, bringen viele an den Rand des Nervenzusammenbruchs.

langweilige Routine auf eine höchst unangenehme Art und Weise unterbrochen. Das muss Sie in höchste Alarmbereitschaft versetzen.

Verhöre und Folter

Die einzigen Informationen, die Sie bei einem Verhör preisgeben dürfen, sind Ihr Name, Dienstgrad, Identifizierungsnummer, Geburtsdatum und die Umstände Ihrer Entführung, falls das nicht der Geheimhaltungspflicht unterliegt. Vermeiden Sie jede Diskussion über den Militärdienst, Standorte, Mannstärken oder irgendetwas, das Sie über zukünftig geplante Operationen wissen. Wenn die Unterhaltung im Plauderton, ja, fast freundlich geführt wird, bleiben Sie auf der Hut und wiegen Sie sich nicht in Sicherheit. Verhörspezialisten können den banalsten Aussagen nützliche Informationen entnehmen. Bleiben Sie wachsam. Wenn Sie im Verhör dauerhaft standhaft bleiben, werden Sie vielleicht mental und körperlich gefoltert. Das können eine lange Isolationshaft, brutale Prügel, Verharren in Stresspositionen oder in beengten Räumen, Nahrungsentzug, Schlafentzug, oder andere mittelalterliche Foltermethoden sein. Jedes noch so kleine Moment der Stärke, das Sie zwischen den einzelnen Folterungen aufrufen können, hilft Ihnen mental der Situation zu entkommen und einen Funken Kontrolle zurückzugewinnen. Nutzen Sie dafür die in Kapitel 4 beschriebenen Meditations- und Visualisierungsmethoden. Stärke verleiht Ihnen auch das Wissen, dass Ihren Kameraden weniger Schaden zugefügt werden kann, je länger Sie aushalten. Sie müssen aber wissen, dass auch die stärksten Charaktere unter der Folter zusammenbrechen können. Wenn das passiert und Sie reden, um unerträglichen Schmerzen zu entgehen, dann versuchen Sie zumindest nur solche Informationen preiszugeben, die dem Feind nichts nützen oder von denen Sie wissen, dass sie nicht mehr aktuell sind. Selbst solche kleinen Akte des Widerstandes können Ihr Selbstbewusstsein enorm stärken.

Fluchtstrategien

Es ist immer sehr riskant, einen Fluchtversuch zu wagen, aber es sollte trotzdem Ihr oberstes Ziel sein. Selbstverständlich benötigen manche Fluchtversuche sorgfältige Planung und Vorbereitung sowie genügend Vorräte. Manchmal aber ist es das Beste eine plötzliche Ablenkung auszunutzen. Die größten Chancen haben Sie, wenn Sie direkt in den ersten Momenten oder Stunden nach Ihrer Gefangennahme einen Fluchtversuch machen. Das anfängliche Durcheinander direkt nach einer Geiselnahme kann für die Entführer oftmals genauso verwirrend sein wie für die Geisel, insbesondere, wenn sie mit dieser Entwicklung gar nicht gerechnet hatten. Während dieser Zeit sollten Sie jede kleine Ablenkung – zum Beispiel in unmittelbarer Nähe stattfindende Feuergefechte – für einen Fluchtversuch nutzen. Hier ist schnelles, entschiedenes Handeln gefordert, denn vielleicht haben Sie nur Sekunden.

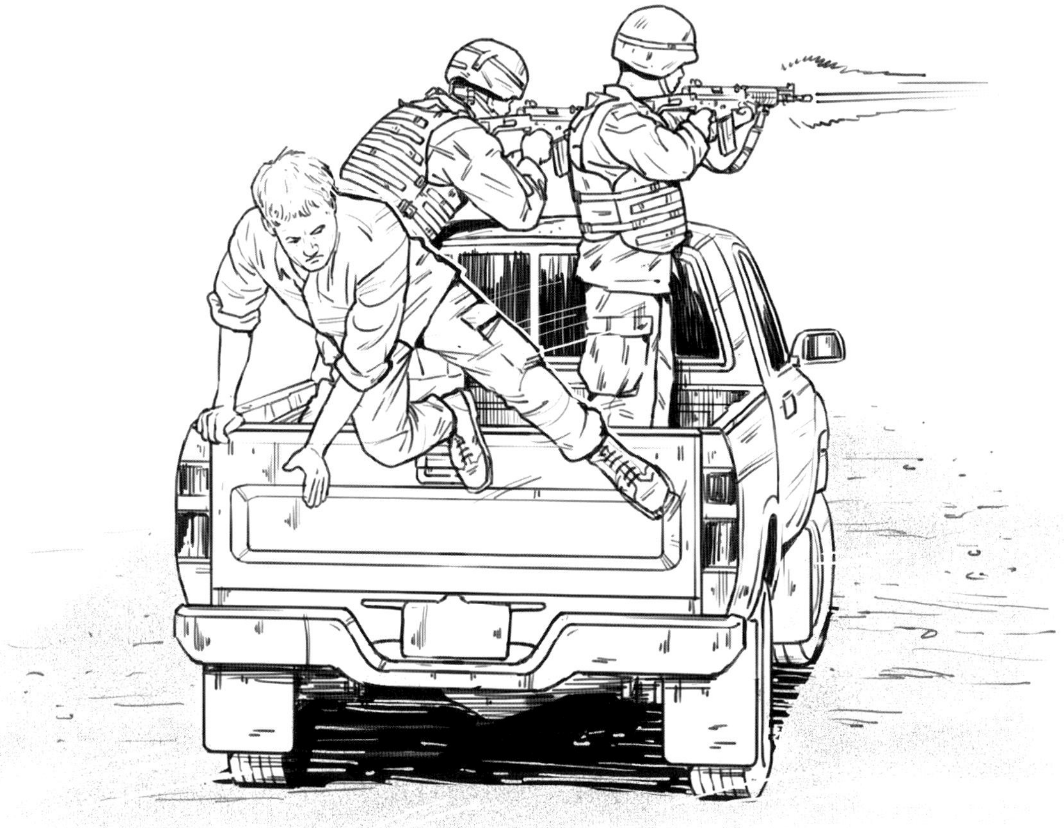

FLUCHT AUS DER GEFANGENSCHAFT

Es kann Ihre einzige Fluchtmöglichkeit sein, wenn Sie eine sich zufällig ergebende Chance wie die hier gezeigte nutzen. Ein solches Unterfangen sollte Sie aber nur wagen, wenn Sie ganz sicher sind, dass Ihre Entführer vollkommen abgelenkt sind.

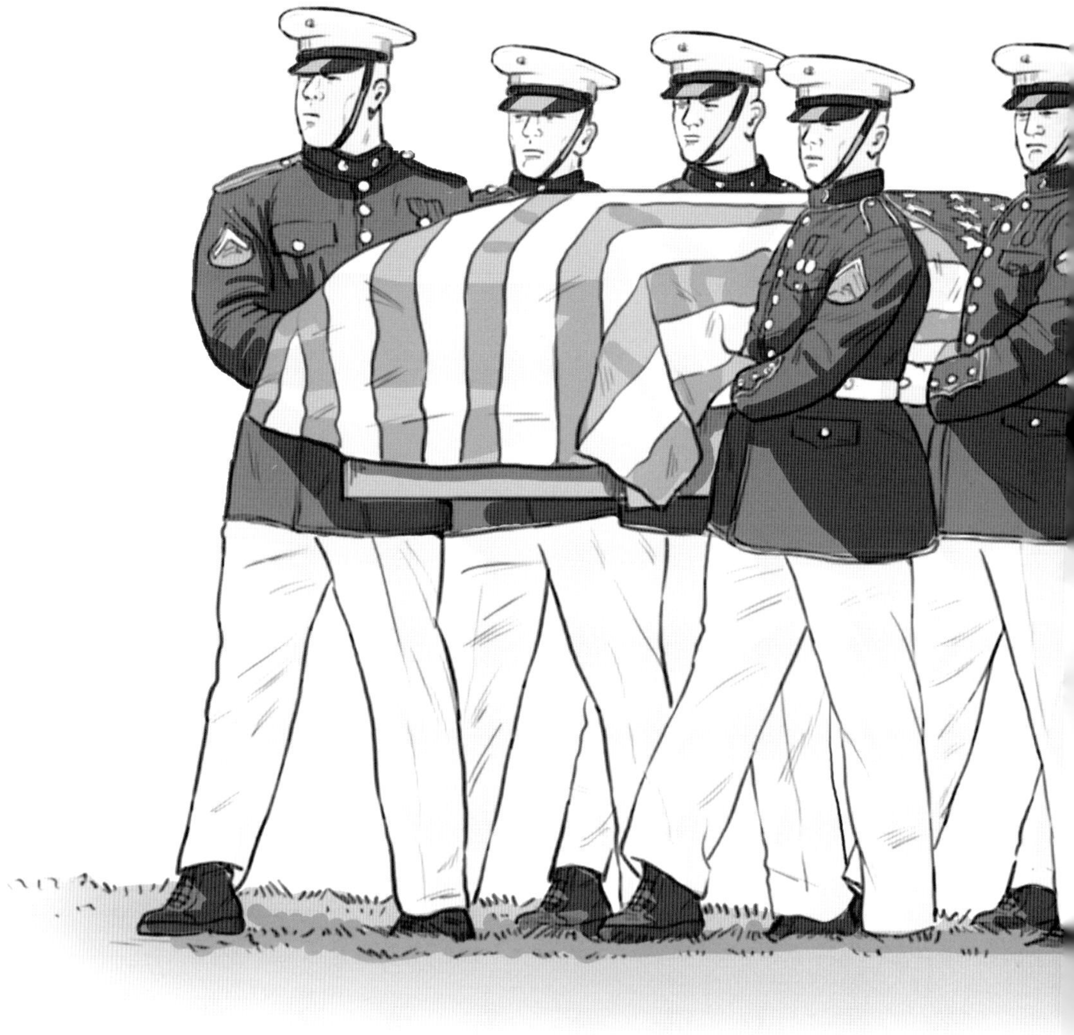

WIE SIE DAMIT UMGEHEN, WENN KAMERADEN GEFALLEN SIND

Der Tod eines Kameraden ist eine der schlimmsten Erfahrungen, die man als Soldat machen kann. Das Überlebensschuldsyndrom kann besonders problematisch sein. Es ist daher wichtig, dass der Soldat sich auf die Zukunft konzentriert, statt auf die Vergangenheit. Er sollte auf die Unterstützung seiner anderen überlebenden Kameraden vertrauen, um mit dem Verlust fertig zu werden.

Je früher Sie fliehen können, desto fitter sind Sie körperlich und mental noch. Das erhöht Ihre Überlebenschancen auf der Flucht. Denn je länger Sie in Gefangenschaft sind, desto mehr körperliche und mentale Stärke büßen Sie ein. Halten Sie sich möglichst mit täglich wechselnden Übungen für alle Muskelgruppen fit. Versuchen Sie es mit Mannschaftssportarten, wenn Ihre Entführer das zulassen. Diese heben die Stimmung und erlauben Ihnen nebenbei unauffällig fit zu bleiben. Wenn Sie zu viel allein trainieren, könnten Ihre Entführer das als Zeichen für eine geplante Flucht interpretieren.

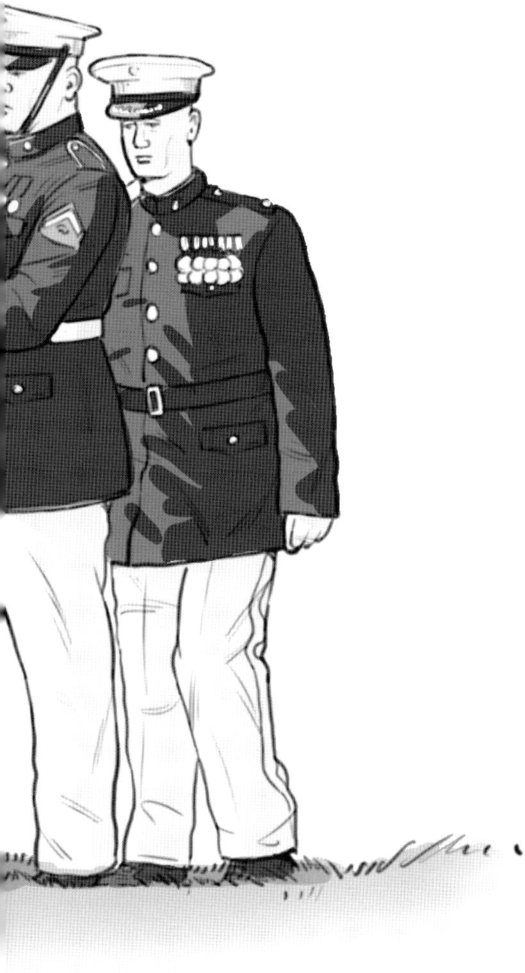

Auch wenn Sie ihn minuziös vorbereiten, sollte Ihr Fluchtplan so einfach wie möglich sein und alle Einzelheiten berücksichtigen, die schiefgehen können. Suchen Sie nach Möglichkeiten, wie Sie Routineabläufe oder infrastrukturelle Schwachpunkte in Ihrem Gefangenenlager oder Gebäude zu Ihrem Vorteil nutzen können. Sie müssen eine klare Vorstellung davon haben, wohin Sie sich nach Ihrer Flucht wenden, und was Sie tun, sobald die Gefängnismauern hinter Ihnen liegen. In der Geschichte gibt es viele Beispiele von Gefangenen, die nach nur wenigen Tagen auf der Flucht wieder gefangen genommen wurden. Sorgen Sie dafür, dass Sie eine rudimentäre Überlebensausrüstung und angemessene Kleidung sammeln oder herstellen, denn außerhalb der Gefängnismauern ist Ihnen womöglich auch noch die Natur feindlich gesonnen. Wenn möglich, wenden Sie bei Ihrer Flucht keine Gewalt gegen Bewacher oder deren Hunde an, denn das kommt Sie teuer zu stehen, falls Sie wieder gefangengenommen werden.

Nach dem Gefecht

Das mentale Umschalten vom aktiven Kampfeinsatz auf Frieden und die Rückkehr in das zivile Leben können schwierig sein. Plötzlich ändern sich alle Routineabläufe und Prioritäten. Sie sind nicht länger Teil eines Teams mit einem gemeinsamen Ziel, sondern bei Ihrer eigenen und der Versorgung Ihrer Familie ganz auf sich allein gestellt. In der Zeit nach dem Kampfeinsatz können sich viele psychologische Probleme einstellen. Dazu gehören Depression, Alpträume, Schlaflosigkeit, Suchtmittel- und Alkoholmissbrauch, Selbstverletzung und sogar Selbstmordversuche. Natürlich leidet nicht jeder unter solchen extremen Nachwirkungen. Viele kehren mit dem stolzen Wissen und dem Selbstbewusstsein in das zivile Leben zurück, dass sie sich im Einsatz vorbildlich verhalten haben. Es ist allerdings unwahrscheinlich, dass Sie die Teilnahme an anhaltenden Kämpfen ohne Auswirkungen auf Ihre mentale Gesundheit überstehen – selbst wenn es sich nur um Schuldgefühle handelt, weil Sie überlebt haben: Sie sind durchgekommen, viele andere nicht.

PTBS – Posttraumatische Belastungsstörung
PTBS ist eine mentale Krankheit, der eine traumatische Erfahrung vorausgegangen ist. Das kann eine eigene schwere körperliche Verletzung sein oder Sie sind Zeuge eines gewaltsa-

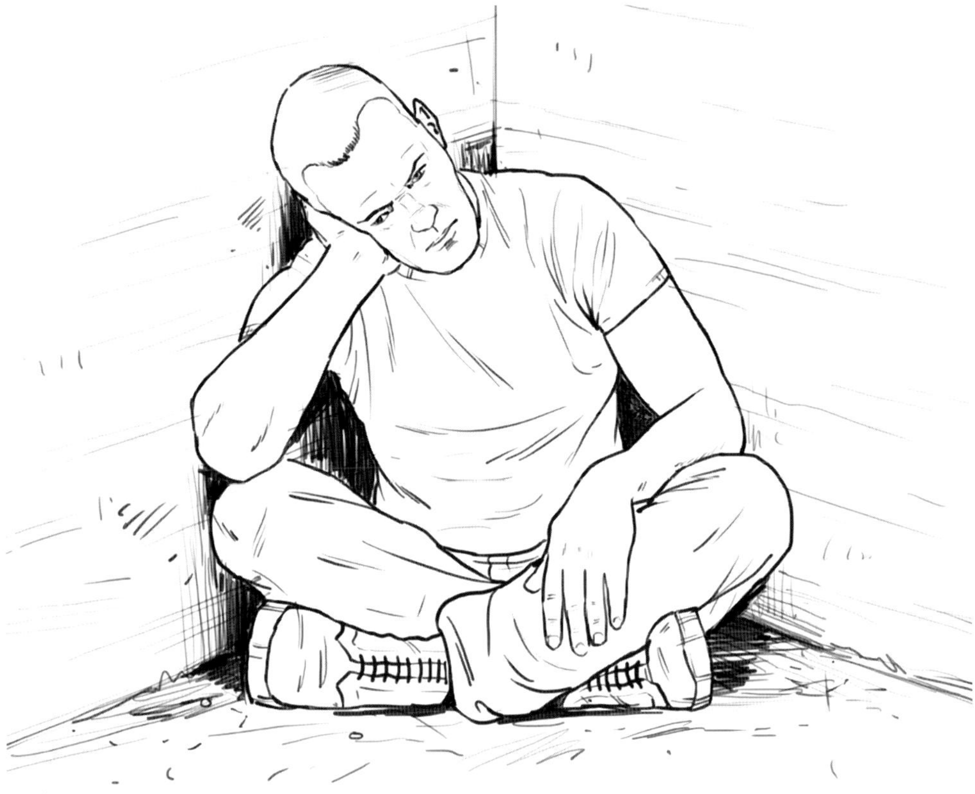

LETHARGIE

Soldaten, die unter einem Kriegstrauma leiden, dürfen sich nicht von der Außenwelt isolieren und sich zu sehr in sich selbst und ihre eigenen Gedanken zurückziehen. Sinnvolle Beschäftigung und eine optimistische Haltung sind die ersten Schritte, um das Trauma hinter sich zu lassen. Häufig sind aber unterstützend zielgerichtete spezielle Behandlungsmethoden vonnöten.

men Todes geworden und/oder dem Tode selbst knapp entronnen oder haben den Verlust von Freunden im Gefecht erlebt. Der Schaden, der durch diese traumatischen Erfahrungen bei vielen Soldaten ausgelöst wird, kann außerordentlich groß sein und lange anhaltende Auswirkungen haben. Tatsächlich ist die Langlebigkeit des Trauma eines der Symptome, anhand derer PTBS diagnostiziert wird. Die Symptome müssen länger als einen Monat anhalten und im Laufe der Zeit schlimmer werden. Sie müssen auch die Lebensqualität bzw. die Fähigkeit, den Alltag zu meistern, stark einschränken.

Die Symptome von PTBS erscheinen möglicherweise nicht sofort und kommen und gehen, aber dazu gehören auf jeden Fall:

- Wiederholtes Durchleben der auslösenden traumatischen Erfahrung in Rückblenden und Alpträumen.
- Vermeidung: Alles, was mit dem traumatischen Ereignis in Zusammenhang steht oder an es erinnert, wird vermieden oder verdrängt – auch darüber zu sprechen oder nachzudenken wird vermieden.

- Emotionale Taubheit: Alle Interessen oder Gefühle werden unterdrückt – sowohl negative, die an das Ereignis erinnern, als auch positive, die Schuldgefühle auslösen.
- Erregung oder Übererregung: Der Betroffene ist schreckhaft, nervös und angespannt und immer in Angst vor einer nicht näher definierten Gefahr oder angsteinflößenden Ereignissen.

Anhaltende, nicht behandelte PTBS kann weitere Symptome wie Depression, körperliche Schmerzen, Erschöpfung, Berufsunfähigkeit, selbst- und fremdgefährdendes Verhalten (Spielsucht oder Streitlust zum Beispiel), Beziehungsprobleme, häusliche Gewalt und Alkohol – oder Drogenabhängigkeit auslösen. Der Auslöser des traumatischen Ereignisses kann auch nur Teil des Prob-

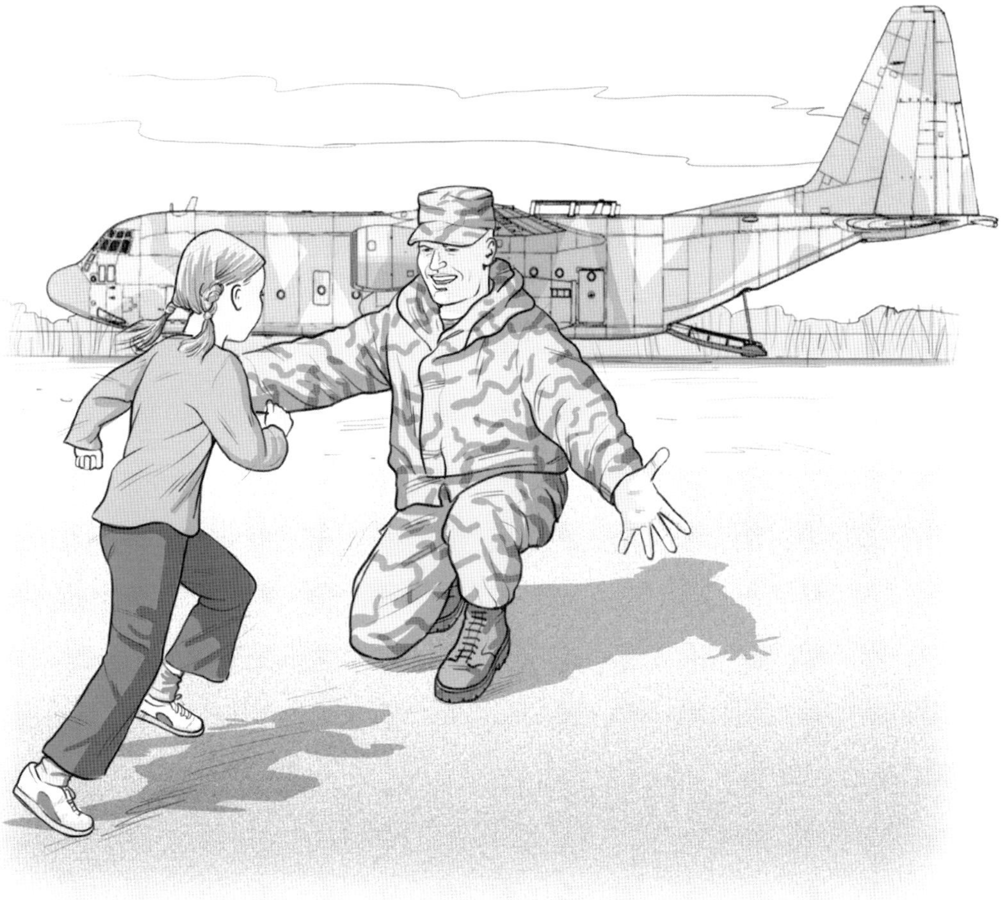

HEIMKEHR

Wenn ein Soldat nach langer Zeit im Einsatz wieder mit seiner Familie vereint ist, kann das eine emotional überwältigende Erfahrung sein. Der Soldat muss sich erst wieder an die Realitäten des zivilen Lebens gewöhnen, die nach den intensiven Erfahrungen im Einsatz zum Teil frustrierend, langweilig und sinnlos erscheinen. Im Wesentlichen heißt das, dass er sich mit dem Frieden genauso viel Mühe geben muss wie vorher mit dem Krieg.

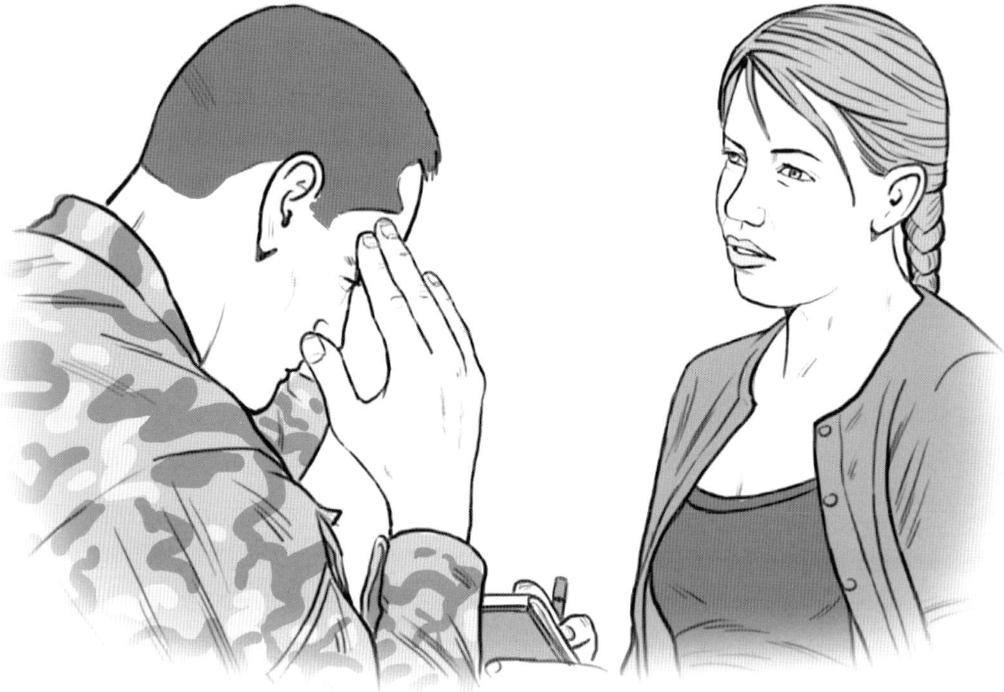

GESPRÄCHSTHERAPIE

Hier spricht ein Soldat über ein traumatisches Erlebnis. Er berichtet, wie er reagiert hat und wie er sich danach fühlte. Die Verhaltenstherapie kann dazu beitragen, dass Menschen ein traumatisches Erlebnis verarbeiten, insbesondere dann, wenn diese der traumatisierenden Situation nicht weiter ausgesetzt sind und auch durch eine angepasste Medikation unterstützt werden. Die Erkenntnis, dass Sie selbst darüber bestimmen, wie Sie das Ereignis betrachten und wie Sie sich in Zukunft verhalten wollen, stärkt das Selbstbewusstsein.

lems sein, aber in Ihrer Erinnerung verbinden sich alle Ihre Ängste, Selbstzweifel und Hilflosigkeit damit. Das Schlimmste, was Sie tun können, ist Ihre Gefühle zu unterdrücken und zu hoffen, dass die Probleme von selbst verschwinden.

Vorbeugung

Die Vorbeugung ist natürlich die beste Möglichkeit PTBS zu verhindern. Viele der Schritte, die weiter oben zur Vermeidung von CSR aufzählt wurden, sind für die Vorbeugung von PTBS genauso sinnvoll. Der Schlüssel zum Erfolg ist die schnelle Diagnose, denn je schneller PTBS erkannt wird, desto weniger Schaden kann sie anrichten.

Ein Gespräch mit einem Psychologen kurz nach dem traumatischen Ereignis gibt dem Individuum die Möglichkeit, das Geschehene Revue passieren zu lassen und über seine Gefühle frei zu sprechen. Das kann von Vorteil sein, denn das Gespräch hat das Ziel, den unmittelbaren Stress zu reduzieren und den Soldaten ein Ventil für ihre Gefühle zu bieten. Der Betroffene sollte jemandem, dem er vertraut, aus seiner Sicht über das Ereignis und seine Gefühle in der Situation berichten. Zumindest aber sollte er sich ein paar

Momente Zeit nehmen, das Geschehene aus seiner Sicht aufzuschreiben – einschließlich all seiner Gefühle und Handlungen.

Dies wird ihm im Rückblick auf das Ereignis versichern, dass er alles getan hat, was unter diesen Umständen in seiner Macht stand.

Ratschläge, wie man Angstzustände kontrolliert und Entspannung und Beruhigung unterstützt, sind auch hilfreich. Medizinische Behandlungsformen schließen die Gabe von cortisonhaltigen Hormonen nach dem Ereignis ein. Der Cortisonpegel ist bei Menschen, die zu PTBS neigen, oftmals abgesenkt. Deshalb kann die Erhöhung des Niveaus die negativen Auswirkungen von Stress reduzieren.

Behandlungsmöglichkeiten

Es gibt Behandlungsmöglichkeiten für PTBS, die die Symptome mit hoher Wahrscheinlichkeit dauerhaft lindern.

Sorgen Sie dafür, dass ein dafür qualifizierter Mediziner die korrekte Diagnose stellt, so dass die Behandlung auf Ihre individuellen Beschwerden abgestimmt wird. Die gängigsten Methoden zur Behandlung von PTBS sind Psychotherapie, psychologische Beratungsgespräche, eine Behandlung mit Psychopharmaka oder eine Kombination aus den oben genannten Methoden.

Psychotherapie

Eine Psychotherapie im Rahmen von PTBS wird oft in Form einer Verhaltenstherapie durchgeführt, die auch vom amerikanischen Verteidigungsministerium bevorzugt wird. Diese Form der Therapie strebt an, negativ besetzte Verhaltensweisen und -reaktionen durch positiv besetzte zu ersetzen. Verhaltenstherapie hilft den Betroffenen, sie erschütternde Gedanken oder Gefühle zu identifizieren und sich mit ihnen auseinanderzusetzen. Das betrifft alles, was an das traumatische Ereignis erinnert. Diese sollen dann durch konstruktivere Gedanken und Gefühle ersetzt werden. Sinneseindrücke haben eine mächtige Wirkung. Alle Geräusche, Bilder und Gerüche – lauter Verkehrslärm, Blitzlichter oder Blut – können die unerwünschten Gefühle auslösen, die Sie in das traumatische Erlebnis zurückversetzen. Es ist unmöglich, alle diese Auslöser im Alltag zu vermeiden, wenn Sie nicht den ganzen Tag zuhause bleiben und keinen Menschen sehen wollen. (Auch das sind, wie wir wissen, Symptome von PTBS.) Deshalb ist die sogenannte Konfrontationstherapie auch eine Methode, um die Wirkung dieser Auslöser zu reduzieren, denn so wird ihre mentale Verbindung mit dem Trauma aufgelöst.

Mit einer systematischen Herangehensweise wird der Betroffene nach und nach immer stärker mit den Auslösern konfrontiert, bis er über das Ereignis ruhig nachdenken und sprechen kann – selbst an einem Ort oder in einer Situation, die an das Ereignis erinnern. Der Betroffene muss verstehen, dass er die Vergangenheit nicht ändern kann, aber über die Zukunft selbst bestimmt. Das gibt ihm die Kontrolle über sein Leben zurück.

Medikamentöse Behandlung

Selektive Serotonin-Wiederaufnahmehemmer (SSRI – Selective Serotonin Reuptake Inhibitors) wie zum Beispiel Prozac haben sich in der Behandlung von PTBS als wirkungsvoll erwiesen. Sie werden oft zur Behandlung von Depression und Angststörungen eingesetzt, weil sie das Niveau von Serotonin im Gehirn anheben. Serotonin ist zuständig für eine gute Stimmung und Wohlbefinden. Das hilft dabei, vergangene Ereignisse und auch die Zukunft in einem positiveren Licht wahrzunehmen. Es kann einigen Menschen helfen, ihr Leben weiterzuführen, bis sie bereit sind, das Medikament abzusetzen.

SSRIs und jedes andere verschriebene Medikament sollte nur nach Rücksprache mit einem Arzt eingenommen werden. Informieren Sie sich

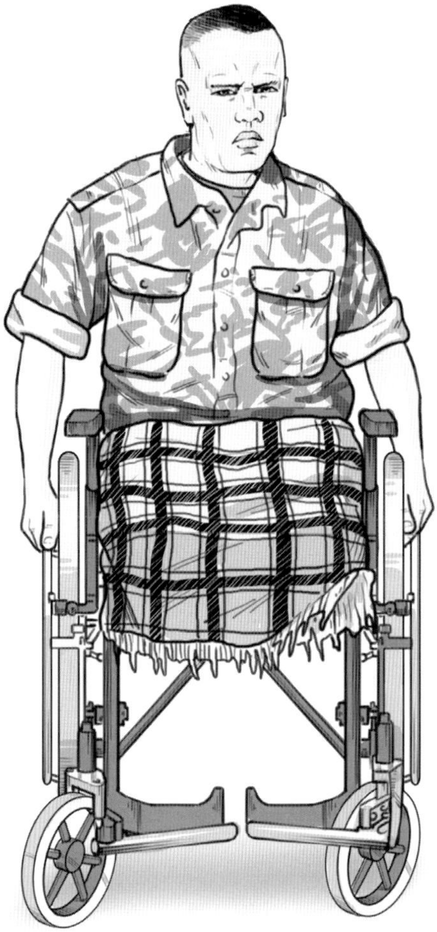

NEUE HERAUSFORDERUNGEN

Die größte Herausforderung, mit der sich ein Soldat konfrontiert sehen kann, ist der Verlust von Gliedmaßen. Das ist nach der von körperlicher Aktivität geprägten militärischen Lebensweise besonders schwierig. Doch die gleichen Eigenschaften, die für das Überleben im Gefecht Voraussetzung waren – Tapferkeit, Zähigkeit und Konzentration auf das Wesentliche – enthalten den Keim für eine neue Zukunft.

über die Nebenwirkungen, bevor Sie das Medikament nehmen.

Für viele Menschen ist die Kombination der genannten Therapiemethoden der erfolgversprechendste Weg zu einer vollständigen Genesung. Trotzdem darf man nicht vergessen, dass Psychopharmaka zwar am schnellsten dafür sorgen, dass Sie sich besser fühlen, aber die Ursache von PTBS nicht bekämpfen. Deshalb können die Symptome wiederkehren, wenn Sie die Medikamente absetzen und nicht in einer Gesprächstherapie sind. Das Bewusstsein für und die Behandlung von psychischen Krankheiten bei Soldaten verbessern sich ständig. Sie sollten niemals das Gefühl haben, dass Sie mit niemandem darüber sprechen können oder Angst haben, um Hilfe zu bitten, wenn Sie sie brauchen.

ANHANG 1

Erste Hilfe im Gefecht

Eine in die Tiefe gehende Beschäftigung mit den praktischen Kenntnissen, die man braucht, um im Gefecht Erste Hilfe leisten zu können, ist im Rahmen dieses Buches leider nicht möglich. (Abgesehen davon ist das auch das Einsatzgebiet von Sanitätern.) Einige Grundkenntnisse können aber helfen, das durch die Handhabung von Schwerverletzten ausgelöste Trauma zu verarbeiten.

Wenn Sie mit einem verletzten Kameraden konfrontiert sind und ineffektiv handeln oder sich sogar falsch verhalten, wird Sie das noch lange nach diesem Ereignis verfolgen. Das gilt insbesondere dann, wenn der Kamerad in der Folge behindert ist oder stirbt. Ist jemand tödlich verwundet, gibt es sehr wenig, was ein Erste-Hilfe-Leistender tun kann. Aber Kenntnisse einiger grundlegender medizinischer Vorgänge können Ihnen helfen, ein Leben zu retten oder zumindest zu erkennen, warum Ihnen das nicht gelingen konnte.

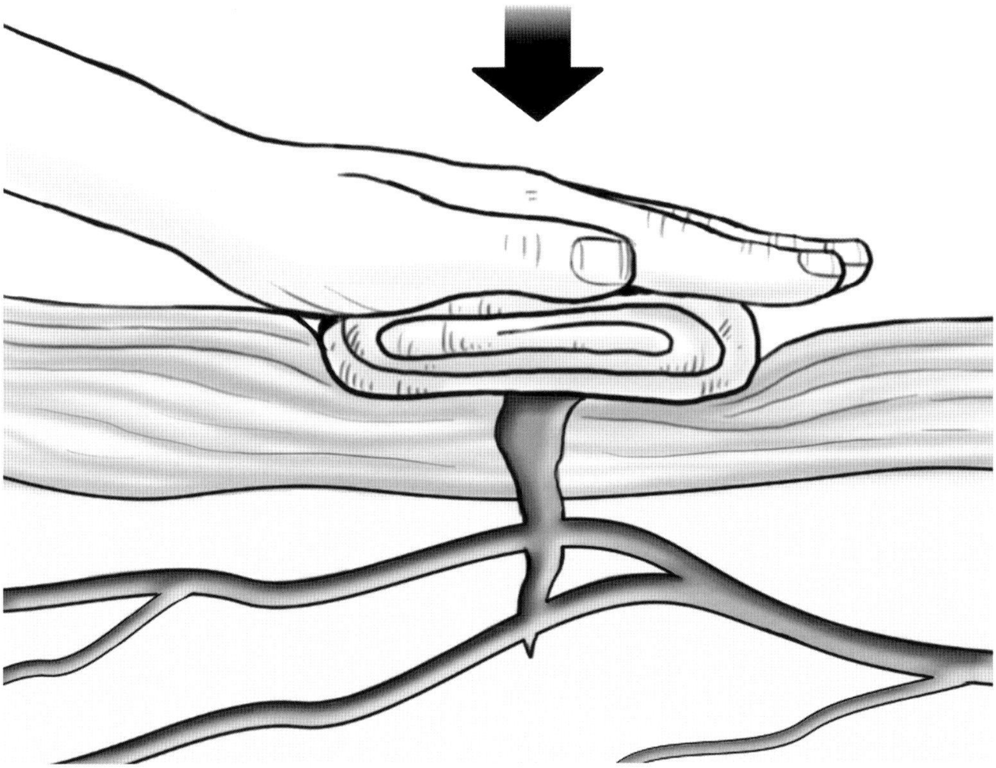

ANLEGEN EINES DRUCKVERBANDES

Erste Hilfe ist verhältnismäßig leicht zu erlernen, gibt Ihnen aber das nötige Selbstvertrauen, einfachere Verletzungen zu behandeln. Mit Hilfe eines Druckverbandes können Sie zum Beispiel eine Blutung stoppen. Üben Sie mit einer Kompresse senkrecht zur Wunde Druck auf die Blutung aus. Das presst die verletzten Blutgefäße zusammen, reduziert die Blutung und fördert die Blutgerinnung an der verwundeten Stelle. Halten Sie den Druck für viele Minuten aufrecht.

Ruhe bewahren

Es ist immer wichtig, Ruhe zu bewahren und die jeweilige Situation unter Kontrolle zu behalten. Wenn Sie mit Verwundeten konfrontiert sind, ist das wichtiger denn je. Einige grundlegende medizinische Kenntnisse, die sie mental parat haben sollten, helfen Ihnen dabei, denn dann wissen Sie, was zu tun ist. Wenn Ihnen diese Kenntnisse nicht in Ihrer Grundausbildung vermittelt wurden, nehmen Sie an einem guten Erste-Hilfe-Kurs teil oder lassen Sie sich von einem Sanitäter in Ihrem Zug bzw. Ihrer Kompanie unterweisen. Wenn Sie sich mit den Erste-Hilfe Maßnahmen vertraut gemacht haben, wird es Ihnen leichter fallen, sie im Notfall mit größerem Selbstvertrauen anzuwenden. Mit Hilfe dieser lebenserhaltenden Sofortmaßnahmen können Sie das Leben des Verletzten verlängern, bis medizinische Hilfe vor Ort ist.

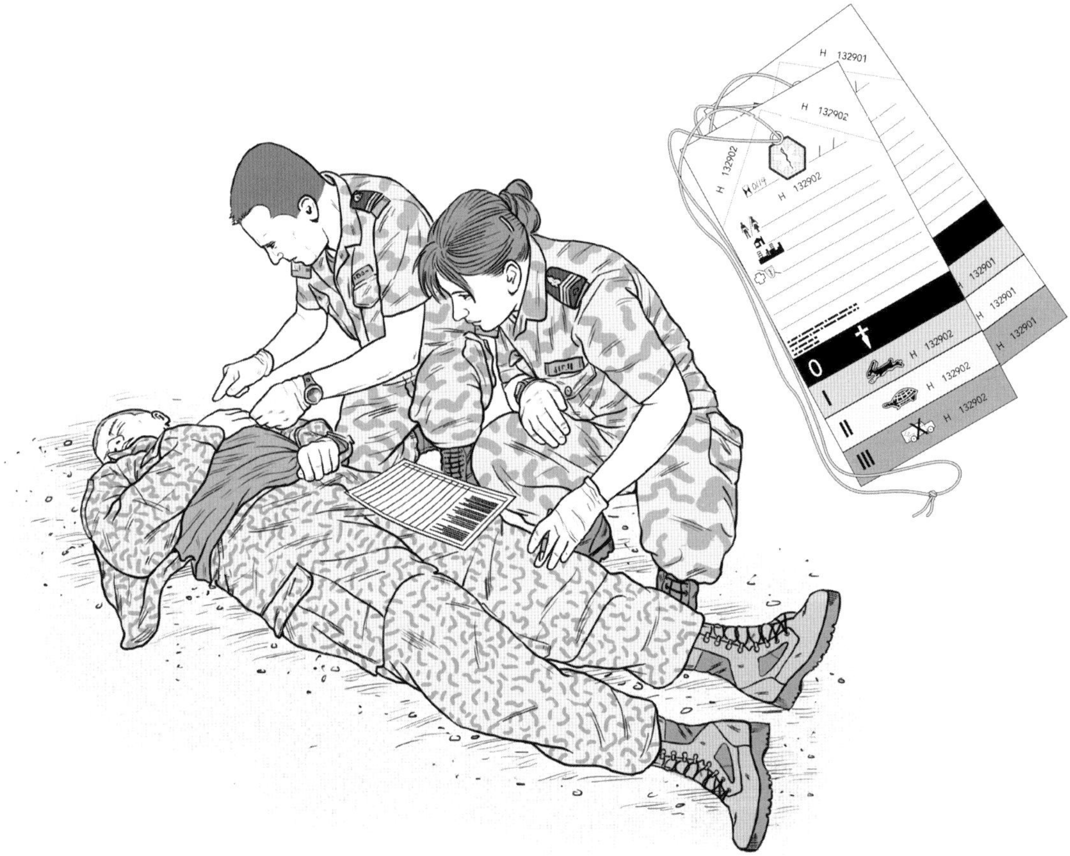

DURCHFÜHRUNG VON TRIAGE

Triage ist die Ersteinschätzung genannte Sichtung von Verletzten nach der Schwere ihrer Verletzungen, die ihrer entsprechend gestaffelten medizinischen Versorgung vorausgeht. Die mentale Herausforderung für Erste-Hilfe-Leistende und Sanitäter liegt darin, dass sie die entsprechenden Vorgaben strikt einhalten müssen. Sie dürfen sich ausschließlich von medizinischen Richtlinien leiten lassen und nicht von einer etwaigen persönlichen Beziehung zu dem Verletzten.

Erinnerungstechniken

Nutzen Sie Erinnerungstechniken, um sich in hochgradig stressigen Situationen medizinische Erstmaßnahmen ins Gedächtnis zu rufen. So sollten Sie zum Beispiel bei jeder verletzten Person, insbesondere wenn sie bewusstlos oder nicht ansprechbar ist, die Vitalfunktionen mithilfe der ABC Mnemotechnik (siehe S. 178) überprüfen.

Einteilung der Verletzten nach Schwere der Verletzungen (Triage)

Eine weitere Herausforderung, die im Umgang mit vielen Verletzten auf Sie zukommt, ist die Durchführung von Triage. Diese auch Ersteinschätzung genannte Sichtung der Verletzten entscheidet darüber, wem zuerst medizinische Hilfe gewährt wird. Das ist keine leichte Aufgabe. So schreit ein Verletzter vielleicht vor Schmerz, aber das ist ein eindeutiger Hinweis darauf, dass Atmung und Herzschlag funktionieren und er bei Bewusstsein ist. Ein anderer hingegen, der ruhig, mit flacher Atmung und fliegendem Puls offensichtlich bewusstlos in einer Ecke liegt, benötigt wahrscheinlich dringender Ihre Hilfe. Um den Entscheidern zu helfen, wurden verschiedene Sichtungsschemata entwickelt. So können Erste-Hilfe-Leistende, Sanitäter und Ärzte sachgerechte Triage-Entscheidungen aufgrund medizinischer Annahmen treffen. Das Sichtungsschema der US Army sowie das zivile Pendant finden Sie unten in der Tabelle.

Die Anwendung dieser Triage-Grundsätze setzt eine möglichst objektive Herangehensweise voraus, wenn korrekte Entscheidungen das Ergebnis

Triage Kategorie: Gefecht	Triage Kategorie: Zivil	Beschreibung
Umgehende Behandlung	**Akute, vitale Bedrohung**	Diese Gruppe schließt alle ein, die lebensrettende Operationen/Maßnahmen benötigen. Die Maßnahmen/Operationen sind nicht zeitaufwändig und kommen nur denen zugute, die eine hohe Überlebenschance haben.
Aufgeschobene Behandlung	**Schwer verletzt**	Diese Gruppe schließt alle ein, die dringend zeitaufwändige helfende Maßnahmen/Operationen benötigen, deren Zustand aber eine Aufschiebung der Behandlung erlaubt, ohne dass ihr Leben gefährdet ist. Eine umfassende Behandlung ist erforderlich.
Minimal	**Leicht verletzt**	Diese Verwundeten haben nur relativ leichte Verletzungen. Sie können sich selbst helfen oder von nicht-medizinischem Personal versorgt werden. Die Behandlung kann um Stunden oder sogar Tage verschoben werden.
Sterbend	**Ohne Überlebenschance**	Verwundete in dieser Kategorie haben so schwere Verletzungen, dass ihr Überleben selbst dann unwahrscheinlich ist, wenn sie der einzige Verletzte wären und in den Genuss sofortiger optimaler medizinischer Versorgung kämen.

– US Army Combined Arms Centre, http://usacac.army.mil/cac2/call/docs/06-08/ap-b.asp

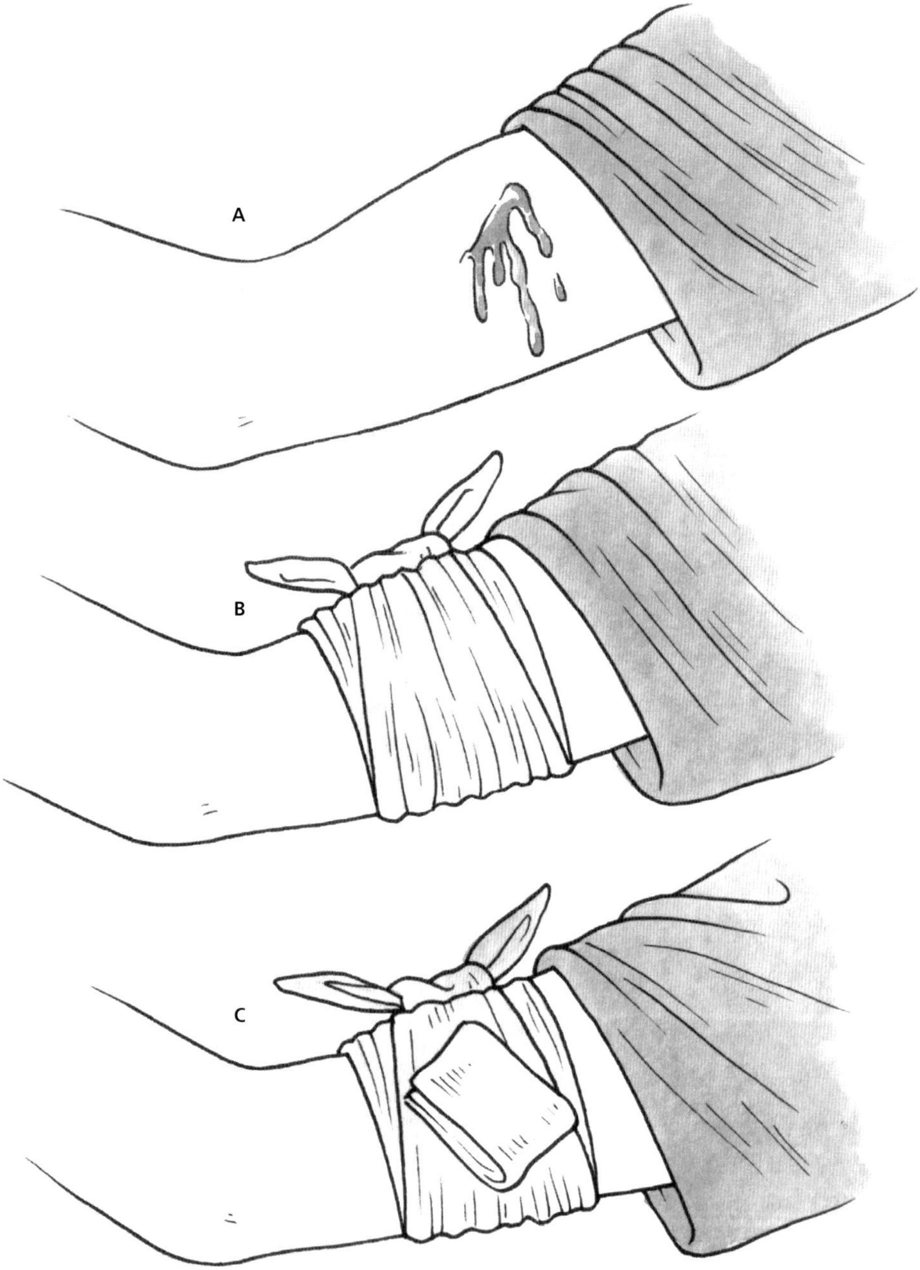

ANLEGEN EINES WUNDVERBANDES

Um eine blutende Wunde zu verbinden, legen Sie eine dicke sterile Wundauflage direkt auf die verletzte Stelle und befestigen Sie sie mit einer Wundbandage, die Sie gegenüber von der Wundauflage verknoten. Wickeln Sie die Bandage nicht so fest, dass die Blutzirkulation in den betroffenen Gliedmaßen beeinträchtigt wird.

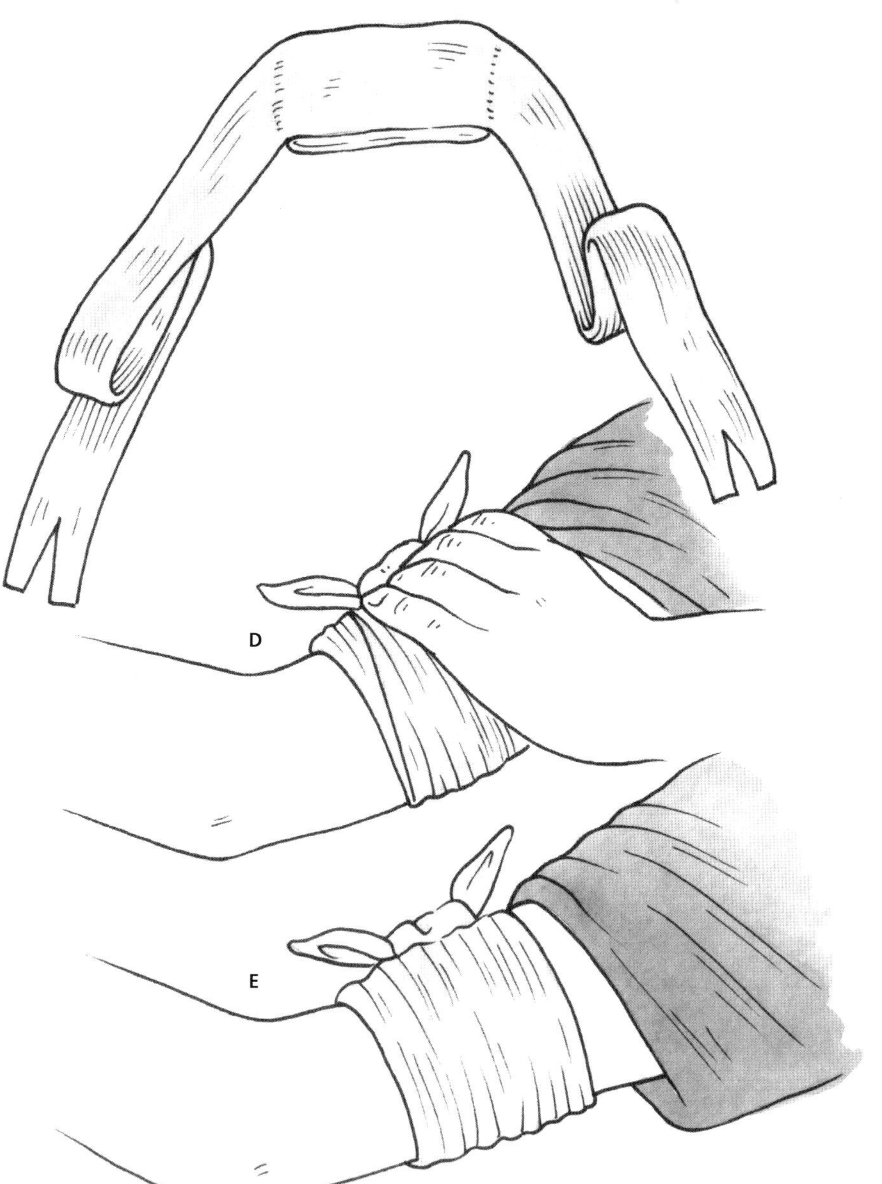

sein sollen. Stellen Sie sich in solchen Situationen vor, Sie seien ein Computer. Rufen Sie sich ins Gedächtnis, dass Ihre scheinbar mitleidlose Haltung gegenüber jenen in der Kategorie »Sterbend« Voraussetzung dafür ist, dass diejenigen in der Kategorie »Sofortige Behandlung« überleben.

Ein Kampfeinsatz ist eine mit nichts zu vergleichende traumatische Erfahrung. Die menschliche Fähigkeit, solche Erlebnisse zu verkraften, ist beschränkt. Vernünftige militärische Handlungsrichtlinien sollten diese Tatsache akzeptieren und berücksichtigen. Sie sollten darauf abzielen, Wehrdienstleistende ihr Leben lang mental gesund zu erhalten.

ABC

A – (Airways) Atemwege freimachen

Überprüfen Sie zuerst, ob die Halswirbelsäule verletzt ist. Wenn das nicht der Fall ist, überstrecken Sie den Kopf vorsichtig nach hinten und heben Sie das Kinn an, so dass die Atemwege frei sind. Öffnen Sie dann den Mund und kontrollieren Sie, ob Fremdkörper, Erbrochenes oder die Zunge die Atmung behindern. Entfernen Sie alle sichtbaren Hindernisse.

B – (Breathing) Beobachtung der Atmung

Kontrollieren Sie dann die Atmung, indem Sie Ihre Wange dicht an Mund und Nase des Verletzten legen. Versuchen Sie den Atem zu spüren oder zu hören. Prüfen Sie auch, ob der Brustkorb sich hebt und senkt. Sie sollten 12–30 Atemzüge pro Minute feststellen. Wenn Sie nach 10 Sekunden keine Anzeichen für eine regelmäßige Atmung bemerken können, beginnen Sie mit der Mund-zu-Mund-Beatmung.

C – (Circulation) Check Kreislauf

Sobald Sie die Atemwege und die Atmung kontrolliert haben, suchen Sie nach dem Puls. (Benutzen Sie dafür Ihre Finger, da diese keinen eigenen Puls haben.) Fühlen Sie den Puls entweder innen auf der Daumenseite des Handgelenks oder beidseits der Luftröhre am Hals. Wenn Sie keinen Puls spüren, beginnen Sie mit der Herz-Lungen-Wiederbelebung.

A

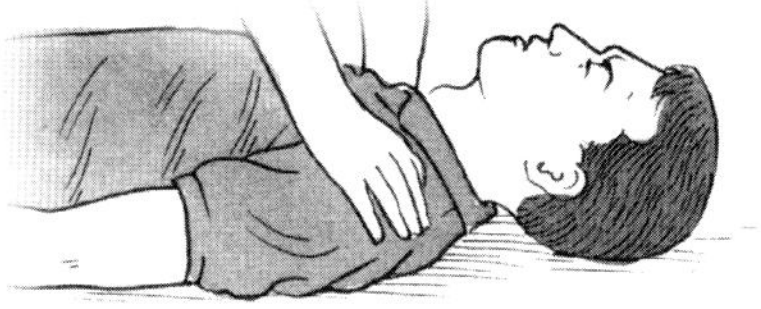

B

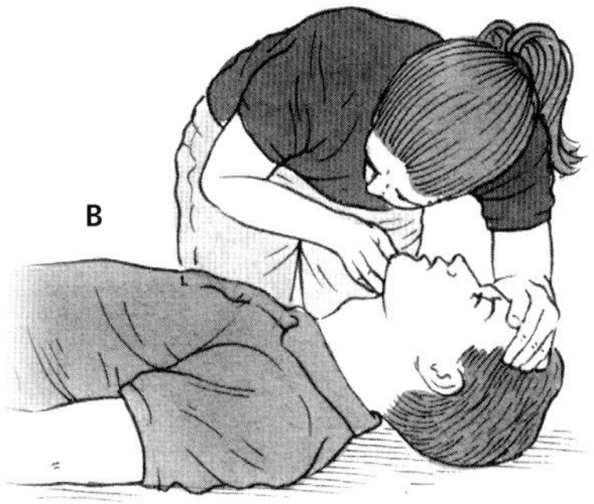

C

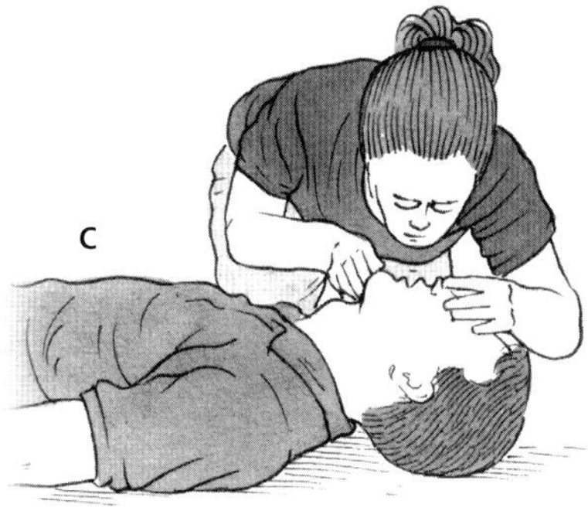

Den Puls kontrollieren

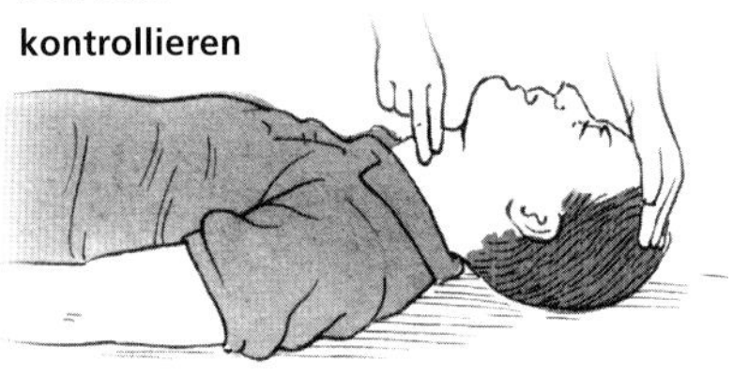

Brustkorbkompressionen

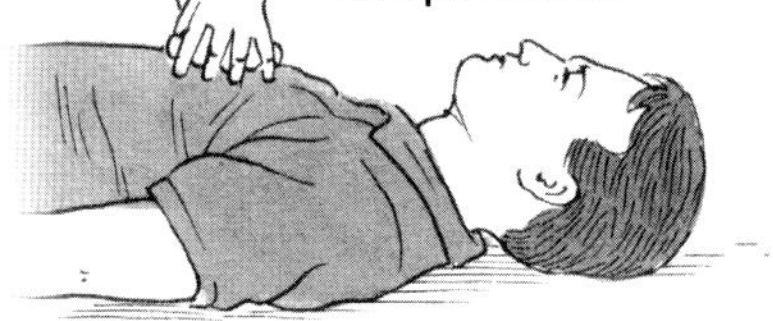

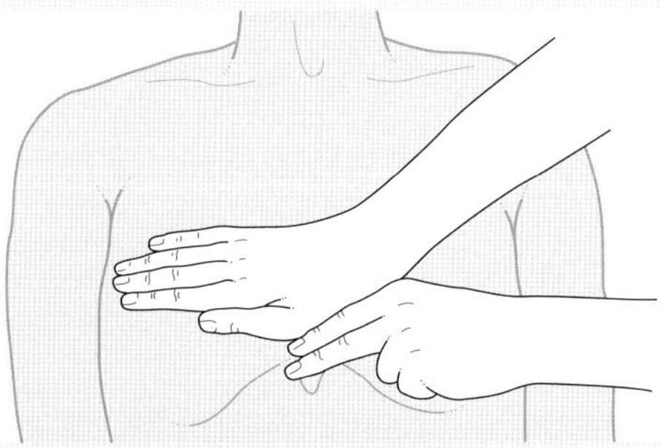

Den richtigen Punkt für die Herzdruckmassage finden

ANHANG 2

US Army Klassifikation der Auswirkungen von Kriegstraumata (CSR)

Leichtere Stresssymptome

Körperlich	Emotional	Verhalten
• Erschöpfung • Nervosität • Schwitzen • Schlafschwierigkeiten • Herzrasen • Schwindelgefühl • Übelkeit, Erbrechen oder Durchfall • Häufiges Urinieren • Verlangsamte Reaktionen • Mundtrockenheit • Muskelverspannungen	• Angstzustände • Trauer • Konzentrationsschwäche • Albträume • Selbstzweifel • Wut • Übertriebene Sorge bei kleineren Problemen • Verlust von Vertrauen in sich selbst und die Einheit	• Unentschlossenheit • Unaufmerksamkeit • Unvorsichtigkeit • Erhöhte Wachsamkeit • Motivationsmangel • Erregbarkeit • Antriebslosigkeit • Tränen, weinen • Unfähigkeit zu entspannen • Reizbarkeit

Schwere Stresssymptome

Körperlich	Emotional	Verhalten
• Ständig in Bewegung • Starke Schreckhaftigkeit • Schütteln oder Zittern • Schwäche oder Lähmung • Eingeschränktes Sehen, Hören und Tasten (Verlust von Sinneswahrnehmungen) • Völlige Erschöpfung • Reglosigkeit • Ins Leere starren • Akute Bauchschmerzen • Eingeschränkte Sprachfähigkeit oder Stummheit • Taumeln oder Schwanken • Herzrhythmusstörungen • Hyperventilation • Schlaflosigkeit/schwere Schlafstörungen	• Ängste • Trauer • Konzentrationsschwäche • Albträume • Selbstzweifel • Wut • Übertriebene Sorge bei kleineren Problemen • Verlust von Vertrauen in sich selbst und die Einheit	• Unentschlossenheit • Unaufmerksamkeit • Unvorsichtigkeit • Erhöhte Wachsamkeit • Motivationsmangel • Erregbarkeit • Antriebslosigkeit • Tränen, weinen • Unfähigkeit zu entspannen Reizbarkeit

ANHANG 3

Schlüsselbegriffe in der militärischen Psychiatrie – Department of Navy/US Marine Corps, *Stresskontrolle im Gefecht und in Operationen* (2010) NTTP 1-15M/MCRP 6-11C

Adaptive Reaktion auf Stress – mit Hilfe dieses normalen, zeitlich begrenzten Prozesses versucht man, mit einer stressauslösenden Situation umzugehen. Entweder man stellt sich selbst körperlich oder mental so auf die Situation ein, dass man mit ihr umgehen kann oder stumpft gegen die körperlichen und mentalen Auswirkungen ab. Die adaptive Reaktion ist immer zeitlich begrenzt und lässt nach, wenn die stressauslösende Situation nicht länger besteht.

Durch Kampfeinsätze oder andere militärische Operationen ausgelöster Stress (Combat Stress Reaction/CSR/Kriegstrauma)
Hier handelt es sich um erwartbare und vorhersehbare Symptome bei Militärangehörigen, die hochgradig stressenden Ereignissen im Kampfeinsatz oder bei anderen militärischen Operationen ausgesetzt waren. Das schließt Auswirkungen auf emotionaler, intellektueller und körperlicher Ebene sowie auf das Verhalten ein.
Die Art und Schwere der Reaktionen hängen von einer Vielzahl von Faktoren ab. Dazu gehören auch die Bedingungen während des Einsatzes, zum Beispiel die Intensität, die Dauer, die Führung, die effektive Kommunikation, die Stimmungslage in der Einheit und die wahrgenommene Bedeutung der Mission.

Kontrolle von durch Kampfeinsätze und andere militärische Operationen ausgelöstem Stress
Unter diesem Überbegriff werden Verhaltensmaßregeln für und Verantwortlichkeiten von Führungspersonal zusammengefasst, deren Aufgabe es ist, Resilienz und psychologische Gesundheit in militärischen Einheiten und Individuen sowie ihrer Familien zu fördern, die im Kampfeinsatz oder bei anderen militärischen Operationen Stress ausgesetzt waren.

Erste Hilfe bei durch Kampfeinsätze oder andere militärische Operationen ausgelöstem Stress
Ein Paket von Hilfsmaßnahmen mit drei einfachen Zielen:
1) Leben erhalten
2) Noch größeren Schaden verhindern
3) Die Genesung fördern
Zu den Hilfsmaßnahmen gehören die sieben Merkwörter: Überprüfen, koordinieren, schützen, beruhigen, vernetzen, Kompetenz und Vertrauen.

Durch den Kampfeinsatz ausgelöster Stress
Veränderungen im Verhalten oder in körperlicher oder mentaler Hinsicht, die aus der Erfahrung von todbringenden Ereignissen oder ihren Folgen resultieren. Diese Veränderungen können positiv sein und in Anpassung münden, oder sie können negativ sein und Verzweiflung oder den Verlust der normalen Funktionsfähigkeit zur Folge haben.

Durch militärische Operationen ausgelöster Stress
Veränderungen im Verhalten oder in körperlicher oder mentaler Hinsicht, die aus der Erfahrung von militärischen Operationen (außer Kampf-

einsätzen) in Friedenszeiten oder im Krieg, zu Wasser, zu Land oder in der Luft resultieren.

Kontrolle von Stress, der durch militärische Operationen (außer Kampfeinsätze) oder durch die berufliche Tätigkeit ausgelöst wird
Unter diesem Überbegriff werden Verhaltensmaßregeln für und Verantwortlichkeiten von Führungspersonal zusammengefasst, deren Aufgabe es ist, Resilienz und psychologische Gesundheit in militärischen Einheiten und Individuen sowie ihrer Familien zu fördern, die durch Routineeinsätze oder durch Einsätze in kriegerischen Auseinandersetzungen ohne Verwicklung in direkte Kriegshandlungen Stress ausgesetzt waren.

Psychologische Erste Hilfe
Psychologische Unterstützung und Hilfe unmittelbar nach einem traumatischen Ereignis.

Stresskrankheit
Eine diagnostizierbare mentale Erkrankung, die aus einer nicht ausgeheilten akuten Belastungsreaktion entsteht und sich im Laufe der Zeit verschlimmert. Sie löst gravierende Behinderungen in einem oder mehreren Bereichen des Lebens aus.

Akute Belastungsreaktion
Eine vorübergehende Störung, die sich als emotionale, kognitive oder mentale Reaktion auf eine überwältigende physische oder psychische Belastung entwickelt. Akute Belastungsreaktionen verursachen Wunden, die zwar nicht sichtbar, aber dennoch real sind. Wie körperliche Verletzungen auch, heilen sie bei guter Pflege gewöhnlich aus.

Anpassungsstörung
Traurigkeit oder Änderungen im Verhalten, die durch unterschiedliche Stressoren ausgelöst werden und normal, vorübergehend und oft notwendig sind.

Antworten

Intelligenztest, S. 60 – 61
Von links nach rechts und von oben nach unten sind dies die Zahlen, die in die Kästchen gehören:

8	3	4
1	5	9
6	7	2

Gesamt: 15

14	1	12
10	9	8
3	17	7

Gesamt: 27

16	19	4
2	5	32
21	15	3

Gesamt: 39

9	4	5
2	6	10
7	8	3

Verwende 2, 3, 4, 5, 6, 7, 8, 9, 10 Gesamt: 18

10	9	5
8	4	12
6	11	7

Verwende 4, 5, 6, 7, 8, 9, 10, 11, 12 Gesamt: 24

40	0	20
5	25	30
15	35	10

Verwende 0, 5, 10, 15, 20, 25, 30, 35, 40 Gesamt: 60

INDEX